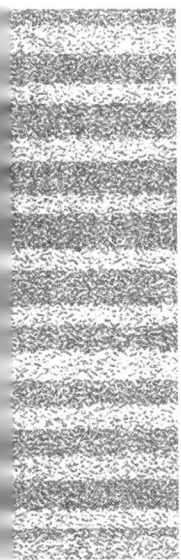

Lingdao Zhuanxing: Xiaozhang Lingdao Lunli de Xunqiu yu Jiangou

教育管理新概念丛书

丛书主编：陈如平

领导转型：

校长领导伦理的寻求与建构

徐金海 ◎ 著

教育科学出版社

·北 京·

出版人　李　东
责任编辑　孙袁华
版式设计　杨玲玲
责任校对　张保珍
责任印制　叶小峰

图书在版编目（CIP）数据

领导转型：校长领导伦理的寻求与建构／徐金海著
. —北京：教育科学出版社，2017.12
　　（教育管理新概念丛书）
　　ISBN 978-7-5191-1314-8

Ⅰ.①领… Ⅱ.①徐… Ⅲ.①校长—领导行为—研究
Ⅳ.①G471.2

中国版本图书馆 CIP 数据核字（2017）第 298401 号

教育管理新概念丛书
领导转型：校长领导伦理的寻求与建构
LINGDAO ZHUANXING：XIAOZHANG LINGDAO LUNLI DE XUNQIU YU JIANGOU

出版发行	教育科学出版社				
社　　址	北京·朝阳区安慧北里安园甲 9 号		**市场部电话**	010-64989009	
邮　　编	100101		**编辑部电话**	010-64989559	
传　　真	010-64891796		**网　　址**	http://www.esph.com.cn	
经　　销	各地新华书店				
制　　作	北京金奥都图文制作中心				
印　　刷	保定市中画美凯印刷有限公司				
开　　本	169 毫米×239 毫米　16 开		**版　　次**	2017 年 12 月第 1 版	
印　　张	15.5		**印　　次**	2017 年 12 月第 1 次印刷	
字　　数	208 千		**定　　价**	38.00 元	

如有印装质量问题，请到所购图书销售部门联系调换。

总序

对教育管理进行系统研究，最早始于19世纪末20世纪初的美国。此后，无论从教育管理研究的领域看，还是从教育管理著作的数量看，或是从教育管理学家及其核心思想的影响力看，美国的教育管理研究始终处于"一枝独秀"的国际领先地位，而其他教育发达国家大概是在20世纪60年代后才开始有组织地开展教育管理方面的研究。首先是加拿大、澳大利亚两国"亦步亦趋"，因循美国教育管理"理论运动"的步伐，努力在教育管理理论层面拓展各自的研究领域；而英国则始终注重务实的研究，未发展出类似美国教育管理实证性理论体系，这种倾向直至20世纪90年代初才略有改变。日本、德国的教育管理研究更多地带有本国的特色，侧重教育行政研究和教育法制建设。20世纪90年代后，受各国社会经济快速发展、社会思潮多元化、信息网络化以及教育本身发展的影响，各国更加重视和加强教育管理，教育管理研究同时出现了一些令人欣喜的新趋势。"教育管理研究已经上升到了一种潜在的主宰位置。不仅有关教育管理各方面的文本开始成为教育管理出版物中的重头戏，而且更为普遍的是，有关管理的语言、设想、理念开始主宰着那些教育工作者们的语言、意识、行为和分析问题的方式。"从各国教育管理研究的总体情况看，进入 21 世纪后，再现教育管理理论的"丛林"。与此同时，在当代教育管理学的领衔学者的积极推动下，"新管理主义"的教育管理思想在全球范围内逐步传播，出现了教育管理理论趋同的国际化倾向。

我国教育管理研究的发展经历了一个曲折而复杂的过程。20 世纪前半叶，我国早期的教育管理研究紧随欧美，带有鲜明的外来移植性的特点。在 20 世纪二三十年代，以杜佐周、罗廷光等人为代表的教育管理学者，致力于美国教育管理思想的引进，并将它应用到我国教育管理理论和实践中，出版了一大批至今仍有影响的教育管理著作，促进了我国教育管理学科体系的初建。与此同时，教育统计、智力测验、学校调查等许多先进的管理方法和技术引入并立即运用到我国教育管理实践当中，加速了我国教育管理的科学化，效果较为理想。新中国成立后，我国教育研究曾一度出现"一边倒"的倾向，教育管理学科被置于教育学的附属地位，教育管理研究出现停滞局面。直至改革开放后，在 20 世纪 80 年代初，我国的教育管理研究才逐渐恢复元气，并形成了学科建设蓬勃发展、研究队伍不断壮大、各类著作精彩纷呈、国际交流与合作等相辅相成的喜人气候。由于长期的闭塞状态，国外先进的教育管理和方法给人以耳目一新的感觉，与我国教育管理的落后状况和水平形成鲜明的反差，这种状态激起我们学习和借鉴国外先进教育管理理论和实践的兴趣。

迈入 21 世纪后，我国的教育管理研究出现了新的气象。这主要表现在以下几个方面：第一，国内著名大学纷纷开设教育管理学课程，有的还开设教育管理学硕士课程，招收教育管理学专业硕士和博士研究生，大大扩充教育管理研究的队伍，近 20 年以来我国教育管理研究队伍老化，人才断层现象得到进一步的缓解；尤为欣喜的是，国内一批中青年教育管理学者异军突起，他们广泛发表学术论文，出版专著和教材，展开实证研究，深入课题研究，展示了我国教育管理研究的新生力量。第二，教育管理学名著译介工作得到明显的加强，大批国外 20 世纪 90 年代后出版的优秀教育管理学著作被陆续介绍、引进和翻译到国内来，而且形成比较广泛的读者群，使最新的国外教育管理理论和知识得到同步传播，并得到即时的响应，以往那种学术滞后的现象已大为改变。第三，近年来，国际著名的教育管理学家纷纷来华访问或者与国内学者建立起合作研究关系，使得当代教育管理学领衔学者的核心思想得到更为直接的宣传，国内学者在他们的指导和帮助下掌握了大量的新的教育管理研究范式，不仅开阔了研究视野，而且开拓了新的研究领域和研究方向。这些状况为繁荣我国教育管理学科建设和促进教育管理研究营造了非常良好的学术环境。当然，目前我国教育管理研究中还存在诸多明显的问题，究其原因，主要有三个：没有出现泰罗式的人物；欠缺实证研究精神；深受"三大误会"[1]的干扰。这些问题都需要我们进行深入的、扎实的研究和反思，以便得到合理的解决。

基于以上这些原因，我们设计出版一套"教育管理新概念丛书"，不仅要全面而充分地展示近年来我国教育管理研究方面的最新进展，提供更为丰富的、鲜活的教育管理学知识，搭建我国教育管理学科的新框架，而且要拓宽教育管理研究的视野和领域，运用新的教育管理研究范式，将教育管理理论研究的丰富成果应用到教育管理实践当中，同时将来自学校管理第一线的鲜活的成功示例和先进经验提炼上升为理念、观点、学说，乃至流派；更为重要是，通过这种梳理，能为我国的教育管理研究提供更广阔的发展平台。

本丛书自命为"新"，在于"新题"、"新作"和"新人"，试图反映出本丛书的三个基本特点：

所谓"新题"，是指本丛书选题突出综合性，既要反映纵向的历史脉络，又要体现横向的平面整合。这样纵横交错，给教育管理研究勾勒出一种新的画面。其中有的作品主要介绍和描述现代教育管理思想的发展历史和目前动态，还有的作品着重阐述、评价当前在学校管理领域中流行的部分管理理念和管理策略。

---

[1] "三大误会"是指：管理理论发展三阶段似乎已成定论，不可更改；教育管理本身无理论，只能移植经济管理或企业管理理论；西方管理理论的发展似乎在 20 世纪七八十年代后停顿了。(详见冯大鸣．沟通与分享：中西教育管理领衔学者世纪汇谈 [M]．上海：上海教育出版社，2002：354.)

所谓"新作"，是说本丛书注重原创性。各本著作要求以近年来个人的研究和深刻思考为基础，绝非简单拼凑的编撰之作，杀青之作应该代表作者本人新近的研究水平。新作均冠以"新概念"之名，无非是强调两层意思，一是对原先未曾整理、挖掘的材料进行重新的整理，另一是要求对新问题加以概括、提炼，形成新的框架体系或者作新的解释。

所谓"新人"，特指本丛书的作者均为近年来活跃在教育管理研究和教学岗位上的中青年学者。在我国蓬勃发展的教育管理研究中，他们当中有些人已占一席之地，有些人才小有成就，有些人还尚待锤炼。但总的来说，他们都已投身于我国的教育管理研究的事业之中，他们对我国教育管理理论与实践的发展具有强烈的使命感和责任感，他们的敬业精神、专业基础以及研究能力更毋庸置疑。至于著作的水平和质量自当交由读者们去评价细说。

本丛书的写作和出版是作者们的一种"斗胆"的尝试。尽管作者们日常的教学、研究和管理工作缠身，但本丛书写作所富有的挑战性，使得作者们在接受、撰写和完成所有著作时，都怀有"敢先吃螃蟹"、义无反顾的精神；尽管整个过程是在焦虑、困惑和问题交织的情境中进行的，但作者们得到了各种支持，包括团队互助。在这里，我们首先要感谢教育管理学界的前辈学者们，正是他们的雍容大度和无私提携，使这套丛书得以出世。其次，我们还要特别感谢教育科学出版社领导和编辑，正是他们的大力支持和真诚帮助，这套丛书才得以正式出版。

最后，我们还要感谢丛书的读者们，他们可能是教育管理的理论工作者，也可能是在学的教育管理学专业的学生，还可能是战斗在第一线的中小学校长，正是他们的共同体验和快乐分享，使这套丛书得以留传。我们有理由相信，本丛书的出版会产生"一石激起千层浪"的效应，真正为我国教育管理研究的发展添砖加瓦。

陈如平

序

　　面对日益加快、加深的社会转型，面对教育综合改革不断走向深入的这个新时代，学校校长再试图单靠行政权力来改变学校状况的传统做法，无疑将会受到越来越多的质疑与挑战。因为行政权力只是校长的职位权力，它很大程度上是由组织程序和组织政策所赋予的，未能充分展现校长自身的价值。一位好校长更应是有德性、有思想、有智慧、有内涵的校长，是有合法性领导权力的校长，是能充分展现参照权力和专家权力的校长，是一位积极的人文关怀者，是学校文化与伦理的发扬者，时刻担负着道德示范者的责任，成为学校场域中的德性领导者和追随者。

　　徐金海博士撰写的《领导转型：校长领导伦理的寻求与建构》一书，主旨就是要条分缕析这些问题。该书选择了校长领导行动的基础"人"与"组织环境"作为分析的切入点，通过对"人"与"组织环境"的理论探讨、实践取向考察，认为校长领导的现实取向是一种"看不见人"的、"官僚化"的实践取向，而"官僚化"的实践取向则意味着行政集权的出现，这就需要重新审视校长领导权力的合法性问题，论证校长领导权力的合法性危机及其表现形态。该书提出，校长领导权力的合法性重建，要从其合法性危机的根源上去寻求，也就是从校长领导的行动基础即人与环境这样两个层面来剖析，换言之，既要实现校长领导的人文回归与重塑，又要实现校长领导的制度变革与创新。

校长领导伦理是教育领导伦理研究的一个重要主题。西方国家早在 20 世纪 70 年代就开始探讨这方面的问题。霍金森（C. Hodgkinson）在《领导哲学》及《教育领导：道德的艺术》中对领导进行了哲学层面的价值、伦理问题探讨。进入 20 世纪 90 年代以后，教育领导伦理思想有了更深入的发展，受霍金森及福斯特（W. Foster）等价值伦理或道德科学思想的影响，美国教育管理学者萨乔万尼（T. J. Sergiovanni）进一步确立了道德领导思想，先后出版了《道德领导：抵及学校改善的核心》及《校长学：一种反思性实践观》等著作。新世纪以来，教育领导伦理研究引起了更广泛的关注，也出版了更多的教育领导伦理著作，如美国学者瑞博（R. W. Rebore）的《教育领导伦理》，戴姆彼斯特（N. Dempster）的《学校校长的伦理改进》等著作相继问世。纵观西方教育领导伦理的发展历程，可以看出，校长领导伦理是一个非常值得拓展的研究领域。

校长领导伦理也是我国教育领导学亟须深入研究的一个重要领域。作为一本论述校长领导伦理的理论著作，本书对于我国教育领导学的学科建设无疑具有积极的推动作用。该书遵循理论逻辑的归纳与演绎，构建了校长领导伦理的"一体两翼"框架体系。"一体"即是"校长领导伦理"，是指校长在学校场域围绕学校育人目标，在引领、指导学校教育实践活动中，所遵循的价值与道德系统以及自觉性规范体系的总称，具有伦理的领导性和领导的伦理性两方面的意蕴。伦理的领导性蕴含着主体自我的自觉与自为，通过主体自我对行为规范体系和价值观念体系自我约束，以达自我提升与完善，进而达至"内圣而外王"，具有内在性；而领导的伦理性蕴含着通过重构的价值、道德系统来实现对人的管理，这种价值、道德系统可以是价值、道德观念，也可以是价值、道德制度，具有外在性。由此，"两翼"可以归纳为德性伦理与制度伦理两个方面。校长领导伦理是校长领导过程中德性伦理与制度伦理的有机统一，也是校长领导过程中内在德性与外在伦理制度的有机统一。

本书充分展现了思辨研究方式的价值和魅力。思辨研究是教育管理学中运用最为广泛的一种研究方式方法，也是一种主流的研究取向。作为一种典型的人文学科研究形式，思辨研究常常被视为哲学性研究和理论性研究。之所以如此，是因为思辨研究强调通过概念操作、抽象推理和逻辑演绎来获得结论以及认识事物和揭示本质，具有沉思、重思和否思等特征。思辨研究能有效地抵及现象的背后，能深刻地把握事物的本质，比如，本书通过对人与组织环境的理论分析，揭示校长领导行动背后的"人"的缺失以及行政集权的凸显等。当然，与任何一种研究方式都存在着缺陷一样，思辨研究也有着一些较为明显的问题。比如，研究者很容易陷入自我思辨和"独白"的困境。正因如此，本书的观点和结论还需要借助更加多元的方式方法来佐证。令人欣慰的是徐金海博士自从就职于中国教育科学研究院后，就一直在进行着校长领导的实践性研究，陆续发表了《多方提升校长领导力——中小学校长科研、培训与自主办学现状调查》《校长需加强对办学理念的理解与实施——基于对中小学校长办学理念的现状调查》《校长更倾向于以个人权力办学治校——基于对中小学校长领导权力的现状调查》等多项有力度的实践性成果。徐金海博士的这些实践经历及其思考，对于他进一步深化校长领导伦理的思辨研究来说，能发挥相得益彰的作用。

作为他攻读博士学位阶段的指导教师，我赞同他以整合的视野来开展有关校长领导的理论与实践研究。徐金海是一位谦逊好学和有远大抱负的青年学者。得知他的这一著作将纳入"教育管理新概念丛书"，在教育科学出版社出版，我为他感到高兴，真心地祝愿他在教育领导伦理研究的道路上越走越远，产出更多有影响的研究成果！

张新平

2017 年 8 月于南京师范大学

目录

导 论

一、论题缘起

校长是学校场域中重要的角色，承载着学校变革与发展的重要价值使命。正如萨乔万尼所言："校长很重要！的确，就维护和改进优质学校而言，学校的任何其他职位都不具有比校长更大的潜力。"[①]谢尔顿（K. Shelton）也认为："领导才是关键所在。如果管理一所学校，而该校体制不健全，建筑物陈旧，预算状况濒临危机，但只要校长具有真正的领导能力，那么这所学校就能越办越好；要是该校体制完善，设施精良，但校长毫无领导能力，那么这所学校就将越办越糟。"[②]显然，校长之于学校发展的作用是毋庸置疑的。在教育变革更加趋向纵深发展，更加关注教育的优质、公平与正义的过程中，人们自然也赋予了校长更多的期待。"现在各国几乎都有一种趋势，即从中央到地方，从社会到学校，从家长到教师以及学生，对校长的期望越来越多，越来越大。"[③]的确，"人们对校长常常有着过多的期待。这当然是系统的问题。但是，如果校长们找不准自己的道德方向，其危害性更大。为什么我首先会成为一名教育工作者？作为领导，我代表了什么？我想留下一份怎样的财富？这些头等重要的问题要不断问，反复问。否则，校长的角色将流于空泛"④。这里无疑提出了一个重要的命题，即校长领导的道德方向或道德使命问题，也是校长领导的伦理寻求问题。何以如此？

（一）校长领导实践的逻辑与反思

我国的教育规模堪称世界之最，无论是接受教育的人口数，还是从事教育工作的教师与校长数，都是世界上其他国家所无法比拟的。据统计资料显示，我国现有中小学校 26.8 万多所，1.8 亿多中小学生，1280 多万名教职员工。其中，中小学正校长约 26.8 万名。⑤面对如此规模的教育事业，要想提高其发展水平，其中重要因素之一固然是离不开高水平校长素质的支撑。同时，我国政府在近年又大力倡导教育家办学，要实现教育家办学，这必然要求校长是教育家或具有教育家的智慧与品质，也就要求校长不能只是用单一的行政权力去监督、管理，而是要用思想、价值去引领、影响学校，要体现领导与管理的伦理价值内涵。现实的教育发展状况与愿景无疑在要求校长领导要发生变化，要实现转型。那么，现实的校长领导实践又具有怎样的逻辑呢？

一方面是校长过于注重效率的提升而忽视伦理的关怀。追求学校效率的提升似乎是理所当然的，因为没有效率的学校很难获得社会的认同，也就很难实现可持续性的发展。看来，校长讲效率应是无可厚非的，但问题在于大家似乎预设了效率纯粹属于客观和技术性的范畴，百利而无一弊。忽略了去问这种效率究竟是"谁的效率"，是"什么效率"，而为了达致这些效率，教师和学生又付出了什么样的代价。细究起来，其实这种效率的背后是学校管理主义的思路。管理主义主要包括两个原则，一是书写中心主义，二是可算度性。前者"意味着权力越来越要通过书写来行使，知识越来越要通过书写来传递"⑥。后者意味着"评分制度已经渗透到每个个人和组织的角落。基本上，已经再没有不能量化的东西（因此，我们用诸如十全十美、劳动时数以至第一名等这些前所未见的字眼来量化所有事物，包括人的智能，我们都觉得很自然）。所以，一如福柯所指出的，我们都成了可算度的人"⑦。这显然不是学校管理的应有价值追求，也不应该是校长领导的最终价值体现。因为"教育领导的价值并不仅仅体现在领导效率方面，它还体现在怎样看待人类文化，用什么样的精神来传授文化，以及如何在传授文化的过程中达到人与人、人与环境之间的和谐完美等问题的哲学思考方面。教育领导者不应该成为效率的奴隶，而应该成为富有哲学思考意识的专家。把教育领导的问题看成单纯的效率问题，实际上就是把教育领导者的地位贬低为一个忙忙碌碌的事务主义者的地位"⑧。

另一方面是校长过于追求技术理性的张力而忽视人文价值的引领。技术本来是因人的需要而产生的，因此一开始就与人有着内在的联系，其中自然也包含着深厚的人文意蕴。正如德鲁克（P. F. Drucker）所言："技术并不是自然，而是人。它不是有关工具的，而是有关人是怎样工作的。它也同样涉及人是怎样生活和思考的。……正是由于技术是人自身的一种延伸，所以基本的技术变革既反映了我们的世界观，同时反过来又改变了我们的世界观。"⑨但由于现代技术理性张力的扩展，使得技术逐渐掩盖了它与人原初的和谐关系，甚至反过来成为支配人的力量，致使人被技术所"异化"。校长领导过程中技术理性的弥漫与扩张，也同样使得学校教育及教育中的人有被"异化"的危险。比如，很多校长为了能够实现管理上的"便利"，在每个教室都安装了摄像头，以便对教师上课、辅导实现全方位的监控，教师必须"老老实实""按部就班"地完成任务。同时，为了能够实现校园安全文明教育，也开始对学生的行为进行全程监控，致使全国出现多起"因侵犯学生隐私权而导致学生状告学校"的案件发生。这种技术上的监控无疑是便利了管理，但也给学校中的人逐渐带来了更多的限制和不自由，使得本应和谐的校园因而变得不够和谐。校长领导除了关注这些显性的技术控制之外，也还包括隐性的"管理技术"，这种技术几乎渗透到校园的每一个角落，技术与领导权力的结合使校长逐渐增添了家长作风、长官意志和更多的"霸气"，表现为一些校长作风强硬、缺乏民主、独断专行，甚至滥用职权，忽视了教师的权益，也缺乏对教师应有的尊重，致使教师逐渐丧失对教学的热爱，失去了对学校的认同感与归属感，进而导致学校缺乏向心力和凝聚力。不仅如此，这种技术化的操作也使得校园内平添了一定的官僚气息。学校俨然成了一个科层化的组织机构，等级鲜明、官本位意识明显。所以，校长的领导若过分地追求技术理性的张力，无疑会使学校的教育和管理变得枯燥、乏味和缺少人情味，也不可能实现学校教育的有效发展。

（二）教育领导理论的价值与诉求

校长领导方式、水平及效能在某种意义上会受到教育领导理论的影响。教育领导理论为校长领导实际绩效的持续改进提供了坚实的基础。在教育领导理论的研究中，曾出现过领导特质理论、领导行为理论、领导权变理论及领导风格理论等，这些理论对进一步认识领导特质、改进领导行为并提升领导效能都具有一定的积极意义。进入 20 世纪 70 年代以后，教育领导研究中开始出现变革型领导、道德领导、教学领导、分布式领导等新的领导理论，与此前教育领导理论相比，后者主要从哲学、伦理学的角度去研究教育领导，更加关注教育领导的人文价值和伦理取向，这无疑是学校教育发展本体价值的应然追求，也是学校教育本身对教育领导的价值诉求。美国学者夏皮罗（J. P. Shapiro）和斯特夫库维奇（J. A. Steflkovich）在《教育中的伦理领导和决策：复杂情境中的理论运用》一书中指出："在 21 世纪，由于社会中人的发展更加多样化，教育管理者将必须去发展、培养和引导更加宽容和民主的学校。我们相信，通过伦理研究，教育领导者将会对认知、反思和欣赏差异有更充分地准备。"[⑩]他们进一步指出要通过正义伦理、批判伦理、关怀伦理及职业伦理等范式去解决教育中的两难问题。加拿大学者富兰（M. Fullan）在《学校领导的道德使命》中指出："教育就是一项道德事业。因此，学校的施教及其领导也就是一种道德努力了。"[⑪] "与领导任何大型组织一样，领导好一所学校，需要校长有魄力、有能力去创建新的校园文化。这些新文化奠基在互相信任的人际关系之上，奠基在一种由有素养的研究和行动所构成的文化之上。"[12]伯格利（P. T. Begley）和约翰逊（O. Johansson）也认为："一个学校管理者也是一个教育者，应该通过诚信、公平的行为和伦理的方式促进所有学生的成功。为了满足这些标准，管理者必须：（1）占有知识和理解不同的伦理结构和关于伦理的观点；（2）拥有知识和理解职业伦理准则；（3）相信价值并致力于在决策过程中运用伦理原则；（4）相信价值并致力于开发一种关怀的学校共同体。"[13]杜格楠（P. Duignan）则指出："教育领导者不管在哪里发现非伦理的和不道德的政策与实践都必须去挑战它们，特别是在各种教育服务中那些根深蒂固的不平等模式的道德性和有效性。伦理与真正的行动是关键。"[14]厄本恩（G. D. Ubben）等学者也认为："当校长进入学校时，是带着他们的价值观、信仰和哲学观一起来的。校长通过自己的价值观进行领导。"[15]萨乔万尼在《校长学：一种反思性实践观》一书中则告诉我们，校长应具有道德领导观并成为道德领导者，把学校建构成有德性的学校，并进而使学校中的管理成为一种道德技艺。上述教育领导理论的价值诉求无疑表明校长领导应具有伦理道德取向，这也是新的教育领导理论赋予校长领导的价值使命和时代命题。

由此看来，不管是教育领导实践的逻辑内涵，还是教育领导理论新的发展趋向，都表明校长领导要实现价值转型，就要能够实现从事务管理走向道德引领，从强调控制走向人文关怀，从领导权力的个体集中走向组织扩散。正如霍金森在强调管理的价值性时所指出的，"管理是一个复杂的、普遍的人类历程。在这个历程中，管理角色像罗马神话中具有两副面孔的门神一样，向外，它观察着环境，向内，它观察着内部秩序。它的基本目的在于寻求平衡和发展，它的基本功能在于消除紧张状态从而达到目的。这就是它在人类价值的全部历程中所发挥的作用。在管理历程的每一个阶段上，价值都在发生影响并总是自我纠缠不清，这自然也就包含着冲突。……紧张状态的基本线索一方面存在于人与组织之间；另一方面则存在于组织与环境之间。这些紧张状态，它们的人文基础和价值的普遍性，使人们确认管理是一种艰难的艺术，并且，作为一种艰难的艺术，它同时可能又是一种最高尚、最古老和最基本的职业。"[16] 所以，本研究也希望通过对校长领导实践背后的价值伦理问题作以理论的反思与建构，以便于更好地指导校长领导实际，这既是校长领导实践发展所需，也是校长领导理论的深化所求。开展"校长领导伦理"研究无疑具有重要的意义。张新平指出："单就价值伦理的学术研究而言，教育管理学理论亟须探讨以下三个层面的问题：一是微观层面的管理者及其行为的价值伦理研究；二是中观层面的教育组织管理（如学校、教育行政主管部门等）的价值伦理研究；三是宏观层面的涉及整个国家教育体制和教育政策的价值伦理研究。"[17] 因此，就本研究而言，更多的是对微观层面的管理者及其行为所做的价值伦理研究，适合于校长领导伦理理论的发展要求。

二、文献综述

（一）国外研究现状

1. 教育管理伦理研究

教育管理伦理研究是教育管理理论运动的重要组成部分，也可以说是教育管理理论运动的主要结晶之一。西方国家开展教育管理理论运动始于 20 世纪 50 年代，正如澳大利亚教育管理学者伊沃斯（C. W. Evers）和拉科姆斯基（G. Lakomski）所言，在 20 世纪 40 年代晚期，特别是 50 年代教育管理从科劳格基础性支持的合作项目开始，逐步有许多研究者去寻求发展一个更加系统而又充满活力的基础性的著作和结果。[18] 他们进一步指出，教育管理学理论自 20 世纪 50 年代以来，不仅发展势头迅猛，而且取得了实质性进步，其表现有二：一是 20 世纪 50—70 年代的教育管理理论运动促成了至今依然居于支配地位的教育管理科学论的形成，二是 20 世纪 70 年代以后人们在广泛批判教育管理科学论的过程中，促使教育管理学理论大踏步地迈上蔚为大观的多元化发展道路。[19]显然，教育管理学最初出现的是教育管理科学论，是菲格尔逻辑经验主义所阐述的科学理论，其目的是根据菲格尔的科学与方法的观点去构建管理理论及研究其变为理论运动的特性。由于教育管理科学论主张事实与价值分离，价值伦理被抽离于教育管理研究之外，并且认为教育管理科学只关注和研究纯粹的教育事实，这无疑与教育管理本身是一种渗透着价值伦理的事业是相悖的。若把教育管理研究看成是"价值中立"或"价值无涉"的事业，无疑是把教育管理研究引向了绝对化和简单化之路。这种绝对化和简单化的研究之路也必然会带给教育管理研究难以克服的弊端。

　　20 世纪 70 年代中期，加拿大著名教育管理学家格林菲德（T. Greenfield）率先扛起了批判教育管理科学论的思想大旗，他在《教育管理科学的衰落与坍塌》一文中指出，理论运动导致了四个后果：（1）管理学使科学的信念日益增强，这种不断增长的科学信念引发了两个严重问题，一是作为主体的具有责任和道德的个体消失了，取而代之的是组织；组织被当作了一种脱离个体而存在的真实力量而接管了人类事务，它比个体更重要。二是管理科学使得人们将注意力投放在组织问题的研究上，而管理者的现象学现实——即运用权力的那些人的现实与受权力控制的那些人的知觉——却被忽视了。（2）管理研究的"去价值"（Devaluation）。这也同样带来了两个问题，一是将管理问题从教育中分离出来，以为管理可以脱离具体背景而抽象地存在；二是"教育管理"徒有虚名。从名称上看，它要说的似乎是教育管理，但常常难以见到对教育问题的探讨。[20]可见，格林菲德对教育管理科学论的失当和弊端的批判是深刻的。同时，他也对教育管理学的性质及内涵进行了新的阐释，认为"教育管理学作为一门人文社会学科，首要任务在于理解事实，而不在于罗列枯燥的数字；教育管理活动面对的是有生命意义的组织及其个体，应该将现象背后隐藏的价值、伦理揭示出来"[21]。

　　如果说格林菲德仅仅是把教育管理研究中的价值、伦理问题开创性地提出而未加深入建构的话，那么，20 世纪 80 年代以后不少学者则相继加入了深入研究这一问题的队伍中来。最为突出的是加拿大著名的管理与领导哲学家霍金森，他的哲学观点既不属于逻辑实证主义思想阵营，也有别于格林菲德的主观主义，可以被称为"主观的理性主义"，因为他一方面批判了逻辑实证主义将事实与价值分离且仅仅研究事实的错误主张，另一方面也表达了自己对主观主义教育管理可能使价值、伦理探讨神秘化的担忧。他在《领导哲学》一书中指出："管理既是一种最古老的、最高尚的职业，又是一种最基本的职业。它部分是艺术，部分是科学，然而它始终是人文科学的核心。"[22]并进一步指出，"如果说道德意味着关心他人，那么，管理则是一种特殊意义上的道德活动。"[23]除霍金森外，美国教育管理学者福斯特也开展了对教育管理中的价值、伦理问题的研究，作为教育管理批判理论的代表，其在 1986 年出版的专著《范式与承诺：教育管理学的新视角》一书中对此进行了较为系统的阐释。他认为，教育管理学应是一门关注人间正义、道义、平等和公正的道德科学。作为道德科学，教育管理学应为不同层次、不同职位者平等广泛的参与创造机会，特别是要为言说共同体中的所有成员创造平等参与的条件。作为道德科学，教育管理学必须正视和处理各种道德两难问题。教育管理工作中的很多事情是没有什么简单的答案的，更不存在万能的良方。教育管理者只有确立批判反思的态度，才可能真正承担起应负的责任。作为道德科学，教育管理学必须抵制盛行于教育管理科学论中的"管理主义"（Managerialism），教育管理中的人不是被动的毫无情感的可以任意操纵和控制的机器，而教育管理学也必须抛弃那种为教育管理科学论所广泛接受的纯粹技术性、应用性工具学科的谬见。[24]可见，教育管理学并非技术性、应用性的工具性学科，教育管理行为也并非是纯粹技术理性的行为，相反，它们都渗透着浓浓的人文情感与伦理关怀的蕴含。

进入 20 世纪 90 年代以后，教育管理伦理研究进入了真正的"多元范式"发展的活跃期，研究人员及成果都有了显著的增加，如博特瑞（M. Bottery）的《教育管理伦理学——学校组织的个人、社会与政治的视角》，斯特兰特（R. Starratt）的《构建一所伦理学校——学校道德危机的实践回应》，斯特莱克（K. A. Strike）的《学校行政伦理》，海恩斯（F. Haynes）的《伦理学校》，伯格利和莱纳德（P. E. Lemonard）的《教育管理价值》，萨米尔和米哈伊洛瓦（E. A. Samier & K. Mihailova）的《教育管理的伦理基础》，等等。无疑，价值与伦理问题已成为教育管理学现在乃至将来一段时间值得关注的非常重要的研究领域。不仅如此，这一时期还出现了大量的教育领导伦理的研究成果，同样值得关注。

　　2. 教育领导伦理研究

　　教育领导伦理是从教育管理伦理研究中衍生出来的一个重要的问题域，西方国家从 20 世纪 70 年代就开始研究教育领导价值、伦理问题。霍金森在《领导哲学》前言中指出："在二十世纪的最后一段时期，作为一个管理者、一个行动中的人意味着什么？而且，能够意味着什么？应该意味着什么？总之，这是一种领导哲学。"[25]因此，随着时间的推移和理论研究的深化，对领导进行哲学层面的价值、伦理问题的探讨则成为必然。随后，他又在《教育领导：道德的艺术》一书中对教育领导价值、伦理问题进行了较为系统的研究。霍金森认为，作为一种行动哲学，它意味着把价值转变为一个价值与事实相结合的世界；教育组织除了实现审美的、经济的和理想的目标之外，其基本价值是促进学生身心的完善发展。[26]

　　进入 90 年代以后，教育领导伦理思想有了深入的发展，受霍金森及福斯特等价值伦理或道德科学思想的影响，美国教育管理学者萨乔万尼进一步确立了道德领导思想，于 1992 年出版了《道德领导：抵及学校改善的核心》一书，对道德领导思想做了系统的阐释。他指出，当今学校管理实践中存在着太多令人困惑的现象和问题。例如，许多人把学校改善作为学校领导的目标，把领导的精力集中在控制、理财、课程改革、教学评估、员工及家长关系处理等方面。然而，在大量的工作投入之后，效果却并不理想。这是为什么呢？他通过对传统的领导观进行反思，认为领导的失败有两个原因：第一，我们已逐渐把领导视作行为而不是行动，视作心理学方面的（因素）而不是心灵方面的（因素），视作与人有关的（东西），而不是与理念有关的（东西）；第二，我们过度强调了科层的、心理的和技术的、理性的权威，而严重忽视了专业的和道德的权威。在第一种情况下，我们割裂了领导之手和领导之脑及领导之心。在第二种情况下，我们割裂了领导的过程和领导的本质。㉗由此，他认为领导的权威应来自于专业权威和道德权威，并重新设计了学校领导架构，将道德领导置于学校管理的核心地位。如果说《道德领导：抵及学校改善的核心》是一本以批判见长的著作的话，那么，他的另一本书《校长学：一种反思性实践观》则更多的是以进行道德领导建构为主的著作。他在序言中指出，该书的一个关键主题是，我们所信奉的关于管理和领导的真理，依赖于我们用以理解学校的隐喻。例如，传统上，学校一直被理解为此种类型或彼种类型的组织，这个隐喻鼓励我们以某些特定的方式来思考学校的组织结构、教师动机、权力和权威、课程开发、督导与评价。假如这个组织隐喻变成共同体隐喻，那么，这些看待学校管理和领导世界的方式就不再有意义了。相反，倒是需要人们去创建一种更加适合共同体的性质及其运作方式的新的管理和领导。㉘在此基础上，他认为校长在学校领导过程中，应该把学校建设为道德共同体、领导者共同体、思想共同体及教学与学习共同体，应注重学校人力资源的开发及管理道德技艺的建构等。显然，把"道德领导"作为提升学校的精神面貌是十分必要的。这正如格林菲德所言："学校的本质是道德秩序，学校专注于深刻而广泛的价值观，这些价值观包括从发展阅读能力到培养有教养、有文化的人。通过这些价值观的谆谆教诲，个体在教育过程中得到转化，教育是一个转化的过程，而不是满足某种需要的过程。与那些不具备转化能力的学校相比，具备这种转化能力的学校建构了崭新的，然而是值得称道的态度和才能。"㉙

　　道德领导思想无疑是教育领导伦理研究的重要内容，也进一步推动了教育领导伦理的后续研究。21 世纪以来，教育领导伦理研究逐步引起了更多人的关注，也出版了更多的教育领导伦理著作。如美国学者瑞博的《教育领导伦理》，戴姆彼斯特的《学校校长的伦理改进》，加拿大学者富兰的《学校领导的道德使命》，美国学者伯格利和约翰逊合著的《学校领导的伦理维度》，美国学者贝克（L. G. Beck）的《教育领导者伦理》，夏皮罗和斯特夫库维奇合著的《教育中的伦理领导和决策：复杂情境中的理论运用》，杜格楠的《教育领导：核心挑战与伦理张力》等著作相继问世。

其中，富兰在《学校领导的道德使命》一书中指出："在那些为教育工作者提供指导信条的学校和教育中，应该强调道德责任。"[30] "学校领导在努力完成道德使命的过程中，必须促进这一教育领域的形成。"[31]伯格利和约翰逊在《学校领导的伦理维度》中指出："价值冲突并非仅仅是成人与青年学生之间代沟的一种结果，在某种程度上，价值冲突在教育管理中一直存在。而且，价值冲突现在好像已经成为学校领导角色的个性特征。教育领导者的工作已经变得越来越复杂，需要在工作中减少预言、减少结构化以及冲突。……由此，需要培养领导的价值附加或指导者的伦理观。"[32]夏皮罗、斯特夫库维奇在《教育中的伦理领导和决策：复杂情境中的理论运用》中指出，一是通过讨论与分析现实生活中的道德两难去描述不同伦理范式的应用；二是说明教育领导者在伦理教学中所出现的实践、教学及课程的相关问题；三是强调通过不同的理论方式进行伦理指导的重要性；四是为指导者提供培养他们自己的伦理思想或课程的程序。[33]杜格楠则认为："许多教育领导者面临着管理主义的需求（效率、生产率及问责制）与以价值为基础的学校共同体所产生的期望之间的张力。"[34]因此，"对于那些在正式领导岗位者有一个强烈的建议，他们需要通过建立一个所有利益相关者的领导库而去分享领导的责任；去培养他们的领导能力以便于能够分享领导责任"。[35]

诸多学者之所以更多地关注教育领导伦理问题，在一定的意义上是为学校教育的发展创造一个安全、健康、公平、民主的环境，形成人与人之间的彼此尊重、信任与和谐，以便更好地实现学校育人的价值使命。正如美国学者贝林哈姆（R. Bellingham）在《领导伦理》中所指出的，"涉及人的伦理问题意味着要建立一个更公平的补偿制度。包括要考虑到人的身体、情感、理智及精神需求。身体方面的需求包括补偿、安全、健康的工作条件及愉快的环境。情感方面的需求包括尊重、包容、团队及对家庭问题的考虑。理智方面的需求则包括成长的机遇、培训、多样化及支持个人发展。精神的需求则包括共享、交往关系及目标[36]。"贝克也指出，关注教育领导者伦理的目的在于帮助满足培养更有效的教育领导者，这些领导者能够有效地服务于教育及开发我们的学生和青年所需要的东西。[37]

无疑，西方国家关于教育管理伦理与教育领导伦理问题的研究是深刻而又较为系统的，教育管理伦理问题的研究催生了教育领导伦理问题的出现，而教育领导伦理问题的深入研究也完善和深化了教育管理伦理问题的内涵。仅就教育领导伦理研究文献而言，主要表现在两个方面，一是道德领导研究，二是领导伦理研究。就前者来说，道德领导思想无论在理论的建构还是实践的探索，无论是体系的完善还是思想内涵的挖掘等方面，都达到了一定的高度，并产生了较为广泛的影响，以至于世界上很多国家都开展了关于道德领导思想的研究。但道德领导思想并不是完美无缺的，也还存在相应的局限与不足，如道德领导思想具有"理想化""道德泛化"及"宗教化"等倾向，并且把学校组织建构为共同体也存在着很大的争议，现实教育中学校真的可以成为共同体吗？就后者而言，关于教育中领导伦理的研究成果较多，内容涉及范围也较广，包括领导过程伦理、领导决策伦理、领导伦理维度的建构、领导者伦理素养的培养以及领导伦理两难和伦理范式的运用等。但领导伦理相较道德领导思想研究而言，还存在着体系不够完善、内容不够完整、理论深度有待挖掘等不足，如伯格利和约翰逊的《学校领导的伦理维度》一书仅仅是一次会议的论文集，并没有完整地对领导伦理问题进行较为系统、深刻的阐释。夏皮罗和斯特夫库维奇的《教育中的伦理领导和决策：复杂情境中的理论运用》仅仅叙述了现实中的领导伦理两难问题，并提出了一些解决范式，但这些伦理两难一方面是教育性不强，另一方面是其解决范式不够具体、贴切。而贝克的《教育领导者伦理》一书则存在着哲学化过重而教育性略显不足的倾向，整本书的绝大多数章节都是在分析和阐释伦理学范畴中的基本概念及其基本关系，从伦理研究中的重要哲学概念（如权利、自由、责任、正义、平等）到客观主义与义务论、相对主义与目的论以及宗教与伦理等，无不体现着"深沉"的哲学化色彩，而对于教育领导者的教育价值和领导属性则很少提及，更像是一本专门的伦理学著作。即使如此，上述道德领导思想及领导伦理的研究文献仍启示我们，开展校长领导伦理研究不仅具有知识基础和理论依据，也具有积极的实践价值，对研究我国教育领导伦理问题具有积极的意义。正如冯大鸣在谈到"道德领导"思想的借鉴价值时所言，就贯彻落实"以德治教"或"以德治校"的思想而言，道德领导思想的借鉴价值可能在三个方面：动摇了我们误以为不可动摇的领导观念，并批判了我们或许正在孜孜以求的领导实践，从而促使我们去思考领导的道德维度；拓展了"以德治教"或"以德治校"的视野；提供了部分"以德治校"的工作思路和领导策略。[⑧]

（二）国内研究现状

与国外研究相比，国内关于教育领导伦理的研究并没有遵循上述严谨的逻辑路线，教育管理伦理研究与教育领导伦理研究几乎是同步进行的，根据研究的需要，本书研究仅对教育领导伦理问题进行系统的梳理与分析。在中国期刊网和万方的中国学位论文数据库里以多项关键词对"教育领导伦理"主题进行检索，直接相关文章有 58 篇，还有硕士论文 7 篇、博士论文 3 篇。上述研究文献主要表现在三个方面，一是对校长道德问题的研究，二是对校长道德领导问题的研究，三是对校长伦理问题的研究。

1. 关于校长道德的研究

对校长道德问题的研究是教育领导伦理主题研究中最早出现的，内容主要涉及校长道德素质及职业道德问题。一方面是研究校长道德素质。有研究者认为，中学校长的管理道德应包括热爱本职、求实开拓，发扬民主、奉法循理，尊重个性、负责到底，任人唯贤、善于授权，廉洁清正、注重效益，恪守信用、相互协作等。[39]有研究者指出校长应具备六大基本德性，即仁、义、礼、智、信、勇。[40]也有研究者认为校长应该具有务实、廉洁、宽容、磊落的管理道德。[41]还有研究者对校长的德性做了系统的阐释，认为校长德性是伦理学中通常所说的主体德性在校长这个特殊职业上的特定表达。校长德性的主要根由在于学校组织所担负的道德责任和使命需要校长有足够的德性。它是校长履行领导职责的基础和前提。校长德性主要由"博爱、诚信、公正、合作、服务"等构成。[42]另一方面是研究校长职业道德，有研究者认为校长职业道德包括忠诚教育、讲演求实，知人善任、不分亲疏，以身作则、为人师表，爱护学生、诲人不倦等。[43]有研究者通过对校长职业道德进行问卷调查，对校长职业特征及道德的内涵进行分析，构建出中小学校长职业道德体系。有研究者对社会转型时期中小学校长职业道德失范现象进行了分析，认为校长职业道德的失范源于社会、道德规范、制度及人性等层面的因素，需要采取有效措施予以遏止。[44]也有研究者对校长职业道德的"不作为"现象进行了探讨，认为造成中小学校长"不作为"的主要原因是职业道德规范缺失、校长职业角色失调及道德行为选择能力下降。解决措施在于明晰职业道德规范，加强校长的职业道德自律及提高校长的道德行为选择能力。[45]

2. 关于道德领导的研究

对道德领导的研究主要表现在两个方面：一是深入研究道德领导思想，比如李军的《萨乔万尼论学校道德》[46]、蔡怡的《萨乔万尼道德领导思想研究》[47]、从春侠的《萨乔万尼道德领导理论述评》[48]等。其中蔡怡的博士论文《萨乔万尼道德领导思想研究》具有代表性，较全面地阐释了萨乔万尼道德领导思想的渊源、内涵及传播等。文章指出，萨乔万尼是当代非主流的主观主义教育管理学派的代表人物，其思想产生的渊源来自于美国当代社会发展和教育改革的背景、现代西方人文哲学思潮的传播以及管理学发展中领导问题研究的演变，而这其中，一些当代哲学社会科学家、教育管理批判理论家的著述对道德领导思想形成提供了最直接的启示。论文指出，以 1992 年出版的《道德领导：抵及学校改善的核心》为标志，萨乔万尼开始系统地论证将道德领导置于学校领导核心的必要性，指出领导的道德权威能激发人的内部动机，促进共同体成员的自我管理，使学校达到不治而治的境界。整体上，道德领导思想包含了通过价值进行领导、以文化的力量替代领导、建立一个道德的学校学习共同体等理论主张。论文也指出了道德领导思想的缺陷，例如有"泛道德化""宗教化"的理论倾向等。

　　二是道德领导思想的应用研究，有研究者以实地研究的方式，基于个案的考察，对"校长如何走向道德领导"提出建议，认为校长的道德领导：（1）要关注所有学生成长；（2）要为整个社区发展服务、具有社会责任感；（3）要与教师处于同一共同体中平等对话并为其专业成长提供机会；（4）要办一所真正的好学校；（5）要自我超越。[49]有研究者以质性研究的方式，基于个案的研究，认为校长道德领导的实质是校长个人道德和组织道德的融合，是校长与学校相互成就的过程。其具体表现方式有文化领导、阶段性的英雄式领导、合理的科层领导以及专业道德领导，应遵循修养与示范道德、平衡公正与仁爱、保持系统的视角等原则。[50]有研究者从文化的视角对道德领导的适应性进行了探讨，认为道德领导理论的文化内核与中国传统文化内核无契合性，而且中国的道德困境使道德领导理论无法扎根立足，最重要的是，道德领导理论不能满足和适应中国教育管理实践需要。[51]有研究者认为"道德领导"是美国教育具有原生性（seminal）的领导理论，介绍到我国却始终难以与我国的教育管理实践有机地融合，主要是因为我国欠缺道德领导理论萌生的"原生环境"。[52]也有研究者从中国传统文化的角度，认为践行道德领导一是需要在当前中国各个地区收集中国文化影响的更好的道德领导案例，同时，需要对历史材料进行重新解释；二是应关注对新任领导的培养。[53]还有研究者认为学校道德领导的践行须关注三个问题：一是确立学校领导阶段论思维；二是力行能提升道德水平的行为；三是做出有利于道德领导的制度调整。[54]

3. 关于校长伦理的研究

在研究文献中，以"校长伦理"为主题的文章有 10 篇，硕士论文 1 篇，内容涉及校长的权力伦理、公正伦理及专业伦理等方面。有研究者对校长权力伦理建设问题进行了探讨，认为校长权力伦理建设之所以可能，一方面在于校长权力运行有其道德伦理基础，即公共精神、服务精神、人道精神。另一方面，校长权力伦理自身具有遏制校长权力腐败的作用。因此校长权力伦理建设基本的路径包括校正与强化校长权力价值观、增强校长的道德自律能力、构建校长权力伦理制度及完善校长监督机制、实行道德的社会权力化约束等四个方面。[55]有研究者在分析传统伦理弊端的前提下提出校长公正本位的伦理观，认为传统伦理的失灵，归根结底是因为它不是以公正为本位的伦理。以公正伦理为本位，审视现存的校长职业道德要求，存在着公利、他利和校长个人利益分配不尽公正和合理的问题。公利、他利的实现是以校长个人利益的牺牲和摒弃为代价的，有悖公正的原则，亟待转型。[56]有研究者从校长专业伦理的视角进行了分析，认为校长专业伦理的完善需要校长做一个宽宏、正派、和谐、超脱及仁爱的校长。[57]有研究者认为专业伦理是校长专业发展的应然选择，并指出，校长专业伦理的确立可以从校长专业实践内外两个方面进行，内部包括校长专业视域的伦理价值及专业应激能力的伦理价值，外部包括应然的伦理规范来规约校长的专业实践。[58]也有研究者基于校长专业伦理的视角分析了基础教育中病理性分班的校长责任，认为校长对自身专业伦理的"无认知"与"不自觉"成为衍生一系列不合理分班方式的原因之一。为了杜绝不均衡分班的做法，需要加强校长的专业伦理培训及建立与校长这一职业相匹配的专业伦理守则。[59]还有些研究者对校长伦理的其他问题进行了探讨，如有研究者对校长决策伦理进行了专题研究，从学理上探究校长伦理决策的本质和价值，厘清校长决策和伦理的关系，结合校长决策的层次和决策的目标，分层次探讨了校长的伦理决策选择问题。[60]有研究者对伦理型的校长进行了建构，在分析校长伦理导向及特征的基础上，认为伦理型校长应注重确立清晰的道德行为目标与期望、建立相应的机构对道德行为做出及时回应、奖励道德的行为以及身体力行设立道德角色模型等。[61]

反观我国教育领导伦理研究现状，受国外研究发展的影响及教育实践自身的发展需要，中小学校长及其领导伦理问题已受到越来越多的关注，已有很多研究者开展了教育领导伦理问题的相关研究，也取得了一些成绩，但总体上看还显得比较零散，较之于国外相关研究在广度和深度上都还存在一定的差距。虽然如此，国内已有的关于校长道德领导、道德领导思想及校长领导伦理的相关研究文献还是能够给本研究带来积极的借鉴价值，比如，对于道德领导思想的文化适应性问题、校长决策伦理问题及校长领导伦理的实践性问题等，都能够进一步促进、完善和深化本研究的开展。本研究将以影响校长领导行动的两大基础要素"人"与"学校组织环境"作为分析的原点，从中探讨校长领导权力的合法性问题，并寻求一种能够促进"以德治校"的校长领导伦理之道，以期能够为校长领导伦理的实施与实现提供一种理论的解释力。

三、概念界定

概念的阐释与界定是人们认识世界、传播知识、表达思想、解决问题的重要手段，也是人们进行逻辑思维的起点。没有对概念内涵与外延的科学理解与把握，没有对概念的合理化的阐释与界定，则很难开展课题研究。在此意义上，可以认为概念的阐释与界定为本书研究的开展提供了一个入口，也为观察、分析和解释本书研究中的理论与实践问题提供了一个路径。但是，概念的界定也是一项非常艰难的工作，任何概念的界定都只是相对的，也很难做到完美无缺。因此，笔者对本书中所涉及的伦理与道德、领导与管理及领导伦理等相关概念将做出初步的界定与阐释。

（一）伦理与道德

"伦理"一词是本书中重要的概念，在解释伦理时总要和"道德"作以对比分析。通常情况下"伦理"与"道德"这两个概念是大致相同的，甚至可以互换使用。本书在行文过程中没有对两者做出严格的非此即彼的区分，并认为在很多场合中是可以互换使用的。但出于研究严谨性和规范性的需要，在充分肯定伦理与道德紧密相连的前提下，还需要对两者加以区分，这无疑有助于我们更深刻地理解本书研究的内涵与外延。

从西文词源来看，英文"ethic"一词，来源于希腊语"ethos"，意思是品性与气禀以及风俗与习惯。亚里士多德（Aristotle）曾言道："德性分为两类：一类是理智的，一类是伦理的。理智德性主要由教导而生成、由培养而增长，所以需要经验和时间。伦理德性则是由风俗习惯沿袭而来，因此把'习惯'（ethos）一词的拼写方法略加改动，就有了'伦理'（ethikee，ethics）这个名称。"㉜英文"morality"一词，源于拉丁文"mos"，意思是品性与风习，所以，西文道德一词，也起源于风俗习惯。可见，"道德与伦理在西方的词源含义相同，都是指外在的风俗、习惯以及内在的品性、品德，因而说到底也就是指人们应当如何的行为规范"㉝。贝克主编的《伦理学百科全书》在界说 ethic 与 morality 时，也指出"这两个词常常被相互替换地使用"㉞。

在中国，伦理与道德的词源含义则有所不同。根据《说文解字》的解释："伦，辈也。"引申为"人际关系"。至于"理"，《说文解字》曰："理，治玉也。……玉之未理者为璞。"引申为整治和物的纹理，继而又引申为规律和规则。根据分析可见，"伦理"两字合用，乃是客观的人伦之理，即表示人与人之间在相互交往过程之中所应遵循的道理和规范。例如，孟子认为，人与人之间最重要的关系有五对，即"五伦"：父子间、君臣间、夫妇间、长幼间、朋友间，而他们之间的关系又应该是父子有亲、君臣有义、夫妇有别、长幼有序、朋友有信。在他看来"有亲、有义、有别、有序、有信"就是人们在处理"五伦"关系中所应遵循的"理"。在汉语中,"道德"中的"道"原义乃是指道路,《说文解字》曰:"道,所行道也。"引申为规律和规范。《论语》的注解:"德者得也,得其道于心而不失之谓也。"因此,构成"道德"一词的"道"与"德"的词源含义也就都是指应该如何的行为规范,其中"道"侧重于外在规范,是未转化为个体内在心理的社会规范;"德"则侧重于内在规范,是已经转化为个体内在心理的社会规范。所以,"道德"两字连用成词,其含义是指"依靠社会舆论和人的内心信念来维持和调整人们相互关系的行为规范总和"⑥。

根据对伦理与道德中西词源学的考察,可以看出,伦理与道德在中西文词源学上含义大致相同,伦理内含着道德,道德有待于发展为伦理;伦理是道德的本质,道德是伦理的具体化,它们均突出了行为准则、规范在人们行为中的重要性。但就"伦理"与"道德"这两个词的概念而言,也还存在相异之处。伦理侧重于强调人们在社会生活中客观存在的各种社会关系,突出的是如何维持这些复杂的社会关系并使之处于一种和谐的状态之中。而道德则侧重于社会个体,突出的是社会个体能否将由伦理衍生出来的道理内化为内在品性,并转化为一种自觉的行为。所以,伦理范畴侧重于反映人伦关系以及维持人伦关系所必须遵循的规则,而道德范畴侧重于反映道德活动或道德活动主体自身行为之应当。可以说,伦理是普遍的整体和客观精神,而道德则是特殊的个别对普遍整体和客观精神的体认。对此,黑格尔(G. W. F. Hegel)就有非常精辟的论述,他指出:"moral 是指个体品性,是个人的主观修养与操守,是主观法;ethics 是指客观的伦理关系,是客观法。ethics 一旦化为个人的自觉行为,变为一个人的内在操守,就成为道德,即 moral,moral 以 ethics 为内容。"⑦

（二）领导与管理

1. 领导是什么

凯勒曼（B. Kellerman）在其编著的《领导学：多学科的视角》一书的导言中指出："'领导'（leadership）至少从希腊的黄金时代起就是个备受思考和争议的论题。"[67]且这一备受思考和争议论题的基本概念也是众说纷纭。对这一概念的界定，有多少研究者就有多少种定义。正如本尼斯（W. G. Bennis）所言："领导的概念似乎总是让我们困惑，或者凭其易变性和复杂性转化为另类形式再次嘲弄我们。虽然我们曾经使用众多的词汇去解释它，但这个概念依然没有得到充分的界定。"[68]看看目前关于领导的相关定义。

（1）尤克尔（G. Yukl）在《组织领导学》中以广义的方式将领导定义为"是让其他人理解和同意必须去做什么和如何有效地去做的过程，以及促进个人和集体努力去实现共同目标的过程"[69]。

（2）伯恩斯（J. M. Burns）在《领导论》中指出："领导是领导者诱导追随者为了某些特定的目标而行动，这些目标体现了领导者和追随者双方的价值观念与动机——欲求和需要，渴望和期望。领导的天才体现在领导者察觉他们自己的和他们追随者的价值观念与动机并据此采取行动的那种方式。"[70]

（3）达夫特（R. L. Daft）在《领导学：原理与实践》中将领导定义为："领导（leadership）是存在于领导者与其追随者之间的一种有影响力的关系，在这种关系中，双方都寻求改变并期待其结果能够反映他们共同的目标。"其中包含着领导的六个要点：追随者、影响力、意图、个人责任和诚实正直、变化及共同目标。[71]

（4）诺思豪斯（P. G. Northouse）在其专著《领导学：理论与实践》中指出，有一些要素被认为是领导现象的核心：①领导是一个过程；②领导包含影响；③领导出现在一个群体的环境中；④领导包含实现目标。基于这些要素，他将领导作如下定义："领导是个体影响一群个体实现共同目标的一个过程。"[72]

（5）欧文斯（R. G. Owecs）在《教育组织行为学》中认为，"抱有既定目标的人，在与他人展开竞争或发生冲突时，便动员组织上、政治上和心理上等其他方面的资源以唤醒并满足被领导者的种种动机，这样便产生了对他人行使权力的领导[73]。"

（6）霍伊（W. K. Hoy）和米斯克尔（C. G. Miskel）在《教育管理学：理论·研究·实践》中指出，领导应被广泛地定义为"一个社会过程，在此过程中，群体或组织成员影响着对内部和外部事件的解释，影响着预期目标或结果的选择，影响着各种工作活动的组织，影响着个人动机与能力，影响着权力关系，也影响着共同的取向。而且，作为专业角色与社会影响过程，领导由不对影响力的目的或结果作任何假设的理性要素与感性要素共同构成"[74]。

类似的定义还可以举出很多，显然没有一个定义能令大家满意，但有一些要素可以被认为是领导概念的核心。比如，首先领导是一个过程，这表明领导并不是仅仅存在于领导者身上的一种特质或特征，而是发生在领导者和其追随者之间的一种交互活动，意味着领导者不仅影响追随者而且也受追随者的影响，它强调的不是一种线性的、单向的活动，而是一种相互作用的活动。其次领导是有意识地影响别人的行为，它涉及领导者如何影响追随者。所以，领导者不仅要注意其采用的领导方式和领导技巧，也应关注与被领导者关系的质量与种类。领导的影响行为并不意味着要对对方采取某种行动，也不是对待对方的行为的态度，而是要通过与人们一起合作，或通过他人，去实现组织目标。影响力是领导行为的必备条件，没有了影响力，领导就不再存在。最后领导也意味着实现目标，领导是一种目标导向，在一个群体或组织中起着积极的作用，只有在所有个体都朝着一个共同目标努力的过程中才会产生领导，产生领导影响力。正如纽斯特罗姆（J. W. Newstrom）和戴维斯（K. Davis）在《组织行为学》中所指出的，"领导是影响和支持他人为了达到目标而富有热情地工作的过程。在帮助个体或群体确认目标以及激励协助他们达到一定目标的过程中，领导是一个重要的因素。该定义中的三个组成部分是影响/支持、自愿的努力、实现目标。如果没有领导，一个组织中就只会有混乱的人群和机器，就如同交响乐没有指挥而只有音乐家和乐器一样。乐队和其他所有的组织都要求最大限度地发展它们的宝贵资产"[75]。无疑，这些核心要素为本研究对"领导"概念的界定与阐释，既提供了宽广的视野，也提供了研究的知识基础和思想观点。据此，本书研究在广泛的意义上将领导定义为：领导即是领导者影响追随者以实现共同目标的过程。

2. 领导与管理的关系

领导与管理是组织中最为常见的活动，由于在概念界定上的多样性，人们对领导与管理之间关系的认识也存在差异，从而形成了不同的理论观点。目前主要有以下几种主要观点。

（1）领导与管理不分。领导就是管理，管理就是领导，领导者也就是管理者。在德鲁克看来，"管理几乎就是领导的同义词""管理有时候就是领导"[76]。

（2）管理是一个更大的范畴。明茨伯格（H. Mintzberg）在其著作《管理工作的性质》中，将管理角色分成三类十种：一类是信息—处理角色，包括传播者、监督者、发言人；二类是决策角色，包括企业家、障碍处理者、资源分配者、谈判者；三类是人际角色，包括联络官、挂名首脑、领导者。[77]可见，领导者只是十种管理角色之一，领导也就是管理的一项职能。

（3）领导是更大的范畴。法约尔（H. Fayol）认为，领导就是寻求从企业拥有的所有资源中获得尽可能大的利益，引导企业达到它的目标，领导是保证技术职能、商业职能、财物职能、安全职能、会计职能、管理职能这六项职能得以贯彻的保证力量，而"管理"仅仅是这六项职能中的一种。[78]可见，领导是一种高度的、综合性的、统率性的实践活动。

（4）领导与管理是相对独立的范畴。两者各有自己的执行系统，有自己独立表达的话语。如本尼斯和南尼斯（B. Nanus）所言："管理者是做事正确的人，而领导者是做正确事情的人。[79]"显然，管理意味着把事情做正确，而领导则意味着做正确的事情。所以，二者是有明显差别的。

就本书中可能涉及的领导与管理两个概念来说，笔者认为领导具有全局性、超前性、开拓性的特性，而管理则具有局部性、当前性和操作性的特征，二者的区别是明显的。但二者也是具有紧密联系的，一方面领导是从管理中分化出来的，另一方面领导活动和管理活动在实践中具有较强的符合性和相容性。下表中领导与管理的比较可见一斑。

表 1.1　管理与领导的比较[80]

	管理	领导
指引方向	计划和预算 目光关注底线	创造愿景和战略目光保持在水平线上
团结员工	组织和员工 指导和控制 设置界限	营造共享的文化和价值 帮助他人成长 减少界限
建立关系	关注实物：生产/销售产品或服务 基于职权 像老板一样行事	关注个人：激发和鼓励追随者 基于个人的力量 像教练、维修工或服务员一样行事
个人素质	情感上疏远 专业思维 健谈 趋同 对组织深入了解	情感上接近（心理） 思维开放（思维） 善于倾听（交流） 多样（勇气） 对个体深入了解（诚信）
结　果	保持稳定	多变，甚至巨变

显然，领导和管理都需要为组织指引方向，但它们之间也有区别。管理侧重于制订详细的计划来取得预期的结果，并分配资源来完成计划。领导需要营造对未来的预期，并开拓实现预期所需要的长远战略。管理关注于底线和短期结果，而领导着眼于长远未来。在团结员工方面，管理的前

提是进行架构，配备人员，制定一系列的政策、步骤和系统去管理员工，并监督计划的完成。而领导则恰恰相反，领导者要同员工就未来的设想进行沟通，形成分享型的文化，并且为实现未来的设想而建成核心价值观。在建立关系上，管理关注的是诸如机器和报告一类现实的东西，以及可以生成组织产品和服务所需要的步骤。而领导则需要的是激励他人。在个人素质方面，管理的过程通常会导致人们感情上的疏远，而领导则意味着感情上的拉近；管理意味着提供答案来解决问题，而领导则需要勇气承认错误承担风险、聆听、信任并向别人学习。最后管理和领导的不同也会带来两种不同的结果，管理所带来的是稳定、可预测性、秩序和效率。而领导往往会引起很大而持久的变化。

至于领导者和管理者的区别则不再详述，美国学者扎莱兹尼克（A. Zaleznik）的一段话提供了部分答案：管理者与领导者是极为不同的两种人。管理者的目标源于需要而非欲望，他们长于缓解个体及部门间的矛盾，抚慰组织内的方方面面以确保日常工作的顺畅运行。领导者则不同，他们以一种富于个性化的、积极的态度对待目标。他们寻求潜在的机会及回报，并以其自身的魅力激励下属、激发创新。[81]

（三）领导伦理

领导伦理是领导活动中经常遇到的问题，也是领导者与追随者都必须正确面对的问题。无论是东方还是西方的哲人与学者都对领导伦理进行了诸多研究。如中国古代孔、孟儒学的著作中领导伦理就是一个非常重要的主题，而西方领导伦理的发展也可以追溯到柏拉图和亚里士多德时代。直到今天，领导伦理依然是研究者与实践者关注的问题。在领导学层面上，伦理涉及了领导者应该具有的行为，用来理解什么样的人可以称作道德高尚的人。所以，领导伦理以领导者的道德现象作为研究对象，研究领导者的伦理规范，为领导者处理好各种关系，实现领导过程的伦理价值及领导者的道德完善，提供正确的道德原则和实现途径。领导伦理是与领导活动相伴而生、相随而长的领导关系价值观念与价值实现机制的统一体，在领导活动的要素体系中居于基础性、核心性地位。概言之，领导伦理主要是指领导者在领导实践活动中，所遵循的价值理念、人伦准则和相关规范的总称，具有领导的伦理性和伦理的领导性两方面的内涵与外延。

就领导的伦理性而言，我们知道，领导与伦理虽然是两个不同的领域，但它们的结合并不就是简单的"1 + 1 = 2"的机械凑合，也不是把伦理学理论看作一种"既成的"、先于领导活动的存在，而应该是相互作用所为。美国经济学家格贝尔（M. Goebel）就经济伦理的研究区分了两种不同的经济伦理学模式：一种即所谓的应用模式，"这种应用模式所带来的危险首先在于论证是外加的并有悖于经济的，正如波普克（W. Popke）所说，一种'对经济毫无所知的伦理主义'会对经济提出无法满足的要求"；另一种模式是所谓的"平等—协作"模式，即从两门科学价值相等出发，认为经济学和伦理学作为两门相互独立的学科并非互不相关，也不是一个支配另一个的关系，而是一定意义上的相互依存，以解决经济学领域中单靠经济学所不能解决的问题。这里不需要存在一种原先无价值的经济范畴，然后让伦理学经过外部修正而将经济理性纳入经济领域，而是从经济本身的结构和内涵上直接推导出经济伦理学。^②格贝尔的分析也完全可以应用到领导伦理问题的研究中。它提醒我们，研究领导伦理问题不能忽视领导本身的结构与内涵。领导与伦理之所以能够结合，关键在于领导本身所具有的伦理性。由于领导是领导者影响追随者以实现共同目标的过程，其在本质上是对人的管理，自然就离不开人的价值选择和道德选择，而这种价值和道德系统随着社会文化价值观念的变化而不断得以重构，因此这种价值和道德系统也就成了领导的伦理性。同时，领导的伦理性也表现在领导者个人的伦理素质方面，领导者的伦理素质是领导过程伦理性的基础。稻盛和夫认为："如果企业家只想增加自己公司的利润，想过更加奢侈的生活，以这种利己的私欲为动机来经营企业，起初，经营也许会很顺利，但是，绝不会长久持续下去，总有一天会破产。由于这类企业家考虑的是只要自己好就行，所以，不定在哪里就会采取以一般大众为敌的反社会性行动。这样做，必然会造成来自社会的反作用，与社会发生矛盾，令经营陷入困境……我们应该具有把别人的喜悦作为自己的喜悦来感受之心和把别人的悲伤作为自己的悲伤来感受之心。我们把哪个置于更重要的地位，人生的结果将大不一样。"㊧圣吉（P. M. Senge）也说："鼓励别人追求'自我超越'最大的力量，便是自己先认真地追求自我超越。"㊨

就伦理的领导性来说，由于伦理是处理人际关系的基本规范与准则，其中蕴含着人类行为的基本原则和基本价值取向。所以，伦理关系在实践活动中就起着一定的规范管理作用。在人类社会的发展过程中，人类对自我行为的限制和规范大致可以区分为两类。一是外在强制性规范。如政治、法律、制度。二是内在自觉性规范和理想性规范。伦理正是这种自觉性规范的体现，它以道德评价的方式为人们提供具有约束性的行为规范体系和有等级次序的价值观念体系。如果说管理是外在的规范，那么伦理则是一种内在制约——内在的自我要求和自我追求，它所指向的是自我的内部世界，通过主体的自觉自为以达成自我实现和自我完善。所以伦理在本质上是对自我的一种内在规范、约束与管理，即自我领导，并通过自我领导延伸到对外部世界的领导。这正是儒家所倡导的"内圣外王"的领导思想。这种领导思想具有非强制性、主动性、广泛渗透性、持久性等特征。伦理的领导性一方面具有内在的凝聚力，因为共同的伦理规范和道德感可使人们的思想情感和行为相互协调一致，形成一种强大的向心力，这也是领导的主要职责之一；另一方面则具有价值导向性，伦理活动是人类实践精神即价值掌握世界的方式，伦理道德意识本质上是一种价值意识、价值观念和价值精神，对实践活动具有明显的价值引领作用；再一方面是具有规范约束性，由于伦理本身即是一种文化中的规范体系，表现为某种准则、戒律、标准、规定等，无疑具有潜在规范力；最后是具有道德评价的作用，由于伦理是一种非强制性影响力，是对主体的自我领导，通过主体自我对伦理准则的践行，形成内心的伦理信条，若主体违背了伦理准则及信条，就会感到惭愧甚而忏悔，并加以改正自身的行为。同时，如果违反了组织的伦理规定，也会遭到舆论的谴责，这种道德评价的作用也能培养组织成员的道德责任感和克服困难的信心，并进而激发出主体自我的积极性、主动性和创造性。

上述分析表明，领导伦理的哲学基础是建立在领导的交互主体性之上的，这就改变了传统单向主体性的哲学基础。交互主体性也称为主体间性。主体间性是主体间的交互关系。主体间性不是反主体性，不是对主体性的绝对否定，而是对主体性的扬弃。主体间性首先涉及人的生存本质，生存不是主客二分基础上主体征服、构造客体，而是自我主体与对象主体的交互活动。同时，主体间性不是把自我看作原子式的个体，而是看作与其他主体的共在。所以，领导伦理的哲学主体范式的转型，意味着传统道德哲学的个体"主体范式"已不能从主体自我寻找出一种普遍的、本质的和内在的人性特征，以作为道德原则的合理性与权威性的绝对形而上学基础。只有基于"规范的主体间有效性"，才能构建一种客观、规范的领导伦理的哲学基础。正如阿佩尔（K. Apel）所言，人的主体理性绝不是在个人意识里发展的，而是在语言对话、主体际构成的世界里发展的。每个人都不可能在私人语言框架内获得其思想的有效性，每个人的主体理性或意识活动也不可能是封闭的、个体的，而是开放的、公共的。所以，任何孤独思想的有效性，以及孤独个体的良知决断的道德约束力，原则上要依赖于人与人作为平等的对话伙伴之间的相互肯认和共识。[65]这种主体间的"交互理性"，能够把每一个孤独个体的良知判断协调一致起来，从而使每个社会个体为社会实践承担共同的道德责任。

由于"领导"责任的承担与实现是与其所在的组织环境紧密相关的，离开了特定的组织环境，也就无所谓"领导"责任。比如，若厂长、董事长等离开了其特有的工厂、企业的话，就不存在所谓的"领导"责任。本书中"领导"的环境是基于学校组织而言的，学校组织显然是有别于工厂、企业等其他社会组织的，它有自己的独特性。"从根本特性上讲，学校是一种'有计划、有组织进行系统教育的机构'""首先，学校不是生产经营性组织。它的基本作用不是创造利润，或要追求直接的经济效应，而是要继承和发扬人类的文化遗产，这是人类赋予学校组织的最基本也是最崇高的历史使命。其次，学校从根本上说是一种服务性组织，它的服务对象就是学生，因此学校必须处处重视学生的利益，杜绝一切有损于学生利益的行为。再次，学校的组织和管理，主要通过规范化手段进行，学校将一定社会的规范、信念等灌输给学生，并要求学生遵循和发扬。"[㊷]所以，本书在探讨"领导伦理"这一问题时，会在其前面加上相应的修饰语，即是指在"学校组织"情境中的"校长""领导伦理"，要尽可能地体现学校组织的特殊性、学校教育管理的伦理与价值性，这将在后面的章节中予以分析、论证。

四、研究方法

研究方法是"从事研究的计划、策略、手段、工具、步骤以及过程的总和，是研究的思维方式、行为方式以及程序和准则的集合"[㊸]。科学的研究往往要以合适有效的方法做保障，所谓合适也就是方法与问题本身之间存在着某种内在的相关性，只有有了合适的研究方法，才可能把所要研究的问题合理而有效地解决。正所谓"工欲善其事，必先利其器"。

本书研究倾向于理论的分析与建构，而"理论为研究提供框架，它可以（通过概括化）被用于综合和解释研究结果"[㊹]。因此在研究过程中主要以思辨研究方式为主。思辨研究也常常被视为哲学性研究和理论性研究。之所以如此，是因为思辨研究强调通过概念操作、抽象推理和逻辑演绎来获得结论、认识事物和揭示本质，具有沉思、重思和否思等特征。沉思意味着研究者对研究对象予以自由的、自主的和自觉的深思，意味着研究者在面对繁杂的现实问题和难题时具有很强的"脱身意识"，意味着研究者更多的是依赖诸如效率、人本、平等、正义等抽象概念进行思考而表现出一种从"概念到概念"的冥思苦想和深思熟虑。重思是指研究者对研究对象所进行的一种常规反思，这种反思是在坚持原有信念、思想框架的合法性和合理性的前提下，开展的一种修补、改进和完善的认识活动。否思是指研究者对研究对象所进行的一种创新反思，这种反思是在跳出或打破原有信念、思想框架的束缚下，而展开的一种观念、认识、思想、理论的重建、重构活动。[89]风笑天认为，社会学的每一种研究方式"都具备某些基本的元素或特定的语言，构成一项具体社会研究区别于其他社会研究的明显特征"[90]。显然，思辨研究方式也有自己较为独特的一些基本元素或者语言，这些元素或者语言也就是构成思辨研究方式的各种具体的研究方法。笔者认为，在思辨研究方式下，本书主要运用了以下一些具体的研究方法。

文献法。文献法是指搜集和分析研究各种现存的有关文献资料，从中选取信息以达成研究目的的方法。它所要解决的是如何在浩如烟海的文献群中选取适用于课题的资料，并对这些资料做出恰当分析和使用。当然，在文献、论据的选取中也要注意权威性、代表性和创新性，不仅要关注"说了什么"，还要关注当时的话语方式即"怎么说的"，以及更加重要的是"谁说的"，因为这里存在话语权的社会和伦理问题。就本书的研究文献来说，既有一次文献，也有二次、三次文献，既关注了文献的权威性、代表性，也关注了文献的创新性，并且通过多种渠道力求保证文献的全面、完整及新颖，以便于满足本书文献研究的需要。

归纳与演绎的方法。归纳是指从个别事实中概括出一般性结论的论证方法，是由个别走向一般。而演绎是指从普遍性结论或一般性事理推导出个别性结论的论证方法，是由一般走向个别。归纳和演绎这两种论证方法既彼此区分又相互关联。一方面归纳离不开演绎，任何归纳都需要一般原理作为指导；另一方面演绎也离不开归纳，归纳是演绎的基础，演绎的普遍性结论或一般性原理是由归纳从个别到一般的思维运动过程中概括出来的。可见，归纳和演绎在具体的研究活动中是相互依赖、相互作用的。本书在研究过程中大量运用了归纳与演绎的方法，比如，通过对校长领导与教育行政以及校长领导与学校管理之间的关系归纳出校长领导的现实取向，并通过对校长领导现实取向的分析推理出校长领导权力的合法性等问题。

分析与综合的方法。分析是指把客观事物的整体分解为各个部分，以便加以逐个研究，从而找出决定事物本质因素的方法。而综合是指把关于客观事物的各个部分联合为一个整体，从整体上去认识客观事物的思维方法。分析与综合是认识过程中相互联系的两个阶段和环节，它们既有区别也有联系。分析离不开综合，只有在综合的指导下，才能进行正确而有效的分析；同时，综合也要以分析为基础，没有分析就没有综合。不仅如此，分析与综合在一定条件下还可以相互转化。本书研究运用了较多分析的方法，比如，对校长领导的人性基础及学校制度环境的分析，对校长领导现实取向的分析、对校长领导现实取向生成机理及其日常呈现的分析，等等。同时，本书研究也在分析的基础上进行了综合的考察，从德性伦理及制度伦理等方面对校长领导的伦理寻求进行了整体建构。

历史与逻辑的方法。历史方法是指通过考察事物的自然进程来揭示历史规律的方法。历史方法强调依据一定的时间顺序，追踪事物发展的全过程。历史不仅是现实发展的重要依据，也蕴含着未来发展的基本线索，因而强调认识事物历史发展过程的历史方法就具有了重要的认识论意义。正如雷恩（D. A. Wren）所说："研究过去有助于更合理和更有条理地了解现在。不了解历史，个人只能依靠自己的有限经验作为思考和行动的依据。"[①]而逻辑方法是指在思维中舍弃事物历史发展进程中的各种细节、偶然因素，通过逻辑思维和推理，来把握历史发展的总趋势，并进而揭示历史发展基本规律的方法。在研究过程中，历史方法与逻辑方法是彼此依赖、相互补充的。在本书研究中，运用了一定的历史与逻辑的方法，比如，对校长领导的人性基础的分析、对合法性的梳理与分析，对德性伦理内涵与外延的考察等，都用到了历史与逻辑的方法，通过对这一方法的运用，进一步深化了论文的知识基础及逻辑分析的严密性与严谨性。

五、研究假设与思路

本书是建立在以下研究假设基础之上的。一是我国目前正处于教育转型时期，国家中长期教育发展规划已经研制好并已发布实施[1]，教育公平与正义已受到更多、更充分的关注，开展校长领导伦理的相关问题研究无疑恰逢其时。二是我国中小学校长队伍非常庞大，校长的领导水平也参差不齐，管理中的强迫、压制、规训现象还较为严重，很多校长更多的是以自我为中心，很少考虑下属的意见和感受，致使校内人际关系紧张，校园氛围不够和谐，开展校长领导伦理问题研究有助于这些问题的改善与解决。[2] 三是学校作为一个育人的机构与场所，是以人与人之间心灵的交融与感化为中介的，需要一个自由、民主、平等、和谐的环境与氛围，需要人与人之间的彼此尊重与信任，无疑需要校长努力创造这样的环境，这也是遵循教育发展规律的基本体现。四是校长领导伦理是一个静态与动态、内部规范与外部规范都需要兼顾的体系，既要关注历史发展中校长领导的相关伦理行为，也要探讨现实学校教育中的校长领导的伦理取向，既要关注内在的德性伦理，也要关注外在的制度伦理。五是当前我国综合国力的提升、公民素质的提高及优质教育资源的不断增加，为中小学校长领导伦理问题的研究与推进提供了物质保障和精神支持。

---

[1]《国家中长期教育改革和发展规划纲要（2010—2020）》指出，把促进公平作为国家基本教育政策，把提高质量作为教育改革发展的核心任务。要加强公民意识教育，树立社会主义民主法治、自由平等、公平正义理念，培养社会主义合格公民。把德育渗透于教育教学的各个环节，贯穿于学校教育、家庭教育和社会教育的各方面。

[2]《国家中长期人才发展规划纲要（2010—2020）》在推进人才队伍建设中指出，实施党政人才素质能力提升工程，构建理论教育、知识教育、党性教育和实践锻炼"四位一体"的干部培养教育体系。坚持德才兼备、以德为先用人标准，坚持民主、公开、竞争、择优改革方针，树立坚定信念、注重品行、科学发展、崇尚实干、重视基层、鼓励创新、群众公认的用人导向。扩大干部工作民主，加大竞争性选拔党政领导干部工作力度，拓宽选人用人渠道，提高干部工作科学化水平，促进优秀人才脱颖而出。

　　遵循上述研究假设，通过理论梳理与分析—实践考察与验证—理论反思与建构等基本线索，在整合理论与实践、历史与现实及国内与国外等诸种关系的基础上，逐步展开研究，主要包括四个方面：首先，从人与学校组织环境两个角度对校长领导的行动基础进行理论分析。就人的视角而言，通过对教育管理理论中人性问题的梳理与省思，认为教育管理理论中存在人性迷失或缺失现象，这在一定意义上可能会成为校长领导过程中产生"目中无人"现象的最好注脚；就学校组织环境来说，则主要是从制度理论的角度审视校长领导的"规训机制"是何以形成的，校长的领导行为又是如何走向"合理化"的。其次，探讨校长领导行为的实践取向，即校长领导在人性和制度环境等因素的影响下，会呈现什么样的实践取向呢？或者说，在现实的教育环境中，校长领导在韦伯所言的"铁的牢笼"氛围中会有什么样的行为表现呢？通过对校长负责制与学校组织机构、校长负责制与校长领导的责任性及校长负责制与人的发展等方面考察，认为校长领导呈现"官僚化"的实践取向，探讨了校长领导这一取向的生成机制，并阐释了校长领导"官僚化"取向中的日常呈现等问题。再次，审视校长领导权力的合法性问题，由于校长领导"官僚化"的实践取向意味着行政权力已被推向前台，也即是校长在领导过程中更倾向于把行政权力作为"引领"学校发展的主要手段，也就出现了校长领导的行政集权问题，因此，有必要开展对校长领导权力合法性的探讨，在探讨领导权力合法性的基础上，分析校长领导权力的合法性危机问题，并期望在消解校长领导权力合法性危机的基础上实现对合法性的重建。最后，第四章与第五章分别从德性伦理和制度伦理的角度探讨对校长领导权力合法性的建构，以奠定校长领导合法性的理论基础，从而提升校长领导的有效性，实现学校教育的价值目标。

第 一 章

校长领导行动的基础：人与环境

　　校长领导行为的发生与发展是在实践中生成的，而实践的场域便是学校，由于学校组织自身的复杂性与特殊性，使得身陷其中的校长的领导行为也变得复杂与多样。正如汉森（E. M. Hanson）所言："学校或许是最复杂的社会产物了。一方面，如同其他正式组织一样，学校必须对一个复杂的人力物力资源的混合体的组织、管理、指挥等方面的事务加以处理；另一方面，它又与大多数其他正式组织不同，学校因从事人力生产而导致其独特的组织和管理问题。由于每个人——家长、纳税人、立法者、教师——实际上都可以被当作学校的利益攸关者（stakeholder），因此，学校的管理过程就变得极其复杂了。"[02]那么，如何分析复杂情境中的校长领导行动的基础呢？或者说校长领导过程变得复杂的"生命起源"又在哪里呢？勒温（K. Lewin）的场论和布迪厄（P. Bourdieu）的实践理论都为本书研究提供了思维的启发。[03]本书认为人性与环境成了校长领导行动的基础。一方面，本书会从校长领导的人性之维来探讨校长的领导行为；另一方面，本书也期望从学校组织环境中的制度视角来审视校长的领导行为。

第一节　校长领导的人性之维：
教育管理理论的视角

　　校长领导人性观的背后隐含着深厚的教育管理理论基础，进而言之，教育管理理论中的人性分析给校长领导的人性内涵带来了重要的影响。所以，本部分以教育管理理论中的人性分析来探讨校长领导的人性之维，以展现校长领导行为复杂与多样的内在缘由。当然，理论可能是笼统抽象的，但理论的分析有助于我们对事件做出准确的预测，帮助我们理解并影响人们的行为；而现实则是客观存在的，对现实的认识又是捉摸不定的，由于不同的人持有的理论不同，这些理论会影响他们对事件的解释。因此，涂尔干（E. Durkheim）指出："虽然我们主要是致力于事实研究，但这并不是说我们不希望改善它；如果我们的研究只是纯理论性的，那么，这些研究便毫无价值。如果我们审慎地把理论问题与实践问题分开，这并不是要忽略实践问题；相反，这样才能在更好的层面上解决实践问题。"[04]就理论与实践之间的关系来说，至少有三个方面。第一，理论为实践者提供一个参考的框架。第二，理论化的过程为对实际事件的分析提供了一般模式。第三，理论指导决策。[05]所以，教育管理理论中的人性分析对校长领导实践的这些关系也是存在的。

　　教育管理理论的发展经历了不同的阶段，每一阶段中所隐含的人性内涵也存在着很大的差异。关于理论发展阶段的划分很多学者都做出了自己的努力，如坎贝尔（R. F. Campbell）等学者把教育管理理论划分为科学管理、民主与人际关系管理、理性主义和开放系统管理等四个阶段；伊沃斯和拉科姆斯基把教育管理理论的新进展分为：教育管理理论的科学、管理中的价值、管理中的主体主义、无序理论和后现代主义以及教育管理整体主义观点等。我国学者吴志宏把教育管理理论分为：古典管理理论、人际关系学说、结构主义及行为科学等四个阶段。本书研究倾向于把教育管理理论分为古典管理理论、行为科学管理理论、教育管理科学理论和后现代教育管理理论等四个阶段。[⑯]通过对这四个阶段理论观点中人性内涵的剖析以窥探其对校长领导行为的可能影响。

（一）古典管理理论

古典管理理论是研究管理行为从经验管理走向科学管理的开始，形成于 20 世纪初期，其本质特征是科学和效率。主要由泰罗（F. W. Taylor）的科学管理理论，法约尔、古利克（L. Gulick）和厄威克（L. Furwick）的一般管理理论以及韦伯（M. Weber）的科层制理论所构成。

泰罗的科学管理思想是其长期工作实践研究的结果，其基本观点包括，"第一，管理者应负责收集知识并把知识简化为规则和应用，从而能按照科学方法来处理。第二，管理者应该运用科学方法来挑选和培养工人。第三，管理者应使工人学到知识，从而使工人之间'精诚合作，完成新任务'。第四，管理者要和工人一样有明确的分工和职责"[⑰]。科学管理原理告诉我们，重要的是要雇用合适的人员，对他们进行良好的机器操作培训，工作要求要在工人力所能及的范围之内，劳动报酬要与工作的难度、所实现的生产效率密切联系起来。所以，科学管理所关注的焦点在于如何提高每个岗位工人的行为可靠性和可预见性，减少疲劳等问题，以便于极大地提升工作效率，它关注的是人—机关系。

显然，泰罗关于组织和管理的理论原本是为提高工业组织的理性和效率而创立的，但结果同时也被美国的教育界所采纳。比如，麦克柯诺夫（J. L. McConaughy）在 1918 年写道："这是一个讲效率的年代。在公众眼里，最为严重的指摘莫过于说学校效率低下了。"[⑱] 所以，博比特（J. F. Bobbit）就告诫教育家们应当采用工业界的做法，并为教师提供"如何进行工作、如何达到标准、如何采用各种方法及如何使用器具的详细指导"[⑲]。因此，在"效率崇拜"的影响下，学校里到处留下了科学管理的痕迹，如美国学者迪戈蕾（S. F. Diggory）认为："20 世纪初，教育家们开始像办工厂那样去办学校，我们今天所熟知的学校教育的许多方面都是从工厂车间直接移植到学校教室里来的。现在，保存记录、制订课程表、布置教室、划分学期、安排上课时间和课间休息、管理制度、教学和年级划分等都实现了标准化。每一所学校，每一个地区都有详细、准确地写明如何行事的手册。质量控制和可以互换的观念从工厂引入到了学校。"⑩美国教育家丘伯利（E. P. Cubberley）则认为："在某种意义上，我们的学校就是工厂。原始产品（儿童）被造成成品以满足各种生活需要。20世纪的文明对产品制造的规格提出了要求，根据规格的规定来塑造学生是学校的职责。这就要求有良好的工具、专门的机器、对产品进行不断地度量，以便看看是否按照规格行事，是否消除了制造中的浪费以及是否带来了产品的多样化。"⑩无疑，科学管理已给教育管理带来了深刻的影响，在逐渐使教育（学校）管理走向标准化、定量化、程序化与效率化。其实，这种转变是建立在人的理性化行动之上的，在每个个体及由个体组成的群体朝着他们的效率目标前进的过程中而逐渐牺牲个性和人的精神。

法约尔更多是从整个组织的角度自上而下地来看管理问题。其在《工业管理和一般管理》一书中系统地提出了一套比较完整的管理理论，也被称为一般管理理论。在书中法约尔第一次将经营和管理区别开来，认为这是两种不同的概念，管理包括在经营之中。他通过对企业全部活动的分析，将管理活动从经营职能（包括技术、商业、业务、安全和会计等）中提炼出来，成为经营的第六项职能。法约尔认为管理就是计划、组织、指挥、协调与控制。为了更有效地进行管理，实现管理的职能，法约尔提出了一般管理原则，即劳动分工、权力与责任、纪律、统一指挥、统一领导、个人利益服从集体利益、合理的报酬、适当的集权与分权、跳板原则、秩序、公平、人员稳定、首创精神、人员的团结等。法约尔还认为管理不只是管理人员的事情，而是每一个人的事情，所以要加强管理教育，让所有的人都理解和遵循管理的基本原理和原则。同时，古利克对法约尔的职能或过程理论也有发展，提出了"计划、组织、人事、协调、报告和预算"的过程理论，对管理原则补充提出了"控制跨度"的原理。概言之，法约尔等的管理理论的重心是通过科学或理性的管理过程和对相应管理原则的运用以达到提高组织效率的目的。法约尔的理论也适应于教育管理。"法约尔等提出的管理原则作为学校经营管理的有效文献范例，今天在不同程度上都依然在使用着。"[102]当然，一般管理理论自身也存在着一些局限与不足，比如，一般管理理论对人性的研究也仅属于表层的东西，只是停留在"经济人"假设的范畴之内。"在'管人'的问题上他基本上和泰罗一样，主张以纪律（惩罚）进行经常性的监督，虽然他也提到了激发首创精神，并且将组织比作生物有机体，但遗憾的是他并没有做更为深入的分析。"[103]

如果说泰罗关注的是管理方法的科学化，法约尔侧重的是管理原理和原则理性化的话，那么韦伯的重心则是组织制度的科学化和体系化。韦伯提出的科层制（Bureaucracy，亦译作官僚机制）理论要求在组织中排除人为因素的影响，建立系统的组织制度，运用制度来管理。他把科层组织的原则描述为：（1）为了实现一个组织的目标，应把组织的全部活动划分为基本作业来确定专业化职务，并分配给各个成员；（2）各种职位按等级原则组织起来，有明文规定的权利和义务；（3）组织中每一项工作都必须按照严格的规章制度来进行，防止由于个人能力不同、绩效不同而带来的工作的不确定性；（4）组织中的人员任用完全根据职务上的要求通过考试和教育训练来进行；（5）组织中人员之间的关系完全以理性为指导原则。韦伯认为这种理想的行政组织体系能提高工作效率，在精确性、稳定性、纪律性和可靠性方面优于其他组织体系。所以，"发展完善的官僚机制同其他组织机制比较起来犹如生产的机械化和非机械化的差别……精确、高速、清晰、连续、谨慎、统一性……在严格的官僚制管理中这些标准提高到最高程度……个体官员在这种机制的管理下是不能任意妄为的……在大多数情况下，他只是被固定在整个运行及其中特定地方的一颗不可缺少的螺丝"[104]。较早运用科层制理论研究学校管理问题的是美国学者阿博特（M. Abbott）。在他看来，学校组织符合韦伯所提出的理想的科层组织的特征，比如，学校组织具有专业化分工的特点，学校内部具有明确的、严格的规章制度，学校的教职员工按照自己的职务、责任以及工作的质与量获取工资。因此，他认为学校管理效率的提高，有赖于学校组织管理的程序化与规范化。总体而言，科层制组织效率的提升具有技术理性和非人格化的取向。正如汉森所言："科层制度的主要功绩是它的技术性效率（technical efficiency），这种效率是通过重视精确、快速、专家控制、连续性、处理权限和对输入的最适宜的回报来体现的。科层组织的结构完全排除了各种人格化的关系和非理性的需要（敌意、焦虑和情感的卷入等）。"[09]

上述分析表明，古典管理理论的倡导者都把高效率地完成组织任务视为管理工作的最高目标，并毫无例外地认为"效率原则是衡量任何组织的基础"；提倡分工和专业化，把分工和专业化作为管理活动的一个经典信条；强调要有明确的指挥系统，即组织中要有一个自上而下的明确的权力等级体系，组织中的每个成员都要服从来自上级的指挥；提倡权利和义务的一致性，同时把严密的规章制度看作实现组织目标的必要保证；等等。但古典管理理论一开始就遭到了人们的批评，这些批评主要表现为：一是忽视了对人和人性的研究；二是仅仅把管理的对象看作一个客观存在；三是忽视了组织的多样性和开放性等。所以，教育组织在吸收其合理内核的同时，也要警惕其存在的不足，尤其要从教育组织自身的特性出发，要关注教育组织中人的因素，要以实现人的发展为本而不是仅仅关注所谓效率的提升与理性的培养。

（二）行为科学管理理论

行为科学管理理论的产生可以追溯到 20 世纪 30 年代梅奥（G. E. Meyao）的人际关系学说。当时古典管理理论虽然在提高劳动生产率方面取得了显著的成绩，但由于它只强调科学性、精密性，忽视了人的因素，把劳动者当作机器的附属品，当作"经济人"，从而引起了工人的强烈不满。因此，梅奥等人开展了人际关系理论的研究，强调对工人的尊重与沟通，满足工人的社会需要。但梅奥的人际关系学说提出以后遭到了企业界和工会组织的强烈反对，直到50年代人际关系学说发展成为行为科学以后，才得到社会广泛的重视和应用。行为科学管理理论主要包括以下四个方面。

1. 人际关系学说

第一个较为全面阐述企业中管理者和工人关系的学者是福利特（M. P. Follett），她在《新的国家》《创造性的经验》和《能动的管理》等著作中讨论了行政中"人"的因素。她认为，各种组织的基本问题，在于发展并维持组织成员中动态的和谐关系，建立起能够协调人的资源的合理机制，生活和工作在同一组织中的人们，都有权力重新建造他们的权力关系。她甚至认为，决定由谁来指导某一具体活动的因素不应是等级地位，而应当是情境的法则；一个人不应该向另一个人发号施令，两个人都应该同意听从情境给他们发出的命令。[106]但使人际关系理论系统化并从实验中得到证实的则是梅奥等人所领导的霍桑试验。梅奥等根据霍桑试验的结果提出了"社会人"的假设，认为工人应该是"社会人"，是复杂社会系统中的一员。所以，工人不仅仅是单纯地追求金钱收入，他们还有社会、心理等方面的需求，必须从社会心理方面来鼓励工人提高劳动生产率。

人际关系理论在教育管理中的采用主要是受到了杜威所倡导的民主管理哲学思想的影响。杜威（J. Dewey）认为："民主主义不仅是一种政府的形式，它首先是一种联合生活的方式，是一种共同交流经验的方式。人们参与一种有共同利益的事，每个人必须使自己的行动参照别人的行动，必须考虑别人的行动，使自己的行动有意义和有方向，这样的人在空间上大量地扩大范围，就等于打破阶级、种族和国家之间的屏障，这些屏障过去使人们看不到他们活动的全部意义。"[107]从这一观点出发，他认为科学管理运动是一种狭隘的观点，会对工人产生消极的影响。所以，学校无论如何不应成为一种使现存社会的工业秩序延伸的领地，而应作为改造这种秩序的场所；学校领导应通过与别人交换意见进行领导，而不是孤立地依靠理性、行政命令的方式将教育观念与内容强加给别人。由此看来，人际关系理论为教育管理所接受也就理所当然了。但人际关系理论由于过分强调个人的社会需要，忽略对工作的责任感和使命感，并且把完成工作任务和满足个人的社会需要割裂开来，特别是强调把人作为一种工具来满足社会发展的需要，故一直受到人们的批评。

2. 人性假设理论

美国社会心理学家麦格雷戈（D. M. McGregor）提出了"X 理论"和"Y 理论"。在他看来，X 理论代表着"传统的指挥和控制观点"，其假设是：（1）人具有一种不喜欢工作的本性，只要可能就会逃避工作；（2）须采取强迫、控制、惩罚的手段促使他们工作；（3）人有一种逃避责任的倾向，宁愿受指挥，对安全的需要高于一切。Y 理论则相反，其假设有：（1）工作是人类的天性；（2）人们能对所从事的工作进行自我控制和自我指挥，故控制和惩罚并非唯一的管理方法；（3）在人的工作报酬中，最重要的是满足自我实现的需要；（4）一般人在恰当的条件下不但能接受而且能追求责任；（5）不是少数人，而是许多人都具有解决组织问题的能力。显然，X 理论和 Y 理论是关于人性的两种假设，对更好地认识、理解人性尤其在教育管理中更好地用人都具有积极的意义。但两种理论的假定也存在着片面化的倾向，忽略了人的可塑性与多样化的问题，很难适用于复杂的社会情境。

3. 激励理论

如何激发行为动机，调动员工的生产积极性，是行为科学家非常关注的问题，对这类问题的研究也就成为激励理论。激励理论主要包括马斯洛（A. H. Maslow）的需要层次理论、赫茨伯格（F. Herzberg）的双因素理论及亚当斯（J. S. Adams）的公平理论等。马斯洛把人的需要从低到高归为五类：生理需要、安全需要、归属需要、自尊需要和自我实现的需要。他认为，人的低级需要满足后，就不再有激励作用，就有了高级需要，所以，管理人员的工作就是为组织成员提供条件满足其需要，而需要的满足也有助于组织目标的实现。赫茨伯格则把工作中的两种激励因素进行了区分：一是激励的因素，包括工作成绩、奖励、职务的责任、未来的发展等；二是保健因素，包括行政管理、监督系统、工资制度、人际关系、工作环境等。前者是积极因素，后者是消极因素。管理者就是要把这两种因素有效地结合起来，引导组织成员在工作中获得满足。亚当斯提出了"公平理论"。他认为一个人对自己所做的工作和所得到的报酬是否满意，不仅仅看报酬的数量的多少，他还要同社会上其他的人进行比较。如果一个人对社会的贡献与报酬之比和其他人的贡献与报酬之比是相同的，他就认为是公平的，否则就是不公平的。

激励理论在一定意义上都会在管理过程中对激励行为的促进产生积极的意义，但也都存在一定的不足。比如需要层次论未能了解人的主观能动性，似乎只要解决需要，人的积极性就来了。同时，需要层次论更多的是强调以个人为中心，而忽视了人的需要的满足程度与其他社会因素的相关性。"双因素"理论所对应的应用对象不具有广泛性，而且划分也过于武断和绝对化。而公平理论则存在着客观问题主观化的倾向，至于是否公平则主要与个人主观判断的标准有关，这在现实的管理中会带来很多问题。

4. 领导理论

行为科学理论着重对领导者的素质与领导行为的关系、领导者的职务与领导成效的关系、领导行为类型、领导策略、领导方式等问题进行研究，主要表现为领导特质理论、领导行为理论及领导权变理论等。领导特质理论是人们对领导现象进行体系化研究的最初尝试，它开创了人们研究领导现象的先河。早在 20 世纪 30 年代，心理学家们就对此进行了大量的研究，希望发现领导者与非领导者在个性、社会、生理或智力因素等方面的差异。具体而言，领导者的特质主要包括智力、自信心、决策力、正直、合群等。由于领导特质理论忽视了下属的需要，没有指明各种特质之间的相对重要性，也没有对因与果进行区分，同时还忽视了情境的因素，所以没有能够更好地应用于实践。这使得研究者开始把目光转向具体的领导者表现出来的行为上，希望了解有效领导者的行为有什么独特之处。行为理论认为只有那些行为上表现为既关心生产（工作）又关心个人（下属）的领导者才是最有效的。换言之，那些天资绝顶的人不一定会成为领导者，真正决定一个人成为领导者的因素是他的行为。概言之，领导行为理论在领导行为类型与群体工作绩效之间的一致性关系上达成了共识，也取得了一定的成功，但行为理论对影响成功与失败的情境因素没有给予重视。而领导权变理论则弥补了这一不足，菲德勒（F. E. Fiedler）认为无论领导者的人格特质或行为风格如何，只有领导者使自己的个人特点与领导情境因素相"匹配"，他才能成为一个优秀的领导者。权变理论把客观情况与领导行为的相互作用视为决定领导活动能否成功的关键所在。随后，领导理论又出现了领导归因理论、魅力领导理论及愿景领导理论等。

可见，行为科学理论重视从人的心理需要出发，从激励人的主动性与积极性入手进行管理。因此，在行为科学理论的影响下，教育管理学家更加重视管理过程中人的主体地位，强调人的主观能动作用，增强自我激励、自我调控、自我完善的能力。教育管理者也开始关注激励下属的工作热情、事业心、责任感及成就欲等。这对教育管理有很重要的参考价值。同时，西方许多学者还围绕教育领导、人际沟通、组织发展与变革、角色冲突、组织文化及参与决策等专题进行了广泛的探讨，从而大大丰富了教育管理的理论内容。但由于行为科学理论过分重视组织中的个人而忽视了社会政治、经济、文化对学校组织和个人的影响而受到人们的批评。

（三）教育管理科学理论

教育管理科学理论兴盛并流行于 20 世纪 50 年代初至 70 年代初，它是一种力图将教育管理构建在实证主义与逻辑实证主义基础之上的"管理科学"运动。从某种程度上说，"管理科学"是泰罗开创的"科学管理"的延续与发展，所不同的是 20 世纪 50 年代以后人们更加重视应用自然科学的方法与手段，以更为规范化和理性化的方式来探索教育管理过程中的"科学规律"。[⑩]"管理科学"运动颂扬科学，认为一个基于客观的和实证主义铸模的教育管理科学能够把教育管理从哲学家、道德家和其他主观主义者手中拯救出来。根据逻辑实证主义和行为科学的基本理论及社会发展的要求，教育管理科学或理论运动的核心是把教育管理理论建设成为像工程学或医学那样的科学理论。就这一运动的目的而言，是将教育管理的研究与实践改造为一个价值无涉的、客观的、科学的过程，其基本观点包括[⑩]：第一，科学的教育管理理论应该如实地对待现象本身，而不能规定现象。如哈尔品所言，研究的即刻目标不在于提出人的行为如何为好的规范，而在于使我们能够对事件做出更为精确的预见。这就意味着，教育管理理论的研究是为了获得具有类似自然科学基础理论的一系列假设，而不是实践操作规范。第二，强调教育管理中事实与价值分离，研究中要摒弃价值观成分，要尽可能用实证手段描述教育管理问题。管理科学是价值中立的，在研究时应该"去价值"，只研究事实，而不关注情感、价值，教育管理科学应该关注和研究纯粹的教育管理事实。第三，假设演绎体系是比较好的理论泛型。第四，社会科学的理论框架的应用将能照亮教育管理实践之路。因为社会科学理论能够也应该在管理实践中发展，以便于增进人们对组织和社会的了解与理解。

显然，以逻辑实证主义为基础的教育管理理论要回答的是关于"实际是什么"的问题，而不是"应该是什么"的问题，它把教育管理看作一种事实存在进行研究，解释、说明和预测这些教育管理事实，但不规定这些现象应该如何。因此，深受社会科学影响的教育管理理论运动为未来的教育管理找到了研究与发展的方向。正如格里菲斯所指出的，理论运动主要产生了三大影响[⑪]：一是管理的词汇、语言较之于1954年前已有很大不同，教育管理的研究者和研究内容等都发生了变化。那些谈论教育管理并从事著述的人，大多来自于其他专业而不是教育专业。很多教育管理的博士论文选题也出现了很大变化，论题性质大多归属在理论运动的核心思想之下，外加对操作主义的广泛运用。二是教育管理的研究和理论性文章增长极快。20 世纪后半叶，一个有目共睹的变化是，教育管理领域的研究以及理论文章增长极快，尽管与商业管理相比还存在着很大差距。三是理论运动使教育管理学由实际技艺的地位逐渐变成有学术地位的科学。使教育管理学科与商业管理、工业管理、公共管理、政府管理等管理学科同样快速发展。卡伯特森也指出："在诸多转换中，对科学概念从松散到严谨的界定、从定性研究到定量研究、从事实到理论具有十分重要的意义。而明确拒绝对'价值自由'探究的倡导和倾向是知识探索的标志性转折。"[11]但教育管理科学或理论运动也是有局限性的，主要表现为以下几点[12]：第一，教育管理科学忽视了教育管理中实质存在的权力关系，将管理"技术化"，对实质性的教育问题视而不见，尽讨论一些无关痛痒的"管理问题"，造成管理问题与教育问题脱离，使教育管理名不副实。这种技术化的管理活动、极端化的推论结果是教育管理活动最后可以由设定相关程序的电脑来完成，人最终被机器所奴役。第二，教育管理科学将它的全部力量都集中在组织上，而不是集中在人行使权力与作决定的经验上，不是集中在教育管理的现象学现实上。这种教育管理观只见组织不见人，看不到人在组织的形成和运作中的作用。第三，教育管理科学舍弃了人类选择和理性研究当中的价值。这种教育管理观只注重人的理性方面而忽视人的非理性方面，在人的理性中只注重认知理性而不看重价值和伦理理性。这种把价值排除于教育管理过程之外的行为无疑使教育管理问题走向简单化了。

（四）后现代教育管理理论

后现代主义作为一种哲学思潮，它要求对现实重新进行解释。其主要是拒绝传统的历史分析法和理性主义，采用综合整体批判，质疑科学的有效性和知识或真理的客观性等。后现代主义也非常关注重建人与自然、人与人之间的关系。在人与世界的关系上，后现代主义主张消除现代性所设置的人与世界之间的对立。因为如果我们把世界看作与我们相分离的，是由一些计算操纵的，由互不相关的部分组成的，那么我们就会成为孤立的人，我们待人接物的动机也将是操纵与计算。但如果我们换一种思维方式，用一种新的眼光看社会，认为它具有一种我们也具有的秩序，我们就会感觉到自己与世界融为一体了。在人与人的关系上，后现代主义摒弃现代激进的个人主义，主张通过倡导主体间性来消除人与人之间的对立。所以，后现代主义不是把人看作一种实体的存在，而是关系的存在，每个人都不可能单独存在，而是关系网中的一个交汇点。因此，"主体间性"内在地成为"主体""自我"的一个重要方面。将后现代主义思想运用到教育管理领域的学者众多，著名的有格林菲德、霍金森、福斯特等。

格林菲德（T. B. Greenfield）是较早将后现代主义引入教育管理领域中去的西方学者。他在批判教育管理"理论运动"时指出，"理论运动"所持有的是一种狭隘的科学观，它势必要把教育管理研究带到一条狭窄的羊肠小道上去。他认为："在理论运动倡导者所信奉的科学中，只有可定量和可计算的东西，因为这种东西是与带有局限性的理性（limited rationality）唯一相吻合的东西。这种研究模式丢弃了人类的意图、价值和承诺——人类的热情与潜力，丢失了人类的意愿与选择，丢失了人类追求目的的完整力量，丢失了人类对某些人可能称之为善、另一些人可能称之为恶的追求。"[113]他在批评哈尔品时曾指出："作为一位区分了目的与手段、价值与事实的真正实证主义者，哈尔品唯一感兴趣的只是管理者的行为及其'有效性'。至于该行为有助于实现什么目的，那对科学家哈尔品来说毫无意义。"[114]为此，他提出用一种广义的科学概念来取而代之，这种广义管理科学概念将把管理科学看成是具有价值并从属于价值的科学。因此，它不仅要研究事实问题，更要注重对价值问题的研究。他认为："一个人越是仔细看社会现实，越会认为它更少有物质性。组织是人们在行动中创造的，是非物质性的。它们建立在观念、价值和个体的行动上。"[115]霍金森持与格林菲德类似的观点。他批判了逻辑实证主义将事实与价值分离且仅研究事实的错误主张，认为教育管理研究应该特别关注"价值"及其在管理哲学中的地位，管理理论的中心议题不是科学问题，而是与价值和道德相关的哲学问题。管理不应只涉及实然层面，更应关注应然层面。既然管理实践无法避免地关涉应然的价值层面，那么教育管理和领导则主要是价值的而非事实的。福斯特（W. Foster）是把批判理论引入教育管理领域并试图建立批判教育管理理论的学者，他指出批判理论的主要目的就在于挑战和质疑，并认为 20 世纪的组织管理理论家对实证主义和科学向度表现出近乎病态的倾向，而且这种理论倾向极其残酷地把"大量的人类事物从真理王国中排除了出去。价值、伦理和道德成了一个简单的断言和偏爱。……它不容许对人类价值问题做任何详尽的探究，宣称关注这些问题从科学上看是毫无意义的，也是不合逻辑的。按照这种思维方式，价值陈述是无法科学地证明的，因而它们在科学体系中就无任何意义。只有科学才是能够提供真实的、可检验的知识的唯一体系"[116]。这种观点无疑表明组织理论把与管理实践工作中的价值、伦理向度完全割裂开来。所以，"当代教育管理理论的一个严重失误，就是它不愿关涉那些真正的教育问题。绝大部分管理理论都是借自于商业管理和公司理论（theories of the firm）"[117]。福斯特同时也批判了实证主义组织理论不关注人的发展及不重视社会公平与人的自由的现象，认为"批判理论并不是要为管理者提供行为准则，以便更好地控制学生、控制下属。批判理论的根本目的是，通过批判和反思，使我们那个被习惯束缚得太深的心灵真正放飞（freeing），使我们从那些什么是教育、什么是制度的正统思想中彻底解放出来"[118]。

概括而言，后现代教育管理思想核心性的观点主要包括："教育组织不是自然的而是人造的；教育组织的主要目标不是效率而是保证教育的正义和平等，促进人的自由和解放；教育管理知识不是实证的而是情景和价值的；组织中的权力不是固定的，而是生产的，其生产性主要表现为权力的参与和分解；教育管理方法不是唯一的而是多元的，不是对抗的而是对话的。这说明，教育管理理论、教育管理模式、教育管理方法可能不止一种而是有多种，也就是说，教育管理理论从单一走向多元；同时多元的教育管理理论又是整合的，具有共同的精神，如强调组织、权力、知识的发展性和多样化，强调对话、理解、交流、解释等在管理中的作用等，强调管理民主化、分权、公正，追求人的自由、解放、价值和创造等。"⑪ 所以，后现代教育管理思想能够使人们以更为宽容、开放与多元的视野来重新认识和审视教育管理实践，以对话、理解与交流等方式实现管理理念和方法的创新。但由于后现代主义的无中心意识和多元价值取向，由此带来的一个直接的后果就是评判价值的标准不甚清楚或全然模糊，社会理想、人生意义、传统道德等，在后现代主义的影响下变得相当模糊、淡化，可能导致教育管理的相对主义、怀疑主义甚至虚无主义的出现，无疑会影响到教育管理价值目标的真正实现。

通过对上述教育管理理论的梳理与分析，可以看出，古典组织教育管理理论有了人和人性的浮现，行为科学理论有了对人际关系及人的主动性的研究，教育管理科学理论有了对技术理性人的探讨，而后现代教育管理理论则对人的研究更进了一步，出现了主体的人及人与人之间的主体间性。这些无疑都对教育管理实践产生着一定的影响，使得教育管理实践中关于人及人性的探索也有了较为坚实的理论基础，并使教育管理实践中管理者的管理行为逐渐走向多样化。但就整体而言，古典组织教育管理理论中的科学管理及科层管理思想可能带给教育管理实践的影响更加深刻一些，正如希尔兹（C. M. Shields）等人所言："它的影响力太普遍、太强大了。我们还是受官僚式和机械性思维的影响，还是忍不住赞美理性。""这种影响自然也反映在教育领域中，在学校领导的理论与实践中导致非人性化的结果。因此我们应当认识到理性哲学、机械论世界观以及官僚主义的局限性所在，对他们在由人所组成的机构或团体中的应用加以认真审视。"⑫欧文斯也指出："毫无争议，学校过去一直按科层式的方式进行组织管理，或像现代贬义词所述，以工厂为楷模进行组织管理，现在大体上仍然如此。大部分教育行政人员把自己的工作概念化为对操作程序的管理。很明显，此概念在强调管理的同时，阻碍了学校领导的发展。"⑬也许行为科学理论中关于人际关系的研究对教育管理实践更具有启发性，但由于其仍没有摆脱工具人假设的局限，所以影响也并没有那么突出。陈孝彬指出："尽管人际关系学说在 50 年代以前的 20 余年中已受到管理专家和学者的注意，但无论从理论和实践上，占主导地位的还是科学管理的效率主义思想。"[122]所以，"一些理论家虽然提出了人际关系理论，开始关注人的因素，但其着眼点仍是把人当成工具，旨在通过满足人的需求而提高组织运行的效率、效益和生产力"[123]。相对于教育管理科学理论，霍金森认为"理论运动"之所以失败，在于"组织论一开始就将自己界定于价值领域之外。它使自己研究的领域非人格化和客观化，从而有助于获得对这一领域的控制。而它所得以控制的是一种幻象（或者说是一幅抽去了所有生命的组织图画），这种幻象在表面上看是完美的，但里面没有任何实质内容"[124]。后现代主义教育管理理论的人性观更加全面、深刻，但因其实践基础的薄弱甚至是缺乏，似乎也没有给教育管理实践带来更大的影响与冲击，威罗尔和福西斯对格林菲德及后现代主义的批评即是例证。他们指出，尽管格林菲德的立场指向了主观主义的意义或唯心主义（idealist）的价值概念，也指向了对定性研究方式胜过定量研究方式的期待，但是他自己并没有做过解决伦理问题的实质性的现场研究。他们还对其他的理论进一步评论道，批判理论建基于对社会的激进批评，它常常被看作乌托邦且是对实践者过度的批评。而后现代主义表现得比其他各种思想观点更为晦涩，并且充满悲观主义和虚无主义。这两者看来都不会给教育实践者应对学校日常工作提供动力。[125]

无疑，古典组织教育管理理论的影响是深刻的，"也许我们不认同通过机械性或纯技术性的手段来解决教育问题，但在实际当中，学校领导者还是倾向于采用简单化的、无理论依据的、速战速决的方法来处理学校所遇到的问题。这些方法仍然是理性的成分多于伦理，机械的成分多于道德"[126]。这种技术理性的、简单机械的领导过程已把被领导者排斥在外，使其失去了参与的机会，成为被动的客体，这既造成了人与人之间关系的僵化与不平等，也使得领导过程成了领导者"一厢情愿"的意愿表达。相对被领导者而言，则既没有对责任的分担，更没有对工作积极性的内在追求，最终只能导致工作效率的低下甚至是无效。杜威对此曾有过深刻的阐述，他指出："在很少有权力的地方，则相应地只有很少的积极责任感。只去做那些为人们所指使去做的事情，这样便可以很好地掩藏错误。关于比较重大的事情，便产生了一种消极的精神。"所以，"不亲自参与就会使得那些被排除在外的人员缺乏兴趣和关心。结果是相应地使人缺乏实际的责任心。自动地，如果不是有意识地，那么就是无意地发展着这样一种情绪：'这不是我们的事情，这是上面人的事情，让那一帮特殊的人物去办那些该办的事去吧。'"[127]这显然不利于教育领导者对学校组织的建设及领导效能的提升。因此，"我们不能把活生生的人当作一个与物质世界一样的物体，而应把他们视为能够与我们发生各种关系和联系，并能与我们互相影响和作用的人。这一点至为必要"[128]，"对学校领导者来说，需要彻底地转变观念，从制定校规转向关注人与人之间的关系，从关注教育产出转向关注教育教学的过程，从关注教育政策转向关注人本身，从管理控制转向人的无限发展潜能。"[129]

第二节 学校组织环境中的制度视角

从领导产生的组织环境出发，易于理解校长领导的行为与责任。当然，在组织情境中则存在着隐性和显性的期待：即组织该完成些什么以及领导者应该在实现目标的过程中有什么样的行为表现及能够为组织提供些什么。所以，"一种情景或文化的现存结构对目标的达成和问题的解决所允许的方式做了限定。这不奇怪，特别是对构成现存结构的方式来说，现存结构只是该情景中许多可能的选择中的一种，并且现存结构成为对其他可选择的结构进行认识和实验的障碍"[130]。这无疑反映出了教育信念、价值观和愿望对人们表达个人和组织期待的影响，这种影响与学校组织环境的生成与发展是紧密相关的，学校组织环境既有任务环境（技术环境）[131]，也包括制度环境，由于学校是强制度而弱任务（技术）的组织。[132]因此，笔者主要从制度视角来探讨学校组织环境可能给校长领导行为带来的影响。

（一）制度环境与学校组织

制度是社会生活的基础，包括了正式与非正式的规则、监督与实施机制以及意义系统，并界定着个人、公司、工会、民族—国家以及其他组织得以运行、相互作用的背景。制度是从各种斗争与讨价还价中产生的设置。它们代表和反映其制定者的资源和权力，同时反过来又影响社会资源的分配与权力的配置。制度一旦被人们创造出来，就会成为外在于人们的强大力量，并有助于人们理解他们所在的世界之意义，以及他们的行为在他们的世界中的意义。制度对各种冲突起着疏导与调节作用，进而确保社会的稳定。[133]根据罗恩（B. Rowan）和米斯克尔（S. G. Miskel）的观点，制度理论的目的就是解释有组织的社会环境是如何产生的，它们是怎样影响社会行为的。从本质上看，各种社会成员——个体、管理者、教师、利益集团及学校——都可以纳入有组织的社会环境中，他们在环境中制定各种规则、制度、规范，以及限制和规范各种社会行为与行动情景。实际上，人们会发现，各种社会系统（如社会性组织、个体组织和小团体）都有制度安排；都有规定性的、规范性的、认知性的基础；都以稳定的和重复再现的方式发生各种活动与功能。[134]由于制度都是由程序、规范、规则及规章构成的框架，这种框架在一定意义上规定了人们的身份以及在这种身份基础上所开展的各种各样的活动方式。所以，"作为一种制度，学校是经过包装的社会技术，拥有在社会情境中进行合作和开展工作的规章与规程。这样，制度就在人们习以为常的环境中展现了普遍性行为和标准化活动。学校被视为一种理所当然的制度，在此意义上，学校被当作社会环境中的固化制度，被解释为在此环境中履行某种功能的制度"[135]。那么，如何理解制度环境？制度环境又会给学校组织带来什么样的影响呢？

1. 制度环境

斯科特（W. R. Scott）认为："制度由各种认知性、规范性和调节性的结构和活动组成，它们为社会行为提供了稳定性和意义。制度由各种载体——文化、结构和常规——来运载，并且在多重管辖权限层面上运作。"⑬这个定义包含了大量的思想，表明制度是由规制性、规范性及认知性等多重要素组成的，这些要素是制度结构的重要建构材料，提供了富有弹性的框架来指引制度环境中的各种行为和有效地抵制组织环境的变迁。同时，制度特别强调对于行为的控制与制约力量，制度通过界定规范、规则、规章、道德与文化的边界，而对行为施加严格的制约，并把合法的活动与非法的活动区分开来。制度主要包括三大基础要素，即规制性要素、规范性要素及文化—认知性要素，这三大要素构成了一个连续体，构成了一种强有力的组织框架。正如德安德雷德所言："通过社会奖惩来施加压力、施加内在的本质的精神奖励和价值观，以促进人们遵守，而所有这些社会奖惩都可能一起发挥作用，使制度成为具有特殊意义的指示力量。"⑬一方面，规制性要素强调制度的规制性层面，通过用以建立、监督、制裁活动的正式和非正式规章来描述种种行动，承担发挥稳定作用的角色，即制度会制约、约束和调节行为，其核心成分包括强制性约束，奖惩和权宜性策略反应等，正如诺斯（D. North）所归纳的，"（制度）完全类似于竞技体育运动的比赛规则。也就是说，它们包括正式的、书面的规则，以及通常是非书面的行为律令，对正式规则起着基础与补充作用……如果运动员违反正式的规则与非正式的律令，就会被制裁和惩罚。因此，制度运行的实质内容之一，就是确保违反规则和律令会付出沉重的代价，以及受到严厉的惩罚"⑬。另一方面，规范性要素强调的是社会生活中的制度，以价值观和相关行为规范作为基础，规范性系统既具有限制性的作用，也赋予社会行动以某种力量，对行动具有能动作用，因此，它们对于行动者既赋予社会权利也施加责任，既赋予特权也施加义务，既提供许可也实施命令和操纵。正如马奇（J. G. March）和奥尔森（J. P. Olsen）所认为的，"在科层与组织研究中存在的一个共同假定是：组织会遵守规则，组织中很多的行为是由标准的运行程序所规定的。……这种假定可以拓展到政治制度。我们在政治组织中所观察到的行为，都反映了人们做他们被假设要

第一章 校长领导行动的基础：人与环境

做的那些事情的习惯性方式"⑲。再一方面文化—认知性要素则认为其构成了关于社会实在性质的共同理解，以及建构了意义的认知框架。"在这种认知范式中，作为被创造者的人的所作所为，在很大程度上是此人对其环境的内在表象的一个函数。"⑳所以，三大基础性要素共同作用于组织情境，对组织的理性发展提供了三种相关但明显不同的支持。

制度环境具有一致性及稳定性的特征。就一致性而言，因为制度理论的一个基本前提是组织结构与运作反映在社会中得以制度化的规则、价值和思想意识，组织必须遵循制度化的规章、规则及程序。正如迪马吉奥和鲍威尔所认为的，制度环境中的组织变革使得组织与组织之间更加趋同，却没有使它们变得更有效率。因此，同一制度环境中的组织变得越来越雷同。比如，在某一特定制度下的公立学校往往很相似，它们的建筑物、教材内容、教学法及评价方式等都很类似，教室也都是为一位教师和一群学生而设计的，而且他们参与教与学的过程也很相似。一致性既包括强制的一致性，也含有模仿的一致性和规范的一致性，其中强制性的一致性源于一个组织所依赖的其他组织向它施加的正式与非正式的压力，以及由其所运行的社会中存在的文化期待对其所施加的压力。这种压力可能被组织感知为要求其加入"共谋"的某一种强制性力量、一种诱劝或一种邀请。例如，学校把特殊的残障学生编入主要是由正常学生组成的班级，并聘请特殊教育教师，加强家庭与教师之间的协同，并配备专门的联系人员，开设符合国家标准要求的课程。这些变化在很大程度上是仪式性或象征性的，但这个事实却意味着加强特殊教育的重要性。而模仿的一致性并非源于强制性的权力关系，而是与组织的不确定性紧密相关的。当一个组织的目标模糊不清和相互矛盾时，或者当一个组织的环境中出现了符号象征方面的不确定性时，该组织可能会以其他组织作为参照模型，来建立自己的制度形式、内容及结构。而且组织更倾向于模仿那些在其所处领域中看上去更为成功或更具有合法性的类似组织。规范的一致性主要来源于专业化进程。"专业化的一方面是大学专家提供的认知层面上的合法化和正规教育；另一个方面是跨组织的、新组织模式赖以扩散的人才网络的成长与完善。"[40]管理的专业化和组织场域的结构化与同质化是相继发生的，所以，一个组织在招聘和选择管理与专业人员时，越是依赖于学历和资格证书，则其与场域中的其他组织的相似性程度也就越大。

就稳定性来说，迈耶和罗恩指出，制度环境趋向于稳定内部与外部的关系。而且，集权化的政府、专业协会和组织间的联盟会规定标准化的运作程序和稳定性。同时，制度环境也缓冲了各种动荡因素对组织的困扰，使一致性关系（conformance relationship）保持稳定。随着一致性的增多，变革也更加趋缓。[42]一般来说，一种制度越稳定、越深入人心，那么制度影响的形式也就越"宽松"、越隐蔽，制度变革的概率也就很小。它不仅可以给拥护这种制度的人以相应的"自由"，而且还可以给反对这种制度的人以某种"自由"，只要反对的力量不足以危及或动摇它的统治就可以了。相反，当一种制度越是不稳定，越是不为人们认知、理解和接受，那么制度影响的形式也就表现得较为专制与严厉。不仅反对它的人的"自由"要受到制裁和约束，甚至那些支持这种制度的人也可能会感到很压抑和拘束。由此，也可以把制度的稳定分为消极型的稳定和积极型的稳定，前者指的是人们接受了一种默认了的制度，但对这种制度的理解仅仅停留于表面，没有能够真正认识和理解这种制度。这种制度的稳定本身是很脆弱的，也非常容易被打破。而后者则指的是人们对一种制度不仅已经习以为常了，而且对它也非常了解，并知道其中的来龙去脉。这种制度的稳定是一种认知性的、持久的、"深沉的"。显然，上述分析是就制度本身而言的，其实制度的稳定程度还会受到"统治者的偏好和有界理性""意识形态刚性""官僚机构问题""集团利益冲突"及"社会科学知识的局限性"等因素的制约。[43]比如，就意识形态影响言之，统治者可能不是去创造新的制度安排，而是去维持旧的无效率的制度安排并为纯洁意识形态而战，他害怕如果不这样做，他的权威可能被动摇。因此，新的制度安排往往只有在老的统治者被新的统治者替代以后，才有可能建立。这意味着两点：其一，统治者预期他的"为纯洁意识形态而战"能够收到预期的成效；其二，统治者作为代理人，会贯彻自己的制度安排。[44]

2. 制度环境与学校组织的关系

制度环境对组织的影响是怎样的呢？组织又是如何采取对策的呢？周雪光指出，首先，合法性机制使得组织不得不接受制度环境里建构起来的具有合法性的形式和做法。因此，制度化的过程即是这样的一个不断采纳制度化环境强加于组织之上的形式和做法的过程。这对组织产生什么影响呢？第一是组织之间的趋同现象，即为了与制度环境认同，各个组织都采用了类似的结构和做法。因为组织所处的大环境是一样的，所以它们的做法都非常相似。第二是组织之间的相互模仿学习，这些模仿行为减轻了组织的动荡。因为它扎根在制度环境里，得到了合法性，不容易受环境的冲击。这样，即便这些组织效率不高，它们也可能生存下去。[49]这种影响也表现出了制度环境的一致性和稳定性的内涵。也即是制度环境的一致与稳定也使得组织发展趋于相似、一致和稳定。具体言之，制度环境对学校组织的影响主要表现在以下两个方面。

（1）改变学校组织结构，使学校组织趋于一致性、合法性和标准化。制度环境下的学校组织通过设计一种依附于制度环境中的理性的正式结构，来显示它是在以一种适当的、理由充分的方式为集体目标而行动，这就要求学校组织必须改变自身原有的组织结构或形式，进而取得学校组织发展的相似性或同质化。学校组织的一致性或同质化主要也是通过三种方式来实现的，即强制机制、模仿机制和规范机制。而强制机制主要是借助于主流意识形态、教育法律法规及学校管理体制来进行的，是一种"由外而内"的作用机制；模仿机制的前提是环境的不确定性，是自己不能把握自己命运的本能反应，是一种"由内而外"的作用方式。由于学校组织在发展过程中的办学目标的模糊性、人才培养的不确定性以及教育决策的复杂性，使得学校总是期望向所谓的成功学校或示范学校去模仿；规范机制以组织成员的专业化为基础，以共同的思维观念为导向而实现的组织之间的内在趋同。学校组织通过强制机制、模仿机制及规范机制的作用而逐渐走向一致性、合法性，也进一步取得了在社会上生存和发展的空间。迈耶、斯科特和迪尔（J. Deal）也指出："学校竭尽全力地保住它们作为学校的合法地位。它们通过遵守专业的具体规定与法律条文以寻求得到认证承认。它们雇佣持证教师，然后将经仔细分级的学生交给他们。学生根据分数分类，这些分数被赋予了全国通行的标准化内涵。最后，教师和学生使用标准化的教学大纲，这一大纲也是根据科学、英语及数学的分类标准编写的。换言之，学校必须遵守社会为学校制定的准则并受这些准则的约束；人们希望学校能反映更广泛的社会目标、价值与文化。"⑭就我国现实教育而言，我国政府部门一直习惯于把与学校之间的关系定位为"婆媳"关系，并按照行政组织结构来影响和设计学校组织结构，以行政化的方式管理学校，再加上学校之间为了实现彼此之间差距的明显缩小，从办学理念、管理方式、人才引进、教学特色及对外关系等方面竞相模仿，等等。在行政化、"一刀切"的管理方式的影响下以及学校组织之间的大规模竞相模仿的作用下，学校组织之间逐渐趋于同质化，出现了"千校一面"的景象，这些无疑也使学校组织逐渐走向了标准化。所以，在社会发展日益多元化及教育发展多样化的今天，这种组织结构一致性的"神话"还能否适应发展教育的需要呢？学校组织是应该关注自身的内在价值使命，还是屈从于外在制度"神话"的约束呢？这些无疑是值得思考和探讨的问题。

（2）促使学校组织趋于稳定化，但也使学校组织疏于变革而增添了更多的惰性。由于对制度环境的认同而产生的组织之间的日益相似与趋同，使得组织之间建立了"组织联盟"，进而也就缺少了组织变革的追求和需要。迈耶和罗恩也指出："在制度上受到控制的环境，会防止组织受到环境混乱或动荡的影响。随着被实施的协议日益增多，适应性变革发生的速度会逐渐缓慢。获得集体授权的组织，如学校、医院和专业协会等，因为具有独占或垄断地位，生（客）源有了保障。制度规则中这些被视为当然而广为接受的品质，以及合法调节的品质，使生产、技术和政策中不可能发生或存在剧烈的变动。并且，由于这种合法性得到了各种社会亚单元的认可，因此可以保护组织不会因为技术绩效的变化而受到立即的惩罚。"⑭所以，作为制度环境影响下的学校组织也具有了稳定化的倾向，这种稳定在带给学校组织系统的固定化、程序化的同时，也使得学校组织系统失去了其所应有的灵活性及权变性。由此，既强化了教育系统固有的惰性，即"使它在使其内部事物适应外部新的需要时，非常缓慢，即使在资源不构成这种适应的主要障碍时，也是如此"⑭，又把社会本身的惰性引进教育中来，也即是"沉重的传统态度、宗教习俗、威信和激发模式以及结构体制——这些都阻碍了它们充分利用教育及受过教育的劳动力来促进国家的发展"⑭。因此，"教育系统可能失去清楚地认识自己的能力。如果仅仅因为教育具有传统性就墨守成规，如果为了在变化莫测的社会海洋中免遭没顶就抱残守缺，如果为传统教条披上尊贵的科学外衣，把惰性赞誉为固有的本质——那么这样的系统就是对教育本身的莫大讽刺。在这样的系统中，也许仍然能冒出一些天才，但他们绝不是这一系统所造就的，而仅仅是这一系统的幸存者。另外，从社会立场出发，为这样的系统永存下去而投进的资源是对资源的滥用——之所以说是滥用，是因为这样的教育系统培养出来的很大一部分学生无论是在自我服务，还是在为社会服务方面都是不适应的"⑮。

可见，"制度不仅制约着组织行为应该指向的结果，也制约着组织获得这些结果的手段。它们为个人提供了各种动机激励和一种自我意义感。它们不仅产生了将被评价的东西，也产生了校准和配置这些东西的规则。制度为理性的性质设定限制，通过暗示而为个人的性质设定限制"⑮。同时，这种在学校组织场域中的强制网络也对组织变革过程设定了种种严格的限制与约束。学校组织场域中的组织网络通过法律、运作程序及家长对什么是"好学校"的期望等，不断对学校加以束缚。正如达曼齐与鲍威尔所指出的，"组织处于一个有结构的场中……对一个环境做出应答。各种组织对组织的应答环境所做出的应答，构成了这个环境"⑮。这种应答环境也是组织获得合法性的有利条件，与此同时，"当学校谋求合法化时，应答过程就开始了。那就是，教育组织倾向于寻求这样一种导向：去做学校工作中那些受到高度关注的事情（甚至在它们没有人力、物力资源的情况下也是如此），这就导致学校的外表和行动与其他学校相像的同质化过程。这种为合法性而奋斗所带来的一个非常期望的结果就是，教育组织因遵奉'正确的'结构、计划、程序而不是因它们产品的质量而受到奖赏与保护，这种情况司空见惯"⑬。这无疑表明学校组织因过于关注外在的组织趋同与合法，而忘记了其本身的职责与使命，忘记了其自身的教育对象。"一旦学校'忘记了'它的对象，它的对象也就'忘记了'学校，从而出现了'学校繁荣，教育衰败'的现象，'无目的升学者'和'非本意就学者'增加。学校是繁荣了，但教育的前途未卜，多数人感到茫然。"⑭

（二）制度环境与学校场域中的人

制度作为社会生活的基础，是人活动的结果和产物，是在人们的交往和社会关系中产生的。制度一旦从人的交往和社会关系中产生，不仅赋予了人与人之间社会关系的合法性、稳定性和有序性，而且也成为规范和维持人的存在与发展的重要方式。可见，"制度是人的制度，因而必然要由人作为载体和主体。制度是人创造出来的，并且要由人去自觉地认识、自主地实践。离开了人，制度将变得毫无意义"⑮。对于生活于制度环境中的人而言，制度既限定、规范和塑造着人的活动和社会关系，也塑造和影响着人的个性的发展。制度作为既定的规则，它界定了人的活动范围，告诉个人能够做什么、应该做什么以及必须做什么，也告诉人不能做什么和禁止做什么。所以，"所有制度都是一种确立行动者身份认同的程序或规则框架，是具有这些身份的行动者的活动脚本"，"制度通过对行动者前景预期的影响，以某种方式逐渐被行动者视为一种当然的现象而接受。……被视为当然而接受的制度，是那些被视为外在的和客观的、具有制约性的制度。……行动者视一种制度为一种当然现象而接受之，并不是因为行动者理解了这种制度，或者对这种制度有所思考；相反，某个行动者可能受到某种模式十分严厉的制约，但仍然——可能是以一种十分不同的方式——视之为一种外在客观的制约而接受之"[154]。

制度与人之间是一种相互作用的关系。"制度不仅仅是一种制约结构，所有的制度既是一种控制同时也是一种授权。制度表现出一种制约与解放（freedom）的二重性。"[155]就制约而言，制度则通过限定性的行为以减少个体行为的模糊性和不确定性来影响其社会生活。在社会生活中，个人并不是随心所欲地与人交往并建构社会关系的，其必须在既定的制度框架范围内行动，其行为必须遵循制度的规范和要求。制度也会以各种各样的规则、规范、程序、职责及角色定位等形式，通过强制性的措施要求个人在制度环境中行动。所以，"制度理论指出，一个由上至下的力场的存在，制约了每一个相继连接层面——包括领导者、管理者及其他雇员个体的层面——行动的独立性。结果，作为个体的管理者和教师在一个制度世界从事工作，而这个制度世界在有意无意间不仅塑造了他们的工作模式，而且塑造了他们有关工作的思维。'甚至一个完全自治的、带有排他性的感知、行动和表达方式的代理商的想法，也是一种习得的个性特征，是对自身、对他人的社会化了的理解。'"[156]就制度的授权或解放来说，其实也体现为个体对制度具有能动性，虽然作为行为主体的个人无时无刻不受到制度的制约和束缚，但是人也不是消极无为的，人也是有自身作为主体的人所具有的积极性、主动性和创造性的，总在积极地寻求影响、改进和完善现存制度的机会，以便获得比目前更多的自由和更大的发展空间。正如弗利格斯坦（N. Fligstein）所言："无论是在稳定的还是不稳定的制度背景中，行动者都并非简单地受到其场域中的共同意义的控制。……相反，行动者通过运用一定数量的社会技能，来再生产或对抗权力和特权系统。"[157]斯科特也指出："所有的行动者，包括个体与集体行动者，都具有某种程度的能动性，但各种行动者之间以及各种社会结构之间，能动性的程度存在极大的差异。能动性本身是社会地和制度地建构的。"[158]

就制度与学校场域中人的关系而言，在某种意义上，制度与学校场域中的人的关系是制度作为学校场域中的符号系统并通过场域的运行逻辑而实现与人联结的。那么，制度作为学校场域中的符号，所应有的符号系统及运行逻辑是什么呢？布迪厄认为，即使在发达的社会中，统治的基本模式也已经从赤裸裸的暴力与体罚威胁，转向符号操纵系统。所以，布迪厄分析思考符号权力方式与他分析所有符号系统的方式紧密相关。他认为符号系统发挥三种相关但又不相同的作用：认知、交往、社会分化。布迪厄把符号系统视作"具有结构功能的结构"，即赋予社会世界以秩序与理解的工具。在这个意义上，不同的知识模式，如语言、神话、艺术、宗教和科学，代表不同的理解世界的方式。因此，它们实施一种认知的功能。其次，符号系统同时也是"被结构的结构"，其内在的逻辑可以通过结构分析。符号系统是传递着一种文化的全体成员所分享的深层结构意义的"符码"。作为认知与交往工具，符号系统提供"逻辑的"整合，这种整合是"道德"整合的一种必要条件。符号系统因此实施一种交流与社会整合的功能。最后，布迪厄强调最多的是，符号系统不仅提供认知与整合的功能，而且作为统治工具发挥功能。占支配地位的符号系统为统治集团提供整合，为社会群体的排列提供区别与等级，同时还通过鼓励被统治者接受现存的社会区分等级而把社会的等级排列合法化，符号系统因此也发挥政治功能。所以，制度作为学校场域的符号系统在发挥着认知、理解及"逻辑"整合作用的同时，也发挥着控制、支配及统治的功能，尤其是后者在学校场域中的体现较为明显。

具体而言，制度与学校场域中个人之间的关系可以表现为以下几个方面[1]。

首先制度规范着学校中人的活动的时空范围。制度主要是通过对时间、空间进行严密编码的形式来实现对学生实施约束与控制的。一方面是时间的分割与控制。学生在校的学习生活方式基本是按照"一元时间"来进行的，即学生不停地从对一门学科的学习转向对另一门学科的学习。美国学者霍尔（E. T. Hall）在研究隐性文化时曾提出"一元时间"的概

---

[1]　在具体分析制度与学校场域中个人之间的关系这一问题时，对场域中个人的讨论则主要以学生作为言说的对象，这一方面是便于讨论，另一方面学生是学校场域中最大的追随者群体，具有广泛的代表性，再一方面学生也是学校存在的前提及领导者所应关注的重心。

第一章　校长领导行动的基础：人与环境

念，它与"多元时间"一起分别代表着两种不同的生活组织方式。一元时间意味着给生活（包括活动）安排一个时间表，严格按时间表行事，每次只做一件事，它"着重时间的安排、切割和迅捷"，因而"一元时间的安排被用作使生活井然有序的分类系统"[161]。霍尔指出："一元时间是随意性地强加于人的……它似乎是被当作了组织生活的唯一自然的'合乎逻辑'的方式，然而，它并非人体节律和创造驱力中固有的东西，也不是自然界中存在的东西。"[162]另一方面是空间分割的制约，学生的学习生活基本上局限于固定的教室之中，教室的场景布置既体现着教育者的教育追求，也暗示着学生"身份"与"地位"的高低。教室里的课桌椅通常是秧田形的，每个人被按照一定的标准安排在固定的位置，"这种机制是以一种更灵活、更细致的方式来利用空间。他首先依据的是单元定位或分割原则。每一个人都有自己的位置，而每一个位置都有一个人"[163]。如此则可以清楚地"确定在场者和缺席者，了解在何处和如何安置人员，建立有用的联系，打断其他的联系，以便每时每刻监督每个人的表现，给予评估和裁决，统计其性质和功过"[164]。"这种系列空间的组织，是基础教育的重要技术变动之一。它使得传统体制能够被取代。它通过逐个定位使得有可能实现对每个人的监督并能使全体人员同时工作。……它使教育空间既像一个学习机器，又是一个监督、筛选和奖励机器。"[165]所以，美国教育社会学家吉鲁（Henry Giroux）指出，空间绝非是客观的存在——透明的、独立的、浅表的存在，而是为不同的权力所建构的，植根于具体的社会、文化与历史脉络中。

其次，制度规范着学校中人的活动的内容与形式。学校中个体的活动主要是围绕着学业的学习与提升而展开的，而学业的学习与提升则主要是通过教育者对知识的筛选、传递和控制来实现的。据此，教科书则成为学生获取知识的主要载体和工具，教师的讲授没有超越教科书的范围，学生更是充满着对教科书内容的期待。没有人问教科书的内容为什么是这样的，没有人怀疑教科书内容的科学性与权威性，学生唯一能做的就是全盘接受。所以，"不管怎样，教科书决定了学生会学到什么。他们决定了课程设置，同时也决定了众多科目中学到的事实。对于很多学生而言，教科书是他们对于书籍和阅读的早期接触中最早或者唯一的材料。公众认为教科书是权威的、精要的和必需的。教师们根据他们来组织课程和安排科目。但是，现在的教科书选用体系使我们的学校充斥着特洛伊木马——虚饰的文字将会使这个国家的年轻人头脑僵化，并使他们对学习产生抗拒"[⑩]。在"迷信"和"崇拜"教科书的过程中，教师的话语霸权和标准化考试也更加突出，学生在话语霸权的影响下，逐渐失去了对自我的认同，失去了作为主体人所具有的自尊与自信，同时也失去了对外部世界更好的认识。所以，波尔诺夫（O. F. Bollnow）指出："他一开始就生活在符号世界中，必须按所给定的方式接受任何事物。他生活在一个经过解释（首先是以语言解释）的世界，根本不可能接触到尚未经解释的，纯粹的客观真实。"[⑩]而标准化的考试也在逐渐引导学生走向知识学习的反面，正如赫特（J. Holt）所言："实际上我们在学校所做的所有事情都是要使学生以答案为中心。首先，正确的答案可以得到高分。学校仿佛是一种祈求'正确答案'的殿堂，而且提前获得答案的唯一方式便是把大量的答案摆放在祭坛上。而教师本身很可能也是以答案为中心的。他们所做的，以及他们根据这种以答案为中心的所作所为，也就是他们在过去或现在所告之去做的。或者是书上所说的，或者是他们长期以来的习惯。一个具有讽刺意味的结果是，孩子们忙于寻找答案，以至于不能进行自己的思考。"[⑩]

最后，制度也规范着学校中人的思想价值观念的形成与发展。制度本身蕴含着一定的价值规范、文化价值体系，是一定的思想意识、价值观念、伦理精神的实体化。制度内涵的价值观念、伦理精神主要是通过组织形式、运作程序以及基本权利义务的安排等方式引导人的行为而实现的。美国学者伯格（P. L. Berger）指出："社会制度不仅控制着我们的行为，而且塑造着我们的身份、思想和情感。社会既包裹着我们，也深入到我们的内心。我们受制于社会的枷锁，这个枷锁不是我们被征服后套在我们身上的，而是我们和社会合谋打造的。诚然，有的时候，我们受到社会的压制而被迫屈服。然而大多数时候，我们是被自己身上的社会性推入陷阱的。我们来到人世之前，禁锢我们的围墙就已经修好了，但却由我们自己来进行重建。"[69]可见，制度在塑造人的思想价值观念的过程中是潜移默化的，个体则在有意无意间接受了这一形塑过程。学校教育制度自然也内含着一定国家及社会的思想意识形式及文化价值体系，正如阿普尔（M. N. Apple）所言："教育制度的一个特征就是，它们声称自己传播的'知识'和'文化'具有绝对的和普遍的意义。尽管如此，知识和文化的内容总是有选择的，而且随着时代、国别和教育制度的不同而呈现出差异性。很明显，在有选择性的教育内容和现实中占主导的社会关系之间，存在着基本的、必然的联系。"[70]教育制度在规范人的行为的同时也塑造着人的心灵及思想价值观念的形成，主要是通过思想教育、课堂教学及社会实践等多种方式加以影响的。布迪厄（引用文献原译为布尔迪厄，本书正文统一译为布迪厄）在谈到教育制度的这一作用时指出："在使一种官方语言得以建构、合法化和强加的过程中，教育制度起到了决定性的作用：'塑成了各种相似性，从这些相似性中，那种作为民族黏合剂的意识共同体得以产生。'戴维（G. Davy）进一步阐述了学校教师的作用，他们是教授言语的教师，因而也是教授思考的教师：'按照其职能，他（小学教师）日复一日地同每一种思想和每一种情感的表达能力，即语言打交道，在其把同样清晰、确定的语言交给那些仅对之有模糊了解甚或讲说各种不同方言或方言土语的孩子们时，他已经在使他们非常自然地以同样的方式来看待事物和感受事物了；因而，他们所从事的乃是建造民族共同意识的活动。'"[71]

显然，作为学校场域中符号系统的制度在很大程度上构成了人的发展空间，影响着人的成长与发展。既然制度构成了学校场域中的人的发展空间，那么制度因素和制度路径也就必然成为促进人的发展必须要充分考虑的因素。离开制度这一路径去探寻促进人的发展和实现学校教育的有效发展几乎是不可能的。所以，"人的发展是在一定的社会制度环境中并在其制约下实现的，制度的发展构成了人的发展的背景。人的发展通过自身的行为、关系表现出来，人的行为、关系构成了制度调控的主要内容"[72]。

同时制度的性质、结构和内容不同，它所构成的人的发展的现实空间也会有差异，对人的发展和成长的作用也不同。好的制度能够有效地促进人和学校的发展，而差的或不好的制度则会限制或阻碍人和学校的发展。正如邓小平所言："我们过去发生的各种错误，固然与某些领导人的思想、作风有关，但是组织制度、工作制度方面的问题更重要。这些方面的制度好可以使坏人无法任意横行，制度不好可以使好人无法充分做好事，甚至会走向反面。"[123]无疑，学校制度的不断改进与完善则成为实现人的发展和学校发展的重要内容和主题，也是学校领导者必须要真正面对的现实问题。

（三）制度化与制度化教育

制度化是什么呢？迈耶和罗恩指出："制度化是社会程序、社会义务等，在社会思想和行动中逐渐获得某种规则地位的过程。"[124]如医生的社会地位，既是处理疾病的，也是有关由特定行为、关系和期待所构成的社会角色的高度制度化规则。再如，学校管理者在提出新的课程设置或培训项目时，试图使它们成为从教育理论和政府要求角度看都是合法的创新。如果他们成功了，则新的项目就会作为一种权威机构的要求，或者至少是使一个人满意的项目而固定下来。塞尔兹尼克（P. Selznick）认为："制度化是有序的、稳定的社会整合模式，从稳定的、组织松散的和狭隘的技术活动中出现的过程。发挥基础作用的'实在'——稳定与整合的基本根源——是社会纠缠（entanglements）或承诺的形成。我们在日常生活中的大多数行动，都是很自由的、也是可逆的。但是当行动与重要利益和价值产生了关联，或者当行动嵌入相互依赖的网络时，我们的选择就会受到较多的限制。制度化通过两种重要方式来限制人们的行为（conduct）：使行为进入一种规范秩序，以及使行为成为其自身历史的'人质'。"[125]朱克尔（L. Zucker）认为："制度化是一个过程，也是一个恰当的变量。制度化是一个过程，正是通过这个过程，个体行动者传播那些被社会界定为真实的事物；同时，在这个过程的任一时点上，一种行为的意义，可以界定为或多或少被视为当然而接受的社会实在之一部分。那么，制度化的行为，就必须被理解为既是客观的又是外在的。当行为可被其他行动者重复实施，而又不改变人们对于行为的共同理解时，行为就是客观的；当主体对行为的理解被重构为主体间理解，行为因此被视为外部世界的一部分时，行为就是外在的。"⑩

我国学者杨亮才等人认为："制度化就是社会控制方式和运行机制的模式化、程序化和规范化，这是现代社会控制和运行机制最突出的特征。制度化结构则是在制度化过程中形成的，具有某种确定的社会学意义和清晰的操作规则，并呈有形'刚性'运作的社会组织结构。"⑰王海传指出，制度化是指制度的非人格化、组织化和恒定化。制度的非人格化是指制度尽管由具体的个人作为共同意愿的代言人在一定条件下而创设，但它一经产生，必须超越它的创始人、超越它的历史条件而趋向一统性和恒久性。制度的组织化是指必须有独立的部门和机构负责制度的制定和落实，这些部门作为共同意愿的表达者、体现者和集中者，构成了社会特定领域的权威力量和强制力量。制度的恒定化是指制度与共同体价值理想和奋斗目标的共始终性，制度是共同体价值理想和奋斗目标的程式化与组织化，同时也是达到这种理想和目标的保障。⑱胡晓燕则认为，"制度化"概念中的"化"是一个动词，意味着一个连续的、动态的变迁过程。从规则意义上讲，制度化的含义即建立规则并适用规则的社会过程，是指"社会行动和社会关系的规则化，它包括一套交往规范、价值标准、角色的固化、实体化，是社会关系的比较稳定的和持续性的组合"。简言之，制度化就是社会关系的程序化、规则化和规范化，其本质要求就是按照规章制度办事，按照既定程序办事。⑲

看来，关于制度化内涵的认识是多样的，那么，制度化的内涵到底是什么？该如何理解呢？笔者以为电影《肖申克的救赎》中的一个片段则较为全面地阐释了什么是制度化。

　　布鲁克是一个优秀的小伙子，有一天，他不幸身陷大狱。在监狱里，他经历了最暴躁的阶段，最后，也像其他人那样开始学着适应监狱的生活。记不清是在入狱的第七年还是第八年，布鲁克偶然得到一个机会：他可以每天用手推车推着一车杂志和书本，走过漫长的通道，给整个监狱的囚犯送书。这样，当夕阳下的图书管理员布鲁克推着手推车从监房门前走过的时候，他显得与其他囚室里的囚犯是如此的不同……布鲁克在监狱里的生活一直持续到他的暮年。40 年，或者更长。但是，更让人感到意外的是，出狱的布鲁克在外面的自由世界里找不到适合自己的角色。在大墙外面，即使获得了自由，他也不过是一个刚出狱的老囚犯，如此而已。苦苦挣扎与徘徊之后，他把自己吊死了。死之前，他在墙上刻下了字迹，告诉别人：制度之墙是不可逾越的。⑱

　　布鲁克其实是不想走的，他最合适的出路就是老死在监狱里。这是因为：一个监狱里的布鲁克是有用的，甚至是体面的；而一个离开了监狱的布鲁克几乎一无是处。他经历了漫长的 40 年或者更多的岁月打磨，已经被监狱里的生活给制度化了。据此，可以把制度化理解为一个过程，是一种思想和行动逐渐被规范化、规则化、模式化及程序化的过程，具有非人格化、组织化及恒定化等特征。同时，制度化也隐含着一定的价值内涵，正如塞尔兹尼克所指出的，"制度化过程最重要的意义也许在于，向组织灌输当下任务技术要求之外的价值观。……组织领导的最关键的作用，就在于界定、确立与捍卫这些价值观"⑲。

　　那么，如何认识和理解制度化教育呢？制度化教育是教育组织与制度规则、角色之间相互作用的结果，正如斯科特所言："我们认为，关于制度的信念，制度规则和角色会逐渐被编码并进入组织结构中。对于学校而言，当然正是这样一种情况。正如迈耶和罗恩所主张的：'在现代社会……教育组织有着很好的理由牢牢控制由广泛的社会秩序所界定的组织特征。通过把由外部环境界定的各种指令，以及老师和学生整合进学校的正式结构中，学校避免了其合法性的丧失并得到人们的信任.'"[182]可见，学校组织通过把社会秩序、指令、规则等进行编码整合进学校的正式结构之中，使学校教育逐渐具有了制度化的意蕴。陈桂生则认为，无论是按照某种制度采取教育举措，还是依照制度对教育活动进行规范管理，都不一定是"制度化"的教育；既然制度旨在规范活动，依其本性，为了杜绝失范，只要有可能，总倾向于使制度中所包含的规则、规范更为密集，并使制度配套，这就是"制度化"的倾向。[183]制度化教育的发展变化是与近代学校的兴起及学校教育系统的形成紧密相关的。由于教育系统自身逐渐生成了一套制度规范体系，使得教育活动、教育过程也更加关注标准化、规范化，学校教育生活也由"自由自在"走向"理性控制"与"组织规范"，过多地强调制度性、规范性和一致性，强调个体对制度规范的遵守与服从，并最终走向以"强制""约束"及"规训"为特征的制度化学校生活。"随着教育'制度化'的实现，在教育系统中，各级各类学校、社会教育机构及教育实体内部的教育活动、教育过程，都形成一定标准，在教育系统、教育实体与教育过程中，按标准和规则、规范操作，并逐级实行规范管理，从而尽可能排除教育系统、教育实体、教育过程以外的干扰，尽可能排除人为因素干扰，使教育活动有序地开展。"[184]这样，就使教育事业具有了同其他"制度化"事业相似的特征，即划一性、封闭性、选拔性及功利性等。

制度化教育一方面使学校组织科层制有了合法性基础。科层制是德国社会学家韦伯在其《社会组织与经济组织理论》一书中构建的一种基于法理的、以实现高效率和合理化为目标的、理想化的组织管理模式，科层制亦称官僚制。在韦伯看来，科层制是一种严密的、标准的、合理的社会组织。在各种类型的现代组织（包括学校组织）中我们都可以发现科层制的相关特征，比如效率与合理化、分工与专门化、权威的层级节制、非个人取向等。正如英国学者布什（T. Bush）所言："所有规模大的组织都含有官僚制的因素，在较大的教育机构中也是同样。"[185]所以，学校通过规章制度、一定结构等级的组织结构来实施管理，则很难脱离科层制的性质。从整个学校教育系统来看，它也是一个庞大的科层组织体系，无论是中央集权制国家还是地方分权国家，教育系统都是由各级政府教育行政部门负责的体系。在学校内部，也一般由校长、中层管理者、教师和学生等构成一个制度化的组织体系。因此，"学校和学院有许多官僚制的特征，如校长位于等级制机构的顶端。在中学和学院里，教师的工作安排根据他们的专业知识来确定，在小学也逐渐如此。学校有许多要求学生和教师执行的规章制度，他们的工作和学习主要是由时间表严格支配的。校长和高级教师对学校管理委员会和外部的资助机构负有效能责任。由于这些原因，官僚理论的文献充满了教育管理的内容"[⑱]。如果说科层制由于自身功能的强大而使得学校组织逐渐具有了其相关特性的话，那么制度化教育则使学校组织科层制特性具有了合法性的内涵。因为制度化教育是一种规范化、模式化及程序化的教育，而规范化、模式化及程序化也塑造了教育组织的科层化特征，也就意味着学校组织处于科层制模式的"渗透"之下，在一定意义上，可以说科层制是制度化的最典型代表。所以，制度化教育的强势影响，使得我们今天所有的学校教育几乎无一例外地成为制度化教育的典范，也无疑使学校组织科层制特性具有了合法性的基础。正如呼杰斯所总结的，"官僚模式能够应用于教育管理之中。学校和学院，尤其当其规模很大时，在很大程度上遵循了韦伯的官僚制规范，如工作分工、等级制结构、规章制度、非个人的程序和以专业技术标准为依据对工作实际进行评价等"[⑱]。当然，学校组织的科层化取向或者说官僚制特征也给学校教育的发展带来了一定的负向影响。正如布什所指出的，"所有的学校都是官僚制的，通过规章制度管理成员的行为。结构是等级性的，而且有与各种角色相一致的正式的和非正式的行为规范……官僚制的学校机构有一个难点，即官僚制及其生存变成了它们自身的目的，而学校的目标却成了次要的东西"。而且，"如果专业人员位于官僚体制金字塔的底部，那么规章制度本身应该主要是执行者赞成的条款。如果没有形成支持赞成规章制度的舆论，组织就会冒被分割为几个竞争性利益群体的危险"[⑱]。

另一方面制度化教育也形成了一种"规训"人的机制。制度化的学校教育使得学校教育活动被严格地限制在学校教育系统之内，并且严格按照学校的一套规章制度来行事，即建立一种具有普遍使命的、结构坚固而权力集中的学校教育体系。也就使得学校教育系统具有了"合理化"的内涵，而作为学校教育系统中的人则始终被要求生活在"合理化"的制度之下，而"合理化"的制度带给我们的又是什么呢？正如"韦伯预见，一个人的社会被束缚到一系列合理的结构中，使人们的行为只能从一个合理系统转到另外一个合理系统。因而，人们将从合理化的教育机构转到合理化的工作单位，从合理化的休闲场所转到合理化的家。社会除了成为一张封闭的合理化结构之网以外，什么也不是，人们面对这张巨网无从逃脱"[18]。同时，制度化的学校教育也淡化了学校管理主客体之间的直接控制与被控制的关系，而是以更有效的制度、规则作为中介因素，把人与人的关系转化为制度与人的关系，从而既避免了人与人之间的直接冲突，又较为有效地实现了制度对人的约束与控制。正如张康之所言："以往的所有管理关系都从属于管理主体对客体的控制，是以强制性的权力体系和法律体系为根据的。当然，为了使控制更为有效，需要在方式方法上尽力淡化控制的色彩，特别是在管理主体与客体之间因直接的接触性管理而造成了双方的直接冲突时，而且在这种冲突经常化的情况下，人类发明了制度化的管理，创造了制度化的规范体系，把人对人的直接管理转化成制度对人的管理，把人与人的矛盾转化为人与制度的矛盾，并进一步通过制度的神圣化来达到对人进行控制的目的，强制人服从制度。这时，虽然也还在一定程度上存在着管理主体与管理客体的直接接触，但由于这种接触是以制度为依据的，因而在任何出现了人与人的矛盾的时候，都能够从制度化的设置中找到解决问题的方案。"[19]显然，不管是制度的"合理化"内涵，还是制度的"神圣化"价值，其实都体现了学校教育生活中人的位置感的丧失，或者说是人的自我的迷失，使得人更多地生活在"被安排""被控制"的环境之中，"假如生活是被安排和被决定的，或者说个人的生活不是自主的，那么，根本无所谓什么生活的目的，也无所谓生活的伦理性，更无所谓生活要追求什么价值，人类也不需要教育，因为一旦生活受制于或者隶属于某种目的或体系，……那种生活已不是生活，而只是顺从强迫约束的生存，已失去生活主体精神价值的内涵，也失去了生活的原则性"[⑩]。诚如弗洛姆（E. Fromm）所言："我们无法选择问题，我们无法选择我们的产品；我们被推着前进——被什么力量？一种制度，一种任何目标及目的都无法超越的制度，这种制度使人成了附属物。"[⑫]无疑，制度化教育在使学校教育具有合理有序的同时，也形成了一种"规训"人的机制。

通过上述分析可知，制度不同于制度化，二者具有不同的价值内涵。制度作为人的社会生活中的一种必要的规范与规则，可以是正式的也可以是非正式的，学校教育系统也必然需要制度，学校教育系统展开的过程也与制度的安排和保障紧密相关。而制度化则表示规则的模式化、程序化，是"为了杜绝失范，只要有可能，总倾向于使制度中所包含的规则、规范更加密集，并使制度配套"的倾向。制度可以理解为一种静态的描述，而制度化则是制度发展的一个动态的过程。制度化程度越高，行为体的遵从程度也越高。在几乎所有的学校教育都被制度化的氛围中，我们需要发挥制度的保障作用与价值，需要一些好的制度来实现教育中的人去过一种有德性的生活，但我们更需要理性地看待"制度化"的发生、发展与变化，理性地分享"制度化"的"果实"。我们既需要在制度化的过程中有效地变革学校组织并体现其应有的价值，也需要在制度化的过程中合理地规避"规训"人的机制以实现人的全面发展。这些无疑也是制度环境所带给学校领导者必须要思考的问题。

第 二 章
校长领导的现实取向考察

校长领导在人性和制度环境等因素的影响下[1]，会呈现什么样的取向呢？或者说，在现实的教育环境中，校长领导在韦伯所言的"铁的牢笼"氛围中会有什么样的表现呢？本章拟以制度视角即以校长负责制与学校组织机构、校长负责制与校长领导的责任性及校长负责制与人的发展等方面考察学校教育情境中校长领导的现实取向，探讨校长领导现实取向的生成机制，并阐释校长领导现实取向中的日常呈现等问题。

第一节　制度视角下校长
领导的现实取向

在探讨制度视角下的校长领导现实取向之前，

---

[1] 笔者认为，通过对人与环境等两种影响校长领导行为的因素分析，一方面表明校长领导人性基础的缺失或不足，这就意味着校长在领导与管理学校过程中可能会出现因人或人性的缺失而导致很多问题的发生，尤其可能会对"目中无人"的教育与管理现象无动于衷，这必然会影响学校教育本质内涵的发展，也会影响校长领导与管理元价值的实现。另一方面表明了校长领导制度环境对人的约束与控制。制度化教育既为学校组织科层制的合法性奠定了基础，也为"规训"人的机制的形成做了铺垫，不管是科层制的合法性还是"规训"人的相关机制的形成，都进一步说明制度环境所带给校长领导的是一种类似韦伯所说的"铁的牢笼"的控制与约束。理论分析表明校长领导行动的基础存在着人性及制度环境方面的相关问题，这些问题无疑都会对校长领导的现实取向产生重要的影响。

有必要先看看我国学校教育系统在国家教育管理系统中的位置。那么，学校教育系统在国家教育管理系统中处于什么样的位置呢？学校教育系统位置的确定是与我国教育管理体制紧密相关的。我国的教育管理体制从总体上看倾向于中央集权制，但在强调统一的教育方针、政策的同时，也重视地方对教育尤其是基础教育的领导和管理责任，也即是今天所实行的"中央统一领导，地方分级负责"的管理体制。正如国外有研究者评论的那样："中华人民共和国已经建立了一套制度，尽管总的是中央集中管理，但具有多层次责任制。在国家掌管下，着重强调地方的参与。"[103]国外一些专门研究中国教育问题的专家也承认，中国的地方和学校，自20世纪80年代中期起有了更多的教育自主权和决策权。[104]具体而言，我国对中小学的管理按现行文件规定，所有的学校都必须贯彻执行党中央、国务院和各地区的政府，以及教育部、地方教育厅等的规定（包括政策法规、文件等）、规划和统一要求，接受地方及地区各相关部门的管理。行政上主要由地方负责，即由城市（镇）中的区、镇政府和农村中的乡政府负责组织、统筹及协调，主要指在办学经费、条件和人事方面由地方政府负责保证；业务上由区、县教育局负责指导等。这就形成了从上到下的多层级、多部门的教育管理系统，学校教育系统处于最低层。这也表明学校教育管理行为的发生与发展是在上述管理体制的规范下展开的，学校管理制度也会受到该管理体制的影响。

现行的学校管理制度将导致怎样的校长领导实践取向呢？这需要对学校管理制度的范畴加以规范，因为管理制度是一个非常宽泛的概念，这里我们选取了主要的学校行政制度作为探讨的主题。[1]那么，学校的主要

---

[1] 由于学校教育教学及其相关配套活动的日趋多样复杂，学校的制度种类也逐渐繁多，按其地位和作用可分为基本的管理制度和一般的管理制度。前者是指那些对学校各部门、各环节起指导和决定作用的制度，包括校长负责制、教职工聘任制、教师职务评审与晋级制度等；后者是指根据学校具体工作实际，确立学校与校内各部门、组织机构及其管理者、教职工工作范围职责，师生员工学习、工作、生活的常规管理制度和行为规范等的规章、规定、条例、公约、守则等文件，包括学校及其职能部门的工作制度、教职工岗位责任制度及师生员工行为规则等。为了便于讨论，笔者以校长负责制作为主要对象，其他相关制度都是在这一制度的作用与影响下逐步衍生的，与之具有紧密的相关性。

行政制度是什么呢？1985 年，《中共中央关于教育体制改革的决定》指出："学校逐步实行校长负责制，有条件的学校要设立由校长主持的、人数不多的、有威信的校务委员会，作为审议机构"，"学校中的党组织要从过去那种包揽一切的状态中解脱出来，把自己的精力集中到加强党的建设和思想政治工作上来；要团结广大师生，大力支持校长履行职权，保证和监督党的各项方针政策的落实和国家教育计划的实现"。1993 年，中共中央、国务院印发的《中国教育改革和发展纲要》进一步明确了中小学和其他学校实行校长负责制，党的组织要发挥政治核心作用。1995 年颁布并实施的《中华人民共和国教育法》在法律上落实了校长负责制的制度诉求，指出"学校的教学及其他行政管理，由校长负责"。这些无疑表明，现行的学校行政制度是校长负责制。在校长负责制确立的同时，也逐步建立了与校长负责制相配套的教职工聘任制、岗位责任制、结构工资制、学校及其职能部门的工作制度及师生员工行为规则等。那么，在校长负责制的影响下校长领导的实践取向如何呢？笔者分别从校长负责制与学校组织机构、校长负责制与校长领导的责任性以及校长负责制与学校中人的发展三个层面来探讨校长领导实践的可能取向。

（一）校长负责制与学校组织机构

在校长负责制的体系内，我国中小学校内组织机构一般包括两大类：一类是行政性组织机构，这是为完成正常的教育教学任务维持学校的正常运转而设立的；另一类是非行政性组织机构，它们是为配合、监督、保证学校的各项活动而设立的。这两类组织相互联系，相互支持，共同对学校的教育教学管理工作发生作用和影响。行政性组织机构的基本结构通常包括校长办公室、教导处（政教处）及总务处等，亦称为"一室二处"或"一室三处"，具体而言，校长办公室是指在校长领导下处理日常校务的办事机构。它协助校长处理对外联系、对内协调的工作，负责对外联络、文件收发、报表统计及信息反馈等。教导处是组织和管理学校教学业务的机构，具体领导各科教学研究组、年级组的工作，同时兼管与教学业务有关的科、室等。政教处是管理学生思想工作、组织学校各种德育活动及班主任相关工作的机构。总务处是组织和管理学校后勤的机构，目的在于更好地服务于教学。而非行政性组织机构一般包括党、群、团组织和各种研究性团体，其中，党支部主要抓好学校师生的政治思想工作，同时还参与学校重大问题的决策，对学校的教学、人事、财务管理等工作负有监督和保障实施的职责。工会、教代会是党支部领导下的教职工群众组织，也是反映教职工心声与利益的组织。共青团、学生会、少先队是党支部领导下的青年教师和学生的群众组织。而研究性团体是一些学校为了更好地开展教育教学活动，所成立的有关教育教学的研究性组织等。可以把学校内部的组织机构以图示的方式来表示，如图 2.1[⑩]所示。

图 2.1 表明，我国学校内的管理机构纵向分为高层领导、中层领导和基层领导三个层次，每个层次的领导都包含着党、政、工三大系列的工作。其中，行政系统的管理指向日常学校工作的基本构成，并对学校教育教学质量直接承担责任，故学校采用校长负责制，且校长处于学校的最高层，校长也是学校的法人代表，对外代表学校，对内全面负责学校的教学、科研、社会服务和其他行政管理工作。学校管理运行的方式通常由规章制度来保证，通过学期、学年工作的计划来构思，举行各层次的工作会议来落实推进，采用评价、检查、考核、总结、奖惩来反馈，并为下一步的学校工作计划提供内部依据。据此，叶澜指出，就总体而言，我国中小学在正规管理系统内的生存环境是较逼仄和繁杂的。站在中小学的立场向上看，真是压力层层、要求纷繁、干扰过多、牵制甚大。所以，学校作为国家管理系统中的基层单位，尽管能真切体验到社会生存空间的逼仄与科层制的压力，但在学校内部的管理结构上，依然把科层制作为遵循的范式。[⑩]由此看来，我国学校组织则仍然是以科层制作为主要的组织结构进行建构的。正如有学者调查表明：当被问到是否同意"学校领导应当有能力控制学校中的师生员工"时，有 90% 以上的人群（包括校长和非校长）同意这一观点。而且访谈也表明，"科层管理规则"仍然是学校组织

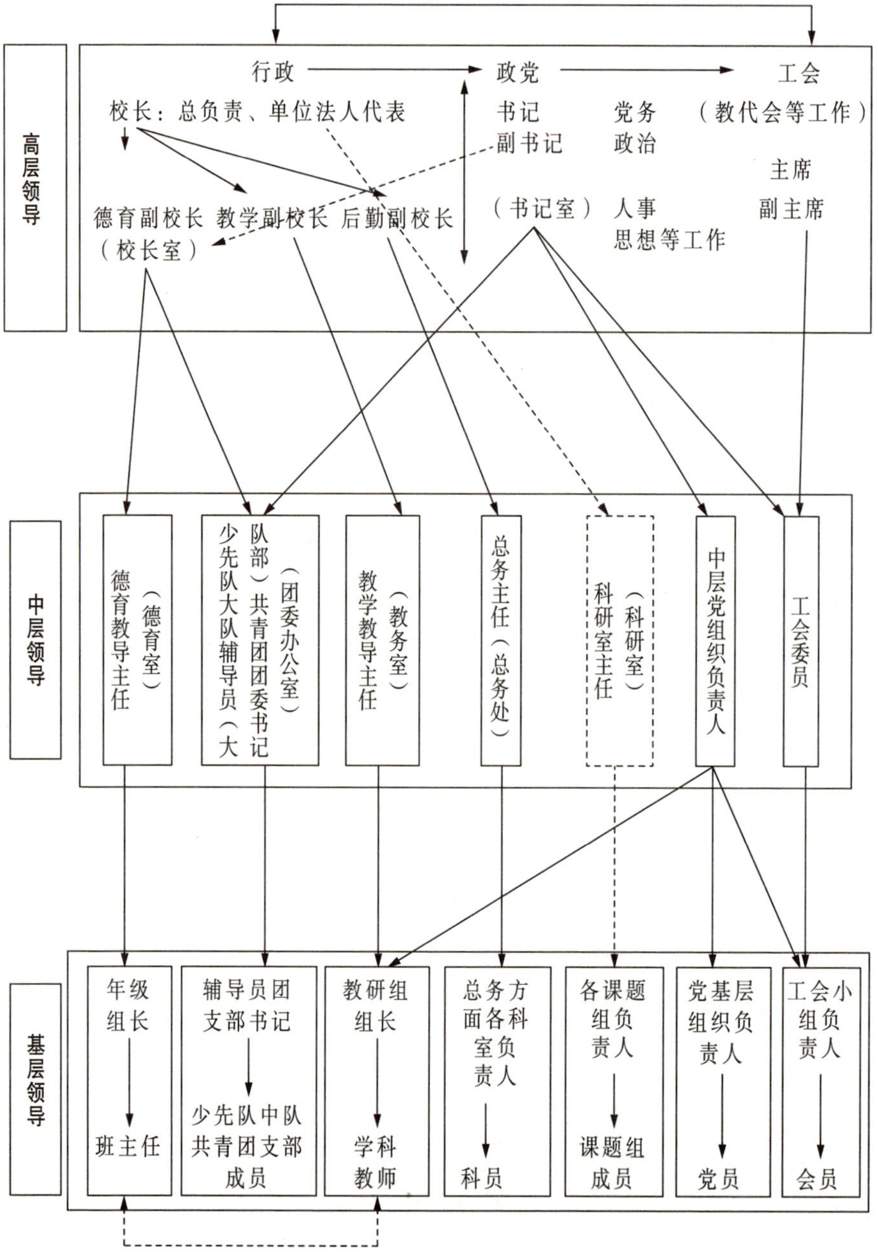

图 2.1　我国中小学校内管理的基本结构

注：虚线表示两者相关，但并没有明确的行政关系。

最根本的原则。而在当权者的行政工作中，存在着运动式地推进教育改革，频繁评比、检查、进行对象重复的规定性培训等，把学校领导者和教师推到疲于应付的境地。在许多人的眼里，教育管理就是教育领域内的各项职能，是教育的计划、组织、指挥、协调、控制。教育管理应当是由"逻辑"与"理性"支配的结构。[⑰]

在学校科层组织结构中，学校全部职位分成校长、副校长、处室主任、年级（教研）组长、教师等若干等级；所有职位都由具备相应学历或通过能力考核获得相应资格的人承担；每一级职位赋予其承担者对下属进行合理合法控制的权力；任何学校工作人员，特别是管理人员，都不可能"占有"他们的职位，他们可以因不称职、无能力而被免职甚至被解聘。学校管理人员与教职员工之间的控制与被控制关系完全建立在职位关系之上，由上述特点构成学校内部完备的层级控制系统。在组织控制方面，韦伯认为，"科层制基本上是以知识为基础进行控制的"，同时他又提出了"纪律是科层制认定的常规，在科层制中的所有个人都必须忠诚地履行命令"的观点，从而形成了组织内部以"服从命令、遵守纪律"为最高控制的原则。但是，这和以专业知识和能力为最高控制原则的学校组织发展之间存在着明显的矛盾。这一理论上的矛盾在实际操作中被以一种最简单的方式解决，那就是放弃以专业知识和能力为基础的组织控制原则，而遵从以服从命令和遵守纪律为最高控制的原则，这就使得科层制的学校组织结构成为名副其实的"官僚制"组织。[1] 正如佐藤庆幸在谈到学校、医院及研究机构之类的组织时所言："这样的组织的首位性不在于'通过权威的统治'，而是在专业性的'通过专业知识和技术的统治'。当在这些组织中出现首位性的颠倒时，官僚主义的问题也就产生了。"[⑲]学校组织官僚制的一个显著特点就是领导者与追随者之间存在着较多的矛盾冲突，主要表现为学校科层制的"纪律控制取向"与"专业取向"之间产

---

[1] 本部分的观点阐释借鉴了张新平在《对学校科层制的批判与反思》一文中的部分观点。参阅张新平. 对学校科层制的批判与反思 [J]. 教育探索，2003（8）：29-31.

第二章 校长领导的现实取向考察

生的冲突。比如，校长、管理者与一般教师之间在行政权力与专业知识、教学等方面的冲突。托尼也指出："对专业人员的管理不能仅仅以官僚结构为基础，在学校和学院的管理中，我们必须承认教师的专长和教师群体的专业水平。校长只有和资深的教职员工一起合作才能将组织及其服务对象的需要与教师们的期望结合起来，校长和资深的教师们经常处于官僚主义和专业主义的冲突和压力之中。"[19] 此外，在学校系统中过多地强调权威的层级控制也很可能导致学校组织内部出现"官本位"现象。通常一个学校中的官僚气氛越浓，成员对权威的崇拜和攫取权力的欲望就越强烈，从而在学校组织内部形成对上毕恭毕敬和对下颐指气使的官僚习气，并引发"目标置换"现象的发生，即大多数教职员工不是把精力放在如何搞好工作上，而是更多地考虑如何处理好与学校领导及有关上级行政部门领导之间的关系，以便获得更多职务、职称晋升的机会。所以，"一个有目共睹的现象是，组织经过一段时间之后，就有一种萎缩的倾向，往往迷恋于自我保存，不断增长官僚主义式的僵化，企图维持传统做法。在以迅速变化为特征的世界上，这样的组织往往被认为是不健康的，因为这种组织只强调自我保存，其代价却是丢弃了不断适应"[20]。

（二）校长负责制与校长领导的责任性

校长负责制确立了校长在学校中的领导核心地位，也赋予了校长领导、管理学校较为充分的权力，即校长掌握着学校的人事、教学、财务及决策等事权。与此同时，校长也负有领导和管理学校的相应责任，如果校长没有履行或者不适当地履行其应当履行的职能和义务，就是失职，或者说是缺乏责任性。所以，一个负责任的校长应该能够创造性地履行他对各利益人所承担和许诺的各种责任。就校长领导的责任来源而言，主要包括两个方面：一是职位责任，二是非职位责任。前者是与校长领导的职位相匹配的，包括确定学校组织发展方向，规划远景目标；阐明领导立场，传达学校组织目标；处理各种关系，为学校组织目标的实现协调、组织和配备人员；建立各种激励机制，为学校组织注入连续性的动力，保证领导活动的连续性；推动学校组织的变革，改变组织的面貌。后者主要是校长领导通过个人权力影响下属的责任，包括为师生员工提供一种希望；通过自己人格的力量培养一种学校组织精神；处理各种非工作关系，满足师生员工工作之外的需求；创建领导文化，培养新一代的领导者，为那些年轻有为的下属提供面对挑战的机会。校长领导的责任履行、责任承担及责任缺失在一定意义上是围绕着职位责任和非职位责任而产生的行为，一方面要做好因职位而产生的责任分担和责任义务，另一方面也要做好因非职位因素尤其是校长个人领导力而产生的各种责任关系。

校长负责制下的校长领导的责任性根据其责任取向可以分为两种不同的责任体系：即上层责任或"政治责任"和底层责任或"教育责任"。上层责任或"政治责任"是指校长在领导过程中只对上级教育行政部门负责的行为。因为校长主要是由上级任命产生而不是由师生员工选举产生[1]，虽然任命前也有民意的考察，但这更多的是走过场而已；因为校长的政绩主要是由上级教育行政部门考核与评价的，虽然也有校长面向下

---

[1] 有研究者的调查也证明了这一说法，"在100名被调查的校长中，有89名校长是上级任命的；有3名是群众选举的；有6名是有关部门聘任的；有2名是其他方式产生的"。参阅山西省教科所校长负责制课题组. 关于山西省普通中学实行校长负责制的调查与思考[J]. 教育理论与实践, 1994 (1): 29. "就校长选拔方式来看，126位校长中，有113位校长表示其职位是'上级考察委任'，占89.7%，'教职工民主选举''公开招聘上岗'和'其他方式'产生的校长仅有13位。195份教师问卷的结果中，有159位教师表示自己学校校长是'上级考察委任'，占81.5%。另外，在问到'您所在的县（市）是否实行过中学校长招聘'时，30.6%的校长选择'是'，69.4%的校长选择'否'。可见，该省重点中学校长的选拔方式主要是'上级考察委任'，而且各地试行校长'公开招聘的做法，也不具有普遍性。"参阅孙锦明. 现行中学校长负责制的调查[J]. 现代中小学教育, 2004 (7): 49. "调查设计的校长问卷对校长选拔与任用方式给出了5种形式，即委任制、招聘制、考任制、选任制、综合制（指经他荐、自荐、职能部门考察、群众民主评议，通过考试和答辩，由主管部门最后任命的校长任用方式），中小学校长首选综合制的最多，155份高中校长的问卷统计，选择综合制的占75%；50份初中校长的问卷统计，选择综合制的占60%；35份小学校长问卷统计，选择综合制的占77%。现实中，中小学校长的选拔多数地方还是采取委任制。"参阅张祥明. 福建省中小学校长队伍建设情况调研报告[J]. 福建基础教育研究, 2009 (7): 17. 笔者认为，在一定意义上，该研究者在调查中所设计的综合制即是其所说的委任制或者是任命制，正如研究者自己所言，中小学校长的选拔方式多数地方还是采取委任制。

属的述职报告会，接受下属的评议，但这仅仅是参考而已〔1〕。因为校长的仕途升迁的命运主要把握在上级行政部门手中，所以校长只需要眼睛向上看即可〔2〕，只要上级领导满意就不会影响自己的仕途，反而可能获得更大的发展空间。可见，上层责任或"政治责任"是与校长领导的制度与机制紧密相关的。而底层责任或"教育责任"则是指校长在领导过程中关注因学校教育而发生的各种责任。比如，校长负有引领学校发展方向的责任、探究学校办学基本规律的责任、创建良好学校文化的责任、推动学校变革的责任、建设优良师资队伍的责任以及实现学生成长与成才的责任，等等。这些都是校长在领导过程中所应关注和承担的底层责任或"教育责任"。但由于校长在领导过程中过于关注上层责任或"政治责任"，而导致底层责任或"教育责任"的"被忽视"甚至是"被缺失"，致使学校教育中多了一些政治因素，少了一些教育内容，多了一些官僚习气，少了一些人文气息，多了一些功利行为，少了一些价值意蕴。这种责任的错位显然是有悖于教育发展规律的，也不应成为校长领导责任的真实表达。这也就类似于富兰所说的"责任病毒"，即"责任过重和责任过轻"。"因为责任病毒向来都是调动人们广泛协作、解决复杂问题过程中的一个最难对付的自身障碍。"[20]也许，富兰所说的"责任病毒"与上层责任或"政治责任"及底层责任或"教育责任"的蕴含有所不同，但后者同样具有责任过重和责任过轻的弊病，确实需要在现实教育中予以解决。

---

〔1〕 根据访谈得知，绝大部分地方对校长的考核采取这样的做法：由教育局有关职能部门（如纪检办、计财股等）进行一年一度考核，主要从"德、能、勤、绩"等方面入手，运用的方式有自我述职、座谈法、民意测验、财务审计等。可见，各地对校长还是有一定的考核，尽管考核的方式方法与行政机关的领导考核极为相似。但是，有不少同志不无忧虑地指出，"现在的考评主要针对校长个人，而针对教育教学质量改善的考核则较少"，"在具体的考评办法上，缺乏明确的指标体系，大都是定性的评价，容易走走形式了事"。参阅孙锦明. 现行中学校长负责制的调查 [J]. 现代中小学教育，2004（7）：49.

〔2〕 比如有研究者在开展实地研究过程中，通过对老师的访谈，发现L校长就是如此。老师认为，"她很在乎上面布置的工作，但下面也是人，也需要关心、安慰、鼓励。我和L校长的人生经历不同，她爸爸是当干部的，一直有一种高高在上的感觉……她给我的感觉就是非常强势，天天要挨批评"。参阅石一. 校长的行动逻辑——对一所中学校长的实地研究 [D]. 南京：南京师范大学硕士学位论文，2005：38.

显然，"责任病毒"会给校长领导带来一定的影响，如果校长领导明知自己出现责任过轻或责任过重等现象，并且自身的领导责任意识仍然不强，更不能有效地履行其承诺的责任，就会导致校长领导信任度的下降甚至是丧失，从而影响到校长领导的合法性。所以，校长领导的责任性更应该强调校长领导对学校教育负责、对师生员工负责、对社会各利益人负责，增强校长领导的底层责任或"教育责任"意识，提高校长领导的底层责任或"教育责任"的比例，并进一步弱化校长领导的上层责任或"政治责任"的要求。当然，校长领导的责任性也应该建立在有效回应的基础上，但仅有回应还不足以说明校长领导就具有责任性，还必须看这些回应性政策是否真正考虑到了各利益人的切身利益。所以，校长领导应关注上层责任或"政治责任"与底层责任或"教育责任"的均衡发展，关注责任性与回应性的有机统一，切实围绕校长领导的职位责任和非职位责任创造性地履行所承担和许诺的各种责任。也正如戈丹（J. P. Gaudin）所言："现代治理是一个对责任感的呼唤……无论是在面对变化中的公共部门运行模式时，还是在促进正在现代化的地方政权参与方面，加强各个层面的责任感变得很重要。"[20]

（三）校长负责制与学校中人的发展

学校是育人的场所，理应实现人的发展。所以，很多学校提出以人为本的发展理念既合情也合理，"没有人"的学校或不能使人获得发展的学校很显然已经失去了存在的价值与意义。那么，校长负责制作为一种领导制度，在学校场域中对人的发展又会有什么样的影响与要求呢？就当下来说，很多学校都会关注学校中学生的考试升学率提升、师资队伍质量不断提高等。比如，某中学在2009—2011年的学校发展规划中对此做了明确规定，首先，就学生培养来说，高考本科数每年确保在1000人以上；确保每年有1~2名学生考入清华、北大等一流名校，并力争有突破性增长；各项指标均列市前列；基础年级学业水平测试和学年段过关考试名列全县第一、全市前列；每年有 100 名以上的学生在学科奥赛和其他比赛中获奖，其中学科竞赛成绩位居全市前列。对教师发展而言，培养 1～2 名特级教师，每年推荐 5～8 名教师参加市县学科带头人或教学能手评比；99%的一线教师达本科学历，25%以上的教师具有研究生（含研究生课程班）水平，75%以上的教师具有中高级职称；50%以上的教师每年均有论文发表或论文获奖，60%以上的教师参加市级以上课题研究。再如，某校长在 2008—2009 学年工作报告中对此也做了说明，要求"重视中高考，力争有突破。学校、年级组、教研组、科任教师制订切实可行的中高考复习备考计划，并适时进行调整，进行月考、省统测质量分析，找出存在的问题，高三采取分层教学和分类教学的策略，九年级采取'抓两头、促中间'、高三采取'抓中间、促两头'的复习策略，并认真组织实施。……重视特长生培养，并把特长生培养作为学校的特色、亮点之一。今年特长生专业上线49人，高考上线23人（其中本科上线18人），取得了好成绩。全校参加高考392人，总上线116人，其中一本8人，二本33人，三本14人，一专16人，二专95人，总上线率达到42.35%，超额完成州下达33%的指标。少数民族考生上线107人，占总上线人数的64.46%。本次高考在总上线人数、一本上线人数、二本上线人数、特长生上线人数、少数民族学生上线人数等五个方面取得突破，圆满完成了高考任务。对教师来说，注重培养中青年骨干教师、学科带头人，并对教育教学工作中做出突出成绩的科任教师、班主任和职工给予表彰奖励"。

据资料显示，两所学校一所是好学校，另一所则是一般学校；一所是东部地区的学校，另一所是西部地区的学校；一个是学校发展规划，另一个是学校工作总结，虽然有地区及学校质量方面的差异，但他们在培养人的发展的思路和做法上则大同小异，都关注学生的学业成绩，关注学生的考试升学率，同时也都关注教师队伍质量的培养与提升，所有这些都是以考试升学率的提升为鹄的。正如有研究者在调查中所体现的，对于在当前的教育体制和社会状况下，学校追求升学率问题，校长选择"完全必要"的有 116 人，约占 22.2%；选择"有一定必要"的有 327 人，约占

62.6%；选择"不太必要"的有 75 人，约为 14.4%；选择"毫无必要"的只有 4 人，仅为 0.8%。将近 85%的被调查校长认为，在当前的教育体制和社会状况下，学校追求升学率"完全必要"或"有一定必要"。这反映出升学率依然是这些校长们重要的追求目标。但是，访谈中校长一再表示，这种追求并不是他们本人喜欢的，而完全是外在的压力使然，并且这种压力主要来自于高考、中考，来自于家长和教育主管部门。主管部门虽再三强调不得搞分数排名，但明里不搞暗中谁都在排名。作为校长怎能不屈于这样巨大的无形压力。^⑳一位教委主任的报告也证实了这一观点，该主任指出："社会在评价一个学校是否成功多看学生的升学率和就业率，家长放弃了对孩子品格性情的教育立场转而去协助学校追求'学业发展'，众多学校更是以考试成绩和升学率作为追逐的主要对象。教育的发展最终简化为学生考试成绩的提升，也最终简化为对部分所谓'精英'学生的培养。"[1] 看来追求升学率已成为校长领导工作中必须要重点解决的关键性问题，其他所有问题都是为这一问题的有效解决服务的，没有了考试升学率，没有了考上所谓名牌大学、重点大学的学生，也就意味着校长工作的失败，意味着学校教育的失败。其实这种以升学率来掩盖学校教育管理其他一切事务的现象已经背离了学校教育的价值内涵，也歪曲了教育发展的本体职能，更没有能够体现人的发展的内在要求，这显然不应是校长领导所应该具有的行为体现和价值追求。

通过对校长负责制与学校组织机构、校长负责制与校长领导的责任性及校长负责制与学校中人的发展的分析，可以看出，校长领导行为的发生与发展是在科层制的学校组织氛围中进行的，且校长领导的责任倾向于上层责任或"政治责任"，考试升学率已经成为其领导工作的中心。据此，可以对校长领导的实践取向做出一种判断，即校长领导实践是以控制和规训为手段，在上层责任或"政治责任"的影响下，最终以学校升学率的提升为终极目的的

---

[1] 这是北京市石景山区教育委员会叶向红主任在参加南京师范大学主办的"城乡统筹背景下义务教育均衡发展——经验、挑战与趋势"学术研讨会上交流论文中的部分观点。

取向，这无疑是一种"看不见人"的、"官僚化"的实践取向。正如美国教育哲学家奈勒（G. F. Kneller）所指出的，"我们的儿童像羊群一样被赶进教育工厂，在那里无视他们独特的人性，而把他们按同一模样加工和塑造。我们的教师被迫，或自认为是被迫去按照别人给他们规定好的路线去教学"[200]。在一定意义上说，校长领导的这一实践取向既不是校长领导的本意所为[1]，也不是学校教育发展的应然追求，更不应该成为左右学生发展的教育命题。巴西教育家弗莱雷（P. Freire）也指出："教育应成为自由的实践，而不是控制人的过程。人并非是抽象的、孤立的、完全自主的、与世界无关的人；世界离开了人也就不复存在。事实上，人不能被抽象化，世界不能没有人，人与世界之间存在着关系。"[205]所以，古德莱德（J. I. Goodlad，引用文献原译为古得莱得，本书正文统一译为古德莱德）在《一个称作学校的地方》一书中发出疑问："我们的学校为什么不是愉快的场所？还有比学校更好的，能培养自由的自我的地方吗？"[206]这无疑也是对制度影响下的这一实践取向的质疑和批判。相反，贝利（S. Bayley）则认为："教育体制的最大作用就是帮助人们有创意地生活在自由自我的世界中。因为，如果这个自由自我的世界可以恰到好处地生成，并巧妙地融合人们的志趣、精力和社交，就可以影响、感染和帮助人们从工作和烦琐中解脱出来。那时候，自由的自我就不仅仅是一段生命，而是一段有质量的生命。"[207]

第二节　校长领导现实取向的生成机制

校长领导的这一行为取向是如何形成的呢？或者说这种领导行为取向

---

〔1〕 笔者认为，校长所处的现实制度化教育的学校场域，更像是韦伯所言的"铁的牢笼"。被囚禁于其中的个人变成了"制度化"的个人，人的一切欲望、情感、个性、内心世界、精神状态等，都一概抹平了，或者被"悬置"起来了，人们在"妄自尊大情绪的掩饰下产生一种机械的麻木僵化"，最终成为如韦伯所言的"专家没有灵魂，纵欲者没有心肝"。这一表达借鉴了李江源在《论教育制度的逻辑结构与权力结构》中的部分观点。由此，也可以看出，校长在这一过程中，很多的行为选择是被动的，甚至是"无意识"的，处于身不由己的状态。参阅李江源. 论教育制度的逻辑结构与权力结构［M］. 复旦教育论坛，2004（5）：27.

发生的学理依据或生成机制是什么呢？笔者以布迪厄的实践理论作为分析的理论框架，通过对影响校长领导行为的学校场域、资本及惯习等因素的综合考量，透析校长领导这一行为取向的内在逻辑。

（一）实践理论的结构与逻辑

布迪厄的实践理论是从对社会科学研究中存在的二元对立现象，尤其是主观主义和客观主义之间的对立批判开始的。在《实践感》前言中，他指出："在人为地造成社会科学分裂的所有对立之中，最基本的、也最具破坏性的，是主观主义和客观主义的对立。……为了超越这两种认识方式之间的对立，同时保留它们各自取得的成果（又不忽略一方的明察于相反方的帮助），就必须阐明它们作为学术性认识方式——它也与产生社会世界日常经验的实践认识方式对立——所共有的预设。这意味着我们应对那些使社会世界主观经验的反思和该经验的客观条件的客观化成为可能的认识论及社会条件实施批判性客观化。"[28]所以，布迪厄认为要超越这一对立，应避免客观主义以"局外人"的眼光看世界和主观主义从"局内人"的角度看待社会生活的做法，通过参与日常生活实践来获得对社会世界的认识。这样，实践才能使客观主义和主观主义达到一种和谐与整合，而这种整合是通过"参与性对象化"，即对客体以及主体与客体的关系加以全面的社会学的对象化途径实现的。"这就预设了对于方法论条件和社会条件的批判性客观化，从而使得反思性回归到世界的主观经验成为可能，同时，也使得对于这一经验的客观条件的客观化成为可能。"[29]布迪厄主张将它们纳入一个关系体系之中去进行双重解读，即建立一种实践的理论，并以此掌握行动者的实践知识。

在《区隔》一书中布迪厄概括出了其分析模式的公式：［（惯习）（资本）］+场域＝实践。这就是说，实践不是某个单一因素的结果，而是惯习、资本及场域之间相互作用的产物。所以，实践既不能被还原为现实的条件，也不能被还原为产生惯习的过去的条件，而是产生于它们之间的关系。因此，为了更深入地理解布迪厄的实践理论，还需对惯习、场域、资本等概念加以阐释。

1. 惯习：实践的观念

"惯习"是由积淀在个人身体内的一系列历史关系所构成，其形式为知觉、评判和行动的各种身心图式，它是一种结构形塑机制，涉及社会行动者具有的对应于其占据的特定位置的性情倾向。[20]惯习具有以下几个特征。首先，就性质而言，它是一整套性情倾向系统，也就是感知、评判和行动的区分图式的系统。其次，惯习具有历史性和共时性，惯习是历史的产物，是既往客观条件和经验在行动者身上的体现和存在，同时又是现时客观条件和情境在行动者身上的体现和存在。最后，惯习具有一定的稳定性。布迪厄认为，惯习是非常抵制变化的，因为原初的社会化比之于后来的社会化经验更具有型构内在倾向的力量。在惯习遭遇新的境遇时，固然有一个持续的适应过程，但是这个过程常常是非常缓慢的、倾向于完善而不是改变初始的倾向，使行动者更偏向于选择依据他们的资源与过去经验最可能成功的行为方式。概言之，惯习一方面会适应它赖以建构的特殊条件，会适应作为客观可能性而被铭记的种种要求，由此它可以再生产客观条件所固有的规律；另一方面，作为历史的产物，作为客观结构的内在化，惯习又并非某种机械决定的机制，而表现为即兴创造的生成原则。

2. 场域：实践的空间

什么是场域呢？布迪厄认为，从分析的角度来看，一个场域可以被定义为在各种位置之间存在的客观关系的一个网络或一个构型。正是这些位置的存在和它们强加于占据特定位置的行动者或机构之上的决定性因素之中，这些位置得到了客观的界定，其根据是这些位置在不同类型的权力（或资本）——占有这些权力就意味着把持了在这一场域中利害攸关的专门利润（specific profit）的得益权——的分配结构中实际的和潜在的处境，以及它们与其他位置之间的客观关系（支配关系、屈从关系、结构上的对应关系，等等）。㉑由此可见，场域概念所要表达的，主要是在某一个社会空间中，由特定的行动者相互关系网络所表现的各种社会力量和因素的综合体。场域基本上是一个靠社会关系网络表现出来的社会性力量维持的，同时也是靠这种社会性力量的不同性质而相互区别的。有什么样的场域，有什么样的场域运作形式，就有什么样的场域逻辑与利益原则。在布迪厄看来，场域有两个关键的特征。首先场域是一系列关系的体现。布迪厄认为，"现实就是关系的"。其次场域是一个争夺的空间。场域中位置的占据者利用种种策略来保证或改善他们在场域中的位置，不断在场域中展开斗争。不过，布迪厄特别强调，场域中的斗争的焦点在于谁能够强加一种对自身所拥有的资本最为有利的等级化原则。场域分析最为重要的就是客观位置关系，以及行动者的"位置感"。这些位置是如何形成的呢？这就需要借助"资本"这一概念来予以解释。

3. 资本：实践的工具

"资本是积累的劳动（以物化的形式或'具体化的''肉身化'的形式），当这种劳动在私人性，即排他的基础上被行动者或小团体占有时，这种劳动就使得他们能够以具体化的或活的劳动的形式占有社会资源。"㉒在布迪厄看来，一方面资本已不是单纯意义上的经济资本，而是包括各种形式的资本，比如有经济资本、文化资本、社会资本等。另一方面，资本与权力是紧密相连的，一个人拥有资本的数量和类型决定了他在社会空间的位置，也就决定了他的权力。"资本……意味着对于某一（在某种给定契机中）场域的权力，说得更确切一点，是对于过去劳动积累的产物的权力（尤其是生产工具的总和），此外，它也是对于旨在确保商品特殊范围的生产手段的权力，最后，它还是对于一系列收益或者利润的权力。"㉓布迪厄认为，在各种资本之间存在着相互转换的可能性，资本的不同类型的可转换性是构成某些策略的基础，这些策略的目的在于通过转换来保证资本的再生产。正是资本的存在，各个场域才被形塑为斗争、争夺的空间，也正是资本的不同，使不同的行动者所处的客观位置也会有所差异。

惯习、资本及场域之间也是相互关系的存在。首先，惯习与场域是相互交织的二重性存在，一方面是制约关系，场域形塑着惯习，惯习成了某个场域固有的必然属性体现在身体上的产物。另一方面则是建构的关系，惯习有助于把场域建构成一个充满意义的世界，一个被赋予了感觉和价值，值得你去投入、去尽力的世界。其次，惯习与资本都是行动者进入场域必须携带的东西。不同的是，惯习是处于身体之中的性情倾向系统，而资本则是外在于身体的一种社会资源。惯习会影响场域中的行动者对资本的认知与运用，而作为资源的资本则限制着惯习可能触及的空间范畴，从而使惯习做出不同的应对策略。最后，资本与场域也是相互作用的存在，不同的资本种类、存量和比例也决定了行动者在场域中的不同位置。资本的运作必然依赖于它在其中起作用的场域，并以相对昂贵的转换为代价，这种转换是它在有关场域中产生功效的先决条件。同时，作为一种竞争性空间，离开资本，场域也就空泛了，也就没有了实际的意义。

（二）校长领导行为与实践理论

上述实践理论告诉我们，个体的实践行为是其自身所处的场域、个体获得的资本以及惯习之间结构化的产物。校长的领导行为作为一种实践活动，具有实践行为的基本特性，也应该是场域、资本及惯习之间相互作用的结果。也就是指校长在学校场域中，利用自身所获得的符号资本以及自身所具有的惯习，针对学校场域中所蕴含的种种利益和价值选择，运用相应的策略所作出的领导学校发展的行为。可以用以下公式来表示：

校长领导行为 ＝［（校长惯习）（符号资本）］＋学校场域

其中，校长惯习是校长在日常生活世界和专业场域中所积淀下来的内在化的、持久的禀赋和性情倾向系统，它是一套深刻的、内在化的并导致相应行为产生的主导倾向，也是一种前反思的、身体化的而不是有意识的行为。符号资本既包括校长的文化资本、经济资本、社会资本，也包括特定的政治资本。而学校场域则是学校中的校长、教师及学生等行动主体之间及行动主体与客体之间相互作用的关系网络和空间。由于学校是一个复杂的、通过多种因素影响人发展的一个空间，也由于学校场域中各个行动主体之间也存在着相应的利益纷争和价值冲突，再加上校长自身惯习的不同以及所获得资本的差异，使得校长领导行为显得尤为复杂，具有明显的模糊性和不确定性。为了更好地认识、理解校长的领导行为，有必要考量影响校长领导行为的相关因素，即学校场域、符号资本及校长惯习。

1. 校长实践的空间：学校场域

学校作为一个场域，是由校长、教师、学生、教育中介以及它们之间的关系所构成的网络和空间。作为校长实践的空间，其实践行为与学校场域所表现出来的价值取向紧密相关。那么，学校场域的价值取向又是什么呢？这就需要认识学校是什么？《教育大辞典》指出："学校是人类进行自觉的教育活动，传递社会知识文化，有目的、有计划、有组织地为一定社会培养所需人才的机构。"[24]《学会生存——教育世界的今天和明天》也告诉我们："学校，即向年轻一代有条不紊地施行教育所设计的机关，在培养对社会发展有贡献并在生活中起着积极主动作用的人方面以及在训练人们适当地准备从事工作等方面，现在是，将来仍然是具有决定性的因素。"[25]显然，学校是一个培养人的机构和场所，实现人的身心和谐发展无疑成为学校的重要价值使命，也是学校发展的内在价值追求。但学校并非仅有其内在的价值体现，在现实发展过程中，学校通过其内在的价值实现也派生出一定的社会价值，也称之为外在价值或工具价值。由于制度化教育的影响与约束，使得学校过分追求工具价值而遮蔽了其内在价值，导致学校过分强调其选拔功能，学校因此成了社会对个人进行鉴别和选拔的一个筛选器；同时，严格的等级制度、机械的记诵之学、不当的教学方法等也导致了种种极其荒谬的结果，致使学生的人格遭受扭曲，极大地阻碍了学生的身心健康发展。可见，学校一方面具有内在的或本体性的育人价值，另一方面也表现出了外在价值或工具性价值。前者是基础性的，而后

第二章 校长领导的现实取向考察

者则是派生性的、依附性的。学校场域的不同价值取向无疑会潜在地影响着校长的领导行为。

2. 校长实践的工具：符号资本

布迪厄认为："任何资源，凡是可以作为一种权力的社会关系来发挥作用，都有可能成为资本。"[216]因此，在我国当下的学校场域中，校长至少拥有四种符号资本，即政治资本、社会资本、文化资本和经济资本。所谓政治资本即是指校长在学校场域中通过相应的政治手段所获得的资本。比如，校长的任命、考核，校长的行政权力以及官本位意识等。而社会资本，则是指某个个人或是群体，凭借拥有一个比较稳定，又在一定程度上制度化的相互交往、彼此熟识的关系网，从而积累起来的资源的总和。[217]显然，社会资本是一个由持久的网络所带来的实际或潜在的资源整体，这一网络由或多或少制度化的相互熟识关系构成。所以，在一定意义上，校长所拥有的社会资本总量，取决于其所能有效动员的关系网络的规模，也即是取决于与他有联系的那些人所拥有的资本的总量。文化资本泛指各种各样的文化资源，比如价值观、文化意识、审美偏好以及教育文凭等。文化资本以三种状态存在，一是身体化的状态，表现为心智和肉体的相对稳定的性情倾向，比如，行动者所具有的流利言辞、教养等。二是客观化的状态，表现为文化商品，诸如图书、电脑之类。三是制度化的状态，表现为社会对资格的认可，如教育文凭等。而经济资本则是所有其他类型资本的根源，表现为以货币、财产为代表的物质财富，也是社会中最基本的资本形式。这种资本本身就可以以普通的、匿名的、适合各种用途的、可转换成金钱的形式，从一代人传给下一代人。因为资本是重要的实践工具，所以校长所拥有的各种符号资本的数量也就影响着校长在场域中的位置及其权力关系。

3. 校长实践的观念：校长惯习

校长的惯习是由其自身的基本倾向产生的并受到基本倾向制约的行

为，这种基本倾向既有早期的社会化内化的结果，也有后续社会生活影响的成分。个体早期形成的"惯习"就如同个体认知世界的"前见"，它会"从物质上、社会上、文化上决定了对于特定社会群体而言什么是可能的、什么是不可能的。它类似于韦伯的'生活机会'概念。这些'客观的结构'内化为相应的倾向，正是这些倾向引导群体成员把它们归纳为对自己的同类而言合理的或不合理的、可能的或不可能的、自然的或不可思议的"[218]。显然，校长早期的认知"前见"无疑具有其自身生活历史的深刻痕迹，而后又在后续的社会实践活动中加以形塑。因此，这种惯习一经形成，就会变成一种促使校长领导行为产生的"具有结构能力的结构"，外化为一种习惯性状态，如校长所具有的嗜好、爱好、秉性、倾向等。所以，校长的不同惯习潜在地渗透着其自身不同的生活轨迹，也会潜在地影响着其不同的治校理念与行为。我们可以看到，现实学校中有的校长在办学过程中倾向于变革，具有激进的习性；有的校长在领导学校过程中则倾向于稳定，具有保守的习性；也有的校长在发展过程中趋向于所谓的"平衡"，具有中庸的习性；等等。这些无疑都表现出了校长办学治校的性情倾向，并且是校长在潜意识中的自然流露而不是有意所为。

（三）校长领导行为的实践逻辑

通过对校长领导行为诸因素的考量，使我们看到了每一种因素的基本内涵及对校长领导行为的可能影响。但校长领导行为并非静态的结果，而是一个动态的过程，它也有自己的实践逻辑。其实践逻辑是什么呢？也即是校长的符号资本与惯习及场域相互作用的存在。由于影响校长领导行为的诸因素都具有多样化的取向，而且每一种价值取向与相应的资本、惯习的结合都可能会产生不同的校长领导行为，这就使得校长领导行为变得更加复杂与多样，其实践逻辑也难以清晰地表达。为了便于研究与探讨，笔者对影响校长领导行为的诸因素进行了取舍，即主要以现实学校中体现较明显的价值取向、资本及校长惯习作为研究对象，以便于透析校长领导行为的实践逻辑。本书以工具性价值、政治资本及社会资本和校长惯习中激进与保守倾向作为基本要素加以探讨。综合这些因素，可以通过下表予以表达。

表 2.1　校长领导行为的逻辑[1]

资本 惯习	政治资本		社会资本	
	多	少	多	少
激进倾向	权力主宰，果敢坚强	权力主导，果敢坚强	关系主宰，软硬兼施	关系主导，软硬兼施
保守倾向	权力主宰，被迫无奈	权力主导，被迫无奈	关系主宰，敷衍应对	关系主导，敷衍应对

表中的内容表明，在现实学校场域中校长所拥有的政治资本、社会资本分别与相应的惯习相互作用而得到了不同的领导行为。由于个体在场域中所拥有资本的数量和不同类型在一定程度上决定着行动者所拥有的权力大小和位置的差异。显然，校长所拥有的不同数量和类型的资本在学校场域中同样会对其领导行为产生重要的影响。相较而言，校长的惯习则更具有隐蔽性，鉴于资本的强势影响，笔者将表中的校长领导行为主要归为两大类，即官僚型领导与技艺型领导，它们与工具性的学校价值取向相互作用，将会使校长的领导行为更加多样化，也表现出不同的行为特征。

1. 官僚型领导

官僚型领导是学校场域中校长政治资本强势影响的结果，在与校长惯习的相互作用下产生了多种领导行为，比如权力主宰型领导和权力主导型领导等，而权力主宰型与权力主导型也会因性情倾向的不同而表现出领导行为的差异。官僚型领导是指一种权力依职能和职位进行分工和分层，以

[1]　本表的内容表达受到了吴康宁教授的启发。2009 年 11 月 23 日上午，吴教授在校长培训班的报告中用了这种划分的方法，报告题目是"社会学视野下的教育领导"。

规则为管理主体的领导方式，也称之为科层式领导，具有等级化、规则化及非人格化等特点。官僚型领导有其存在的特定的场域，并在其适应的场域中能够发挥积极的领导力，但对学校场域而言可能存在一定的局限与不适。因为学校是一个育人的机构与场所，面对的对象是人而不是物，在教育领导过程中更需要的是情感的交流和心灵的交融，而不是一味地强调理性化、等级化及权力化的强迫式的领导与灌输，若一味地强调权力主宰或主导，则可能会使学校的教育和领导过程变得枯燥、乏味及缺失人文情感，甚至可能导致育人目标的偏离或失败。所以，一方面官僚型领导可能出现行政权力泛化的现象，学校教育应该是在充分尊重教育发展规律和人的身心发展特点的基础上进行的，即在学校教育中能够体现思想自由、教师治校及学生自主的特性，但现实却并非如此，而更多地体现了教师与学生不自主、思想不自由的情况，学校被行政权力所主宰。另一方面是官本位意识浓厚，很多领导及教师在学校努力工作的动力源于能够被提拔为"某某长""某某主任"，这种做官的意识已经渗透到他们的灵魂深处。其实"这种情况意味着失掉优秀的教师，但不一定获得优秀的行政管理人员"[19]。再一方面是滋生教育腐败，由于官僚型领导体制中权力的相对集中而又缺少相应的监督机制，容易滋生领导过程中的教育腐败现象。因为"权力导致腐败，绝对权力导致绝对腐败"[20]。

2. 技艺型领导

由于社会资本更多地表现为一种关系型的社会资源，这就决定了校长在以社会资本占优的学校场域中必须发展、建立和利用各种社会关系，这样才可能保证校长在这一场域中取得有利位置和获得相应的权力，否则这一资本形式也就失去了其应有的价值。笔者把这种过分关注关系主宰或关系主导学校管理的领导方式称之为技艺型领导。就技艺型领导的形成路径而言，主要包括两个方面，一是通过私人关系，二是通过公共关系。前者是指校长在长期的日常工作和生活等社会交往实践中建立起来的以个人为单位、以一定的地缘和血缘关系为纽带的更注重感情色彩的社会关系。具有个人主观性、单向性、局部性等特点。比如，私人关系有时是靠个人的主观意识控制的，有时是根据自身的利益和需求与他人交往的。当校长喜欢某个人时，可能就会很乐意和他在一起工作、生活，而非真正地了解这个人的本质；反之，则可能是疲于应付。后者是指校长通过学校组织这个载体，运用有效的传播手段，使自身适应公众的需要，并使公众也适应学校组织发展需要的一种社会关系，具有情感性、双向性、整体性等特征。比如，公共关系是以真实为基础的双向沟通，而不是单向的公众传达或对公众舆论进行调查、监控，它是主体与公众之间的双向信息系统。可见，技艺型领导是以各种关系来主宰或主导学校发展的，这固然有助于实现学校与外界之间形成良好的合作机制。但技艺型领导过分地以发展关系作为其存在的基础，并且把发展关系变为一种技术和艺术，这种以关系为中介的领导方式毕竟不是长久之计，也缺乏客观、公平的保障机制，它可能会因校长个人的变动或校长个人主观意志的转移而发生变化，也可能会在发展关系的过程产生教育腐败或更多的寻租行为。比如，有的校长可能会通过私人关系建立学校内部的小团体，或者是形成所谓的派系，使得学校内部领导之间不和，整天钩心斗角，争权夺利，致使学校缺乏凝聚力和向心力。有的校长也可能会利用开展一些社会关系的机会，经常出席宴会、酒会、舞会，整天吃吃喝喝、迎来送往，产生教育腐败和权力寻租行为，并且也缺少对学校教育应有的关心和关注，以至于缺乏对教育基本规律的认识和把握。显然，技艺型领导在依法治校和促进教育公平发展的背景下还存在着一定的局限，这种以个人关系或个人的主观意志为基础的领导方式无疑还需要加以改进。

当然，官僚型领导和技艺型领导还需要分别与学校场域中的工具价值取向相互融合，才能真正体现布迪厄意义上的领导行为。当官僚型领导和技艺型领导分别与工具性价值相互作用时，可能会使校长领导行为又变得更加复杂多样。比如，官僚型领导可能会在"升学率"的潜在影响下而衍生出权权交易、权钱交易等多种行为，而技艺型领导则可能在争夺学校优质教育资源的过程中创造更大的寻租空间和不正当的人际关系，等等。

的确，布迪厄的实践理论为我们分析校长领导行为提供了一种理论分析的框架和范式，这种理论分析表明，校长领导的行为取向可以是多样化的。但就现实的校长领导行为取向而言，由于科层制的学校组织机构及学校场域中政治资本的影响，致使校长领导的行为取向相对较为单一，更多地表现为"官僚化"的发展取向。在这一取向的作用下，一方面是校长在面对上级教育行政部门或官员时其自身领导行为更多地表现为身不由己，因为学校在这一体系中已经变成了一种机械的教育行政传动装置，形成了一种自上而下的行政惯性，致使校长逐渐习惯了把自己当作上级部门的业务秘书，上级不说的不想也不去想，上级不提的不提也不去做。另一方面当校长在面对下属时又表现出了"规训化"的行为。由于校长的被动执行式的工作方式在学校内部也逐渐影响着、"感染"着下属，使得学校师生员工同样把自己的工作大脑交给校长。正如托尼所言："在官僚制模式里，领导被看作处在复杂的权力金字塔顶端的'英雄'。'英雄'的工作就是去发现疑难问题，考虑可选择的解决办法，作出理性的选择。组织的主要权力都掌握在'英雄'的手里，人们寄予他很大的期望，相信他能解决问题并能排除来自环境的威胁。"[20]博杜安（Beaudoin）等人也指出："在科层制度下，人们很容易陷入总是期盼领导者而不是自己来解决问题的圈子。"[22]这就表明下属更多的是按部就班地简单重复学校下达的各项工作，学校内部的"规训"机制由此而形成。看来，学校工作缺乏活力，缺乏创造意识和创新精神，缺乏个性与办学特色，缺乏思想内涵与实践基础也就理所当然了。

第三节 校长领导现实取向中的日常呈现

校长领导实践行为的日常呈现是与校长所扮演的各种角色紧密相关的，因为"人是由所有角色组成的常备剧目，每一个角色都带有一个身份。一个人的活动范围可以用他能够扮演的角色的多少来决定。……人的生平就是一系列不间断的舞台表演，面对着不同的观众，有时不得不迅速更换戏装，角色千变万化，但表演者总是要成为他扮演的角色"⑳。看来，角色规定了个体在特定社会关系中的身份以及由此构成的一套期待和行为规范。校长所扮演的各种角色既代表了他在社会群体中的不同身份与地位，也蕴含着社会期望于其个人所表现的行为模式，其本质属性主要在于其自身职业性质的特定性。校长所扮演角色的表达更多的是在戈夫曼（E. Goffman）所言的"前台"〔1〕实现的。在前台，表演者的活动离不开两个基本要素：一是舞台设置（setting），包括舞台设施、装饰品、布局，以及其他一些为人们在舞台空间各处进行表演活动提供舞台布景和道具的背景项目。二是个人前台，是由各种刺激构成的，可以把这些刺激分为"外表"（appearance）和"举止"（manner），即根据这些刺激表达的信息所具有的功能而进行区分。"外表"所指的那一类刺激的功能，随时会告诉我们有关表演者的社会身份及其当时处于怎样的礼仪状态；"举止"所指的那一类刺激的功能，可以随时让我们预知，表演者希望在即将到来的情境中扮演怎样的互动角色。⑳简言之，校长所扮演角色在"前台"的表演，即是指校长在已经设置好的学校舞台中所表现出来的与其角色相同或相异的行为。具体可以通过校长作为被领导者和领导者这两种角色的"表演"加以呈现，前者主要是指校长在面对上级教育行政影响时所具有的角色，而后者则是指校长在学校内部开展工作时所扮演的角色。

（一）教育行政与校长领导角色

教育行政与校长领导之间是一种上下级的领导与被领导的关系，上级

〔1〕 戈夫曼认为前台是个体在表演期间有意无意使用的、标准的表达性装备。参阅戈夫曼. 日常生活中的自我呈现［M］. 冯钢，译. 北京：北京大学出版社，2008：19. 更具体地说，前台即为舞台，是舞台中灯光打亮之处，是在观众面前高度受监督且乐于按程序铺陈开去的场景。前台是由制度、规范所规限出的控制之所，并由规则、脚本、舞台的灯光与观众的目光共同构成，其本质是规训。参阅刘云杉. 学校生活社会学［M］. 南京：南京师范大学出版社，2000：177–178.

教育行政部门通过指令性的权力体系和法规体系等行政手段实现对下级单位和个人行为的领导、协调、监督和评价等，校长作为学校行政的主要负责人，则负有接受、吸收并贯彻执行上级行政部门指令性要求的责任和使命，起到上传下达的桥梁纽带作用。有研究者通过实地研究校长的行动逻辑，展现了上级部门与校长领导之间的这一关系。如下面的材料所示：

材料一：春游活动何以被取消？[1]

"春天到植物园去蛮好的。""你们年级组可以先议一议，学校再统一组织安排。""我们学生好多地方都没去过，连玄武湖都没去过，也挺可怜的，天天学习、学习啊……""这样，你们先议一议，到时候联系车子什么事学校再安排。"一个多星期后，在一次学生处的会议中，部分老师又谈起了春游的事，由于当时学农活动近在眼前，因而春游一事也就一带而过了。

过了近一个星期，L校长到办公室拿了一份通知[2]，接着就去巡视早操了，M校长正好也在，L校长就此事和他进行了商议。之后又碰上了M主任和W老师，L校长便将通知给他们看，并告知他们

---

[1] 这是一位研究者在其开展实地研究的A学校中所参与的活动，他指出，该校一年一次的春游活动又被提上了日程，由于初三和高三的学生忙着应付中考、高考，而高二的学生将参加学农活动，因而实际参加春游的班级也就只有初一、初二和高一这三个年级。他们的班主任在一次会后和L校长谈起了此事。材料一即是他们的谈话内容。参阅石一.校长的行动逻辑——对一所中学校长的实地研究［D］.南京：南京师范大学硕士学位论文，2005：69.

[2] 该通知是针对张家港梁丰中学春游时出现的重大交通事故。2004年3月28日晚，苏州常熟市王庄境内发生一起重大交通事故。一辆载有47人的春游大巴撞上路边一处平房，6人当场死亡，3人在抢救过程中由于伤势过重死亡，另有多名人员在事故中受伤，目前仍有22人在医院接受治疗，其中一名伤者伤势较重。在死亡的9人中，有8人系张家港梁丰高级中学的教师和学生，其中教师2人，学生6人；另外1人为吴越印染有限公司的门卫。因此，上级部门要求各学校停止异地春游活动，不得自行组织春游等，如确实需要安排本地春游等活动的，要对活动方案的安全性进行认证评估，由分管领导批准；同时还要求各校认真组织在师生中普遍开展安全教育，强化安全意识，组织好师生的安全工作，做好一切安全防范措施，杜绝任何安全事故的发生。参阅石一.校长的行动逻辑——对一所中学校长的实地研究［D］.南京：南京师范大学硕士学位论文，2005：69.

春游一事不得不取消。在早上的行政会议上，M校长强调了学生的安全问题，要求今年春游活动停止，任何活动要上报学校，包括教师活动，并且要求在班主任活动中进行一次安全教育。第二天班主任会上，L校长又就春游一事做了交代："起因是张家港一事，造成了9死24伤。现在上面下达文件要求任何活动在组织之前都要有预案，任何学校不得组织异地春秋游，谁带队谁负责！"继而L校长又将M校长强调的注意事项传达了一遍。[1]

材料二：关于教育督导的行政安排[2]

一天上午，M校长通知L校长下周一教导室、教研室来人进行督导。L校长详细问了时间、具体内容并建议说："那开个全体教师大会吧。""明天行政会就讲这个事，明天下午全体教师集中一下……人家已经把事情告诉我了，再不那个就说不过去了。你先把准

---

[1] 研究者认为，对于春游活动的取消，最失望的就是学生。他们整天陷于上课、作业、考试、分数的小圈子中，永无尽头。为了学习，他们被迫丢掉了许多与社会、与自然接触的机会，他们整天局限在学习这一块狭小的天地里，视野越来越狭隘，情感越来越淡漠，心灵越来越干燥，他们需要通过体验学习之外的活动找回失去的热情和活力，让心灵得到喘息和滋润；他们渴望着能有那么一两天可以完全抛开学习、轻松愉快地在一起度过。然而一个事故、一份文件就打碎了他们的梦想，他们仍然得继续着那些枯燥无味的学习与生活。Y老师对此十分不满："一个民族的青少年怎么能因为死了几个人就让多数青少年失去春游的机会！车祸是避免不了的，死亡是避免不了的，怎么能因为一起车祸就取消全市所有学校的春游活动呢？怎么得了？青少年本身因学习时间长、负担重，眼界就较窄。虽说社会也有活动，但不是主渠道。现在规定春秋游不得出事，不准异地游，结果小学一年级到珍珠泉，高三还是到珍珠泉。"对此，L校长并没有为他们争取应有的权益。因为在这件事上M校长都做不了主，虽说现在学校实行的都是校长负责制，但在不少情况下学校仍处于外控的管理模式之下，我国长期中央集权的教育行政体制和计划经济模式，形成了政府和学校之间的"婆媳关系"，学校依然是被动者、追随者、服务者、从属者；没有相对独立的个性，缺乏自主性，更谈不上创造性。上级决定的事，学校很难提出异议，只要按章办事就会相安无事。参阅石一.校长的行动逻辑——对一所中学校长的实地研究 [D].南京：南京师范大学硕士学位论文，2005：69-70.

[2] 这是该研究者在其开展实地研究的A中学所收集的研究材料。参阅石一.校长的行动逻辑——对一所中学校长的实地研究 [D].南京：南京师范大学硕士学位论文，2005：31-32.

备工作做一下吧。""好，我来通知。"L校长首先联系了初一教师。11：05，T主任进来，L校长立刻布置了下周一的准备事项——晨会、卫生，尤其是晨会的纪律和内容，并让其通知各年级组长马上开个会。两人商议了片刻。T主任便逐一给各个年级组打电话。11：15，年级组长都来了，T主任强调了四个事——教室卫生、包干区卫生、晨会纪律和统一着装问题。L校长接着补充说："最近上面比较关注 A 校……下周一一天我们要监督到位。上面已通知了再搞不好，学校也是要追究责任的。周一一大早就要打扫包干区，他们有的来得很早；卫生工具要放整齐；晨会进场，高三要强调一下；要加强巡视，及时发现问题；还有眼操，也要做起来。一些低级错误不要犯，要有全局的意识……还有，提醒一下，有听课老师的班级，学生不准睡觉。""哎呀，那怎么做？他们上课又不听，要闹起来还无法收拾，不如让他们睡觉好。""那老师就可以喊喊他，表示我们还在关注他，不是不管。"

周一一大早，H书记、L校长、T主任和W老师就站在了门口。一是检查，二是迎接教育局督导室和教研室的领导、专家。L校长上完第一节课后，急忙赶到操场参加升旗仪式。督导人员已在那儿，L校长过去主动和他们打了个招呼。整个升旗仪式中，L校长一看到没站好或讲话的学生就会提醒他们。升旗结束后，L校长在校园里巡视了一圈，看到一个班级的墙面上有涂画的字，就让学生赶紧擦掉。回办公室之前，L校长又到教务处问了一下备课本的检查情况。回到办公室 M 主任过来询问（准备好的）资料要不要送过去（给督导人员）。第二节课下课铃一响，L校长又下楼去巡视了，她发现一块包干区内扔了一大团纸，捡起来一看，是××班学生的考卷，L校长正要处理，遇到了该班的老师，就将考卷交给了她，并嘱咐了几句。随后又发现几个男生先后进了厕所，有些不正常，L校长担心他们又要聚在一起抽烟，便嘱咐 M 主任多看看。

9：36，M校长通知让L校长去开会，这个会主要是各个校长汇报自己管理的工作情况。L校长简要地讲了自她接任德育工作以来所做的几方面工作：完善德育制度、抓好教师队伍、重视常规工作、突出特色教育、突破难点问题等，有一个督导人员看了L校长送来的材料并询问了情况，L校长一一做了回答，会议到11：35结束。到了下午5：20，领导们再次进了会议室，听督导人员一天下来的反馈意见。督导人员总结了目前学校的局面以及教师的工作状况，并就A校目前的情况提了几点建议：1. 要处理好以人为本的管理和制度管理的结合；2. 应把后进生作为办学的资源来看；3. 对教师的工作要全方位考虑。大部分教师还是想把工作做好的，看看怎么调动他们的积极性。随后校方就合并一事与督导人员也进行了交流，希望他们多关心弱势学校，多考虑教育的均衡性。

（二）校长领导角色与学校管理

由于校长是学校行政的主要负责人，在上级教育行政部门的任务要求下，校长则需要认真地组织好、协调好、服务好学校的各项工作。那么，校长在面对学校教育中的管理者、教师及学生时，又是如何扮演自身所具有的角色的呢？

1. 校长与学校管理者

相较而言，校长与学校管理者是学校行政的主要管理主体，他们共同起草、制定并修订学校的相关规章制度，共同组织开展学校各种行政会议并解决相关行政事务，共同负有管理学校各项行政工作的责任与义务，只不过是校长与管理者之间的分工不同而具有不同的行为表现而已。那么，现实学校教育中的校长与管理者之间各自具有怎样的行为表现呢？校长领导与管理者的管理之间的逻辑又是什么呢？下面实地研究的相关材料在一定意义上呈现了这一逻辑。

材料三：关于初二学生"春游"的行政会[1]

......

Zh 主任："春游活动指导昨天才定下来。"

L 校长："我问一下是去哪？"

Zh 主任："我们这次决定去××景区，包括汤山。"

L 校长："汤山啊！汤山这个地方……反正你们选得……（无奈地笑）。"

Zh 主任："方案这几天可以拿出来，下午可以给家长发收费通知。"

L 校长："今天先把方案拿给我看看，特别是给家长的通知一定要注意。哎，就是那个地方不太安全，带队难啊，出了问题学校是要负责的。你们已经联系了，我不好反对，实际上我是很反对去这个地方。因为我去过那个地方，很危险的。"

Zh 主任："昨天我看了一下合同……（还没说完）。"

L 校长："合同已经签了？（不满）"

Zh 主任："是的，昨天。（没意识到校长话语中的不满）"

L 校长："你们也真能啊（语气生硬），我再强调一下，你们下次有活动一定要事先通气。我从来都没听说过这次春游要去这个地方，你今天跟我说都已经签过合同了！"（沉默，会场气氛紧张）

G（副）校长："你们确实是要请示汇报的。"（缓和气氛）

Zh 主任："因为在我印象中，春游是由学生处决定的。"

[1] 这是一位研究者在其开展实地研究的 NF 中学所参与的一次活动，研究者在该校开展实地研究过程中，于 2005 年 4 月 15 日参加了学校召开的一次行政会，会议主要是讨论初二学生"春游"的活动安排。行政会以对话形式召开的，材料二就是具体对话的内容。上述内容是研究者在做博士论文研究过程中复述的其以前在 NF 中学做硕士论文实地研究时的一个场景。参阅喻小琴. 学校对话管理——对 NF 中学分校管理中他者处境的实地研究 [D]. 南京：南京师范大学博士学位论文，2010：61-62.

L 校长："胡说，最后都要与我们说的。"

G（副）校长："合同已经签了，现在关键是加强管理。"

L 校长："管，怎么管？我想管都管不了。"

G（副）校长："可是合同已经签了。"

L 校长："还有没有其他地方？我觉得不能去这个地方。你与旅游公司联系，叫他们换个地方。"

Zh 主任："他们（旅游公司）说还可以去将军山。"

L 校长："只能带这些学生去比较安全的地方，你们不知道他们玩起来多疯狂，我是知道的。这种事情应该有点意识，你们有时候把小事当成大事，有时候反而把大事当成小事，一点汇报的意识都没有。"

Zh 主任："那行啊，我们再商量换个地方。"

材料四：关于管理者的聘任问题[1]

H 校长："据我所得到的信息，暑假期间，我们中层以上个别管理人员可能要做调整，希望你们服从安排，以大局为重。本部希望我们实行轮岗制，我个人也觉得轮岗制对一个人管理能力的提升还是很有帮助的。比如说，你仅仅在教务处工作，那么你对学生处和办公室的事情都不了解，但是，如果你在学校的三大部门都待过，对一个学校的工作都很熟悉，那你基本上可以升一个平台了。

关于人员聘用问题，我在上次行政会上也谈过，希望你们做些思考，并对自己进行准确的定位。我与 Zh 校长商量过，有几个岗位需要调整，只是还没最后确定到底是采用轮岗、竞聘还是提拔的形式。应该说，轮岗的做法还是比较合理的，如果有些同志在有些岗位待的

〔1〕 这是一位研究者在其开展实地研究的 NF 中学所收集的研究材料。参阅喻小琴. 学校对话管理——对 NF 中学分校管理中他者处境的实地研究［D］. 南京：南京师范大学博士学位论文，2010：83-84.

时间长了，不利于个人成长，但如果在教务处、学生处和办公室等部门都待过了，那他最后就是校长了，什么事情都能做。年级组的调整也比较大，从初一到初三班主任、任课教师都可能有很大的调整，这也许是我们老师都没想到的。"[1]

2. 校长与学校中的教师

校长办学要依靠教师，没有一支稳定的师资队伍，没有优良的师资条件，没有民主的教师发展空间，校长则根本无法完成其办学的目标和价值追求，因此，校长在办学过程中对于师资队伍的发展建设应给予充分的关注。目前，在学校师资队伍相对稳定，师资条件相对优良的条件下，校长对教师的领导与管理又会呈现什么样的逻辑呢？从下面"关于教师管理问题"及"关于 A 校班主任常规工作的考核细则"的日常管理行为与细则中可以窥见一斑。

材料五：关于教师管理问题[2]

H 校长："通过学生作业检查，我发现初三化学 X 老师和 Y 老师做得比较好，学生作业都有批改并打出等次，而且也有学生用红笔进

---

[1] 研究者指出，从 H 校长所说的话语中可以看出，学校相关人员将要进行轮岗调整是必然的，当然研究者本人没有去深究人员聘任的相关问题，而是从这些话语中对作为管理者的他者在学校管理中的处境进行了简单解读。第一，他者岗位的确定完全是校长等人自我意愿的表达，在是否聘用，聘用谁，采用什么方式聘用以及这种聘用方式是否公平、公正等问题上，当事人都无法知晓，他们能做的只是等待校长等人安排的结果。第二，对于任何岗位的安排，他者只能接受，不管自己是否满意或能否胜任，提出异议或反对意见是不可能的。第三，H 校长在言说中还表达了一层意思，只要在学校的几大部门工作过，什么事情都能做了，也就可以胜任校长。换句话说，校长有能力管理好学校的一切，完全漠视了校长之外的他者在学校管理中的作用。参阅喻小琴. 学校对话管理——对 NF 中学分校管理中他者处境的实地研究 [D]. 南京：南京师范大学博士学位论文，2010：83-84.

[2] 材料借鉴了喻小琴博士论文《学校对话管理——对 NF 中学分校管理中他者处境的实地研究》中的关于教师常规管理中部分实地研究的资料。

行的订正。M 老师带的快班比较好，而平行班就差一些，作业中不能看出学生有订正的痕迹，这对学生复习是很不利的，如果第一轮复习不到位，那以后的第二轮、第三轮复习都是空的，希望我们年级组和教务处抽时间去听听课，只有进班听课才能发现问题。……我觉得我们不只是听课、检查作业，更重要的是及时反馈巡视、听课和检查中发现的问题。下周三的视导一定要反馈到人、到班，如果 Zh 主任觉得反馈难度大，可以由 Zh 校长向我来反馈，有些老师你越是给他面子，他越是不听，我们要努力通过这些检查和反馈让老师有所触动、有所改进。初三（6）班的师资配备那么强，但是他们的低分率最多，总分也排在最后，我听课时发现，学生至少有 10 人不在状态，你说第一轮复习就这样，以后还怎么弄？不能听任老师这样，要给他们一些压力。

最近病产假的老师比较多，我在年级组主任会上也做了交代，希望我们所有中层以上管理者务必记好，把请假和调课的事情规范起来。半天之内，包括临时假，要向年级主任请示，年级主任上报校长办公室，由办公室下单。半天以上，直接向校长室请假，你们不要私自答应，而且要与老师讲清楚，不要让他们在不清楚的情况下钻一些空子。办公室应该清楚教师请假的情况，可是现在出现了教师请假，年级主任不知道，办公室也不知道的状况。对于调课，我也要特别规定一下，凡是私自调课，不到教务处备案的一律算事故，希望教务处严格规范起来，并通过'一线通'、年级组会议和大会等形式对他们说清楚。因为有的老师调课并不是为了重要的事或公事，而是为了公休半天或出校园逛逛，这是不允许的。有的老师只向 Z 老师（负责安排教师课表的教务员）打个招呼，这是没有用的，他没这个权力。另外，学生早读氛围不浓，迟到学生较多，可能与老师有关系。我们年级组和值周组要做好巡视并上报，教务处也要保存好记录。特别是初三，现在正在进行第三轮复习，我们教务处和年级组检查时不能只看他们的计划和安排，由老师听之任之，一定要通过调课和巡视加强过程的检查和监督，让老师觉得我们时刻在注意他们。同时，还要加强考试巡视，对那些迟到或考场存在大面积作弊的情况，要点名到考场和学科，甚至是到人，并与年终考核挂钩，出现问题的都不能拿优。也希望在座的值周人员严格按照规定和标准坚持做好值周工作，每周至少要抽查两次，记录真实情况，发现问题及时反馈。"

材料六：关于 A 校班主任常规工作的考核细则[1]

一、班主任要按时上交各项计划和小结，在学期结束前，在规定的时间内完成学生的评语、操行等各项学生评优工作，不按时交纳一项扣津贴 10 元。

二、班主任要精心组织设计班会课，充分利用班会课，加强对学生的思想品德教育。不得利用班会时间补课或挪为他用，违者一次扣 10 元。

三、班主任要组织安排好学生进行卫生大扫除，培养学生讲卫生、爱劳动的优良品质。每周一下午第四节课全校统一大扫除，各班要认真打扫室内卫生和包干区卫生，学校统一在第四节课下课时检查，过时不候，检查不合格的一次扣 10 元。

四、班主任要跟班参加晨会，缺席者按学校规定执行，课间操无故缺席一次扣 5 元。

五、班主任要按时参加工作例会，做好记录，无故缺席一次扣 10 元。

六、上级领导来校检查工作，由于班主任不负责任，造成班级管理疏忽而影响学校声誉的，除给予批评教育外，扣除班主任津贴 20 元。

---

[1] 材料来源于一位研究者开展实地研究的 A 中学。参阅石一. 校长的行动逻辑——对一所中学校长的实地研究 [D]. 南京：南京师范大学硕士学位论文，2005：75-76.

七、连续两周班级常规管理评比在全年级排名最后，并且两次总分都比前一名分数差距较大的班级，扣该班班主任 10 元。[1]

3. 校长与学校中的学生

学生是学校存在的重要前提，校长领导应构建"以学生为本"的发展观，要能够充分尊重学生的价值和尊严，体现学生作为一个主体所具有的积极性、主动性和创造性，把学生当作一个真正的"人"来看待。同时，校长也应该采取积极有效的措施保障学生主体的发展。比如，美国学校领导者则制订了六个方面措施：（1）促进学校社区所认同和支持的学习目标的开发、表达、贯彻和理解；（2）倡导、培养并保持有助于学生学习和教师专业成长的学校文化和教学计划；（3）为确保安全、有效的学习环境，对组织运作和资源加以管理；（4）加强与家庭、社区成员的合作，满足多样化的社区兴趣和需要，调动社区的各种资源；（5）综合、公平并合乎伦理地处世行事；（6）理解、回应更大的政治、社会、经济、法律、文化背景，并对大背景施以影响。[22]他们企图通过这六个方面的措施来保障学生的学习和发展，促使学生走向成功。那么，在现实取向中的校长与学生又处于什么样的状态呢？下面的材料有助于更好地认识这一关系。

材料七：关于学生发式管理的问题[2]

H 校长："初二、初三学生中，有男生烫发、女生留长发现象，上次我也讲过，要一个班一个班逐一排查。现在有几个学生的问题比

---

[1] 笔者以为，不论是关于教师管理的问题，还是关于班主任常规工作的考核细则，都反映了教师面对校长领导者的角色时所体现的弱者形象，体现了学校纪律控制取向取代专业取向的管理现象。

[2] 材料借鉴了喻小琴博士论文《学校对话管理——对 NF 中学分校管理中他者处境的实地研究》中的关于学生管理中部分实地研究的资料。

较严重，一是初三（6）班的 Zh××和 H××同学，另外就是初三（10）班的 C××同学，最迟叫他们周六把头发剪掉，班主任陪他们一起去，先把钱垫着，到时候叫家长来交钱（口气强硬）。去之前，最好通过电话让他们自己去理发店，先让班主任谈，班主任谈不下来，叫我们年级主任谈，年级主任谈不下来，校长谈。还有 100 天，不要以为学校一点办法都没有，对他们说我们有的是办法，要是再这样下去，毕业证书肯定不发，发的是肄业证书。二是只要犯一点点错误，素质综合测评就是不及格。三是只要犯错，直接往派出所送。对有些学生，我觉得该强硬就得强硬。鉴于初三学生在校时间不多，我看有些女生把头发扎起来像个学生的样子也就算了。对于初一、初二学生要严格要求，今天上午，我发现初二（12）班 Zh××同学头发烫了，还染了，简直不像孩子，这说明年级组的工作没有做到位。我们不能完全指望学生自觉自愿去理发，对于一些难缠的学生要坚持到底，现在不弄下来，以后会很被动的。"

上述校长领导与教育行政及学校管理之间角色行为日常呈现的材料[1]表明，校长必须要接受上级教育行政部门的领导，校长领导行为的

---

[1] 笔者认为，关于校长领导与教育行政、校长领导与学校管理中角色呈现的材料虽然不是笔者自身通过实地研究所获得的第一手资料，但作为已经运用于相应的硕士论文和博士论文中的实地研究材料同样具有借鉴与应用价值。同时，所应用的材料虽然只是个案，但同样能够表明笔者所推导和分析出来的结论是有实践基础的，而不是虚无缥缈的"存在"，而且在后面的论述中，有研究者通过实证调查研究的数据也进一步印证了笔者的分析结论。再有就是，所呈现的材料是两位研究者在东部地区的南京市的两所学校中开展实地研究所获取的，东部地区有类似的教育领导与管理行为，中部和西部地区也应该存在这一"教育传统"，也同样会有类似的行为发生，因为这是受到我国特定的教育管理制度的影响并在上文所述的既定的教育系统中运行的结果。

发生与发展也必然受到教育行政的影响和浸染[1]。可以说，有什么样的教育行政模式和价值内涵，就会产生什么样的校长领导行为和相应的价值追求。同时，校长对下属又具有绝对的领导力，校长与下属之间体现出明显的领导与被领导、约束与被约束、控制与被控制的关系。由此看来，现行教育制度及教育行政影响之下的学校校长、管理者、教师及学生作为自己行为的主体，虽然每个人都应该有各自的行为模式和个体需要，但由于制度所规定的职责、权利、义务，使教育系统的每个个体或群体都必须明确自己应该怎样或不应该怎样，致使他们的行为更加规范化、模式化和程序化，从而形成了学校既定的规训机制。更确切地说，教育行政与校长领导、校长领导与学校管理之间角色行为的日常呈现则进一步印证了校长领导现实取向"官僚化"的价值判断。而且，有研究者的调查结果也证明了这一结论。《全国中小学校长队伍状况问卷调查报告》中指出，在对"校长角色"的选择（多选）中，选择"组织管理者"角色的达到了1618份，占总份数的91.6%，居于第一位；选择"教改推动者"角色的达到了1051份，占总份数的59.5%，居于第二位；选择"经费筹集者"角色的达到了838份，占总份数的47.5%，居于第三位，说明有近一半的校长在筹集经费方面投入了大量的时间和精力，应主要由政府承担的经费方面的责任在一定程度上转嫁到了校长身上；选择"师生服务者"角色的达到了809份，占总份数的45.8%，居于第四位；选择"教学领导者"角色的为773份，占总份数的43.8%，应当处于第一位或第二位的该角色，却处在了第五位，说明在实际工作中的校长定位还存在着比较严重的

---

[1] 有研究者通过问卷调查也反映了这一现象。比如，研究者在问卷中调查的问题是：你认为当前中小学办学自主权如何？选择"很大"的28人，约占5.4%；选择"较小"的344人，约占65.9%；选择"太小"的143人，约占27.4%；选择"未考虑"的7人，约占1.3%。调查表明，绝大部分被调查校长仍然认为学校的办学自主权较小或很小。由此可见，近年来尽管我国已经在中小学实行了校长负责制，赋予了学校一定的办学自主权，但是学校的责、权、利还未真正统一，学校的办学在相当的程度上还有形或无形地受到上级主管部门的干预和影响。参阅殷爱荪，周川. 校长与教育家［M］. 福州：福建教育出版社，2004：106.

问题。[26]这一调查结果也表明，目前校长领导的角色不是表现为教学领导者、师生服务者，而更多地表现为组织管理者的角色，而这一角色则是官僚制组织中领导角色的日常形态。

理论分析与实证研究都表明校长领导现实取向中的角色表演出现了偏差。一方面是出现了"角色游离"现象。伯格（Peter L. Berger）认为所谓的"游离"不是神秘而异常的意识高涨，而是其字面意思，有置身局外或步出理所当然的日常社会时的那种感觉。一旦个人不必用内心的投入去扮演角色时，一旦他刻意和假装扮演角色而不必内心投入时，扮演者就进入了"游离"的境界，就忘记了"理所当然的世界"。"'游离'改变了他的社会意识，以至于既定性（givenness）变成了可能性（possibility）。起初，这是一种意识形态，但它早晚会产生行为上的重要意义。"[27]另一方面是产生了"角色距离"。"角色距离"（role distance）是戈夫曼提出的概念，其意思是不太认真地扮演角色，没有当真的意向，且另有秘而不宣的目的。戈夫曼认为每一种高压的情景都要产生这种现象，而身处这种情境的时候，口是心非、表里不一是在自我意识中维护自己尊严的唯一办法。[28]校长领导角色距离的直观表达就是校长自身的角色与角色要求之间还保持一段距离，没有实现或很少实现角色所负有的责任与义务。再一方面是发生了"角色变异"的行为。校长领导的角色变异是校长在领导过程中所发生的角色功能失调的现象。"由于每个角色扮演者就如舞台上的演员，其所处社会的各个社群也都有他们一套显性或隐性的剧本，期许他或她照着去演。就像演员的表演，不但带着剧本、导演的期许，还带着观众、其他演员及自己的期许，这说明个体在扮演角色时，是需要对'各种期望类型'做出有意识回应的。亦即个体对各种期望类型所隐含的价值意义，是要诠释、区分并做出抉择反应的。"[29]因此，不管是校长领导的"角色游离""角色距离"现象的出现，还是"角色变异"行为的发生，在一定意义上，都是校长的行为表演与自身角色相离或相异的体现，这无疑是教育行政与校长领导、校长领导与师生发展之间出现冲突和抗拒的结果。由于现实学校组织的科层制结构及官僚化的行为取向，使得学校中更多地强调行为控制与规训，也即是更多地以行政权力来主宰学校的发展与人的发展。这是学校发展与人的发展的真正所需吗？是校长领导所应体现的真正的价值追求吗？换言之，这种行政集权式的校长领导行为具有合法性吗？对此，萨乔万尼给予了说明，他指出："尽管在 20 世纪占支配地位的现象是教育行政当局和教育管理者把指令和刺激作为一种给学校带来变革的工具来运用，但是在 21 世纪，这种工具的运用将大大下降，并且将被一种强调能力构建和鼓励民主参与的新趋向所取代。"[20] 所以，在学校发展更加专业化，学校教育更加凸显伦理内涵的今天，校长这种行政化的领导权力合法性问题无疑是值得深思和探讨的问题，这也成了下一章所要分析的主题。

第 三 章
校长领导权力的合法性审视

　　校长领导"官僚化"的实践取向意味着行政权力已被推向前台，也即是校长在领导过程中更倾向于把行政权力作为"引领"学校发展的主要手段。张康之则认为："官僚制意味着行政集权，而行政集权如果没有价值因素的制约，单纯依靠外在的形式化设置，就不可能在官僚们日益膨胀的个人私欲面前真正发挥作用。正是由于这个原因，展示在我们面前的总是日益严重的腐败。"[20]看来，校长领导的行政集权无疑会对学校发展产生桎梏作用，这就需要重新审视校长领导权力的合法性问题。霍伊和米斯克尔也指出："大多数富有成效的管理者尽量避免使用强制权力，因为它通常会销蚀认同权力，并在下属间造成敌意、疏远和侵犯等感受。旷工、欺骗、故意破坏、偷窃、怠工以及罢工等，都是常见的对过度强制的反应。"[22]因此，行政权力主宰的校长领导过程有必要实现对权力合法性的价值诉求，以期望得到下属的道德认同与服从。具有合法性的校长领导权力则会对学校发展产生积极的正向功能，而不具有合法性的校长领导权力则可能导致学校组织中的教育腐败、权力交易及权力寻租等现象频发，进而影响着学校教育的有效发展及其价值目标的实现。对校长而言，要"避免使用强制权力以免造成疏离，使用组织权力来发展个人权力，使用个人权力激发和生成虔敬"[23]。本章拟对何谓合法性，什么是校长领导权力的合法性，校长领导权力合法性的基础是什么，以及校长领导权力合法性危机及其表现形态等问题展开讨论。

第一节　合法性是什么

合法性是一个内涵丰富而又富有弹性的概念，被广泛应用于多个学科领域。合法性是英文"legitimacy"一词的意译。关于"合法性"的探讨在西方社会一直持续不断，早在古希腊时期，亚里士多德就对城邦政治的合法性进行了研究，他认为："一种政体要达到长治久安的目的，必须使全邦各部分（各阶级）的人民都能参加而且怀抱着让它存在和延续的意愿。"[24]并同时指出："我们必须确立一条适用于一切政体的公理：一邦之内，愿意维持其政体的部分必须强于反对这一政体的部分。"[25]亚里士多德在这里所说的"公理"就涵盖着合法性的内涵，意指政治体系客观上获得了社会成员的认同、支持和服从。中世纪，合法性的内涵发生了变化，一方面由于世俗政权臣服于教权，教权利用上帝这一"无限的神"来为世俗政权提供统治的基础，宗教成了人们生活中的规则，而"君权神授论"便成为君主政治统治的合法性基础。正如阿奎那（T. Aquinas）所言："世俗权力之服从宗教权力，犹肉体之服从灵魂。"[26]在他看来，服从这样的秩序安排乃是"神法和自然法的一条箴规"。因此，"在自然的作用中，高级的东西必须依靠上帝赋予它们的卓越的自然力来推动低级的东西。所以，在人类的事务中，地位较高的人必须依靠上帝所规定的权能来向地位较低的人贯彻自己的主张。可是，贯彻自己的见解和主张跟命令是同一回事。所以，像在上帝所建立的自然秩序中，低级的东西必须始终服从高级的东西的指示一样，在人类事务中，低级的人也必须按照自然法和神法所建立的秩序，服从地位比他们高的人"[27]。另一方面合法性含义也开始向权力经验转变，马西利乌斯（Marsilius）在《和平的保卫者》一书中指出，权力合法性的取得不仅要符合神意，还要得到民众同意。他认为人民的意志是检验共同体所取的目标是否得到正确解释的关键，是合法采用强制权力的唯一基础。当权威和力量被正确采用，即在公民同意的基础上采用时，就是合法的采用。[23]

进入文艺复兴时期以后，人性逐渐被发现、被高扬，神性则逐渐走向式微，而这也对合法性的理论基础产生了重要的影响。由于神性的式微，使得过去那种依赖于对上帝和自然的信仰而存在的合法性标准渐趋衰落，已不再能够维系人心；而人性的发现则直接导致了一种新的世界观的产生，人成为宇宙的主宰。正是由于人的时代的诞生，产生新的合法性标准为其辩护也就成为必然了。正如米勒（D. Miller）所说，自愿服从绝对标准的自由在基督教教义中始终占据重要地位，宗教改革无疑加强了道德思想中个人选择和责任的成分，降低了道德权威的作用。"新教"关于个人道德自律的观点，超出了神学和伦理学的范畴，进入了政治领域，为社会契约论奠定了理性基础，这是十分自然的。在宗教改革运动的根本社会思想内容显露以后，只有制度的优越性本身已不足以赋予该理论以合理性，它还需要被认为是理论家的个人的认可。无论唯意志论和社会契约论唤醒了什么，好国家的思想肯定会越来越让位于合法国家的思想。17世纪以后，这种合法性经常是以意志观为依托的。[29]如果说中世纪社会的历史是在神的统治中延续的话，那么，文艺复兴之后则逐渐进入人的统治之中。因此，"这种关于合法权威的理论倾向于有一个明白无误的实质：个人"[20]。

显然，近代社会统治合法性的建立是和人性的发现紧密联系在一起的，而社会契约论则为这一统治合法性提供了理论支撑。正如有学者指出的那样，"社会契约论的中心内容是说政府是自由的具有道德的人自愿同意的人为产物——即不存在'天然'政治权威的思想"[21]。这即是说政府只有经过民众同意的统治才是具有合法性的。从社会契约论的思想谱系出发，卢梭（J. J. Rousseau）在《社会契约论》中指出："我要探讨在社会秩序之中，从人类的实际情况与法律的可能情况着眼，能不能有某种合法的而又确切的政权规则。"㉔对此，卢梭质疑道，"人是生而自由的，但却无所不在枷锁之中。自以为是其他一切的主人的人，反而比其他一切更是奴隶。这种变化是怎样形成的？我不清楚。是什么才使这种变化成为合法的？我自信能够解答这个问题"㉔。卢梭为此给出的答案就是：合法性。他说："即使是最强者也绝不会强得足以永远做主人，除非他把自己的强力转化为权利，把服从转化为义务"，"强力并不构成权利，而人们只是对合法的权力才有服从的义务。"㉔对于如何把强力转化为权利，把服从转化为义务，卢梭认为是基于公意的社会契约，并以此来指导一切事务。"既然任何人对于自己的同类都没有任何天然的权威，既然强力并不能产生任何权利，于是便只剩下约定才可以成为人间一切合法权威的基础。"㉔因此，只有人民拥有的公意才是政治合法性的唯一基础，也是当权者应该忠于的最终价值。所以，在卢梭看来民众的公意是政治合法性的唯一源泉。"唯有公意才能够按照国家创制的目的，即公共幸福，来指导国家的各种力量。""只要一旦出现一个主人，就立刻不再有主权者了，并且政治体也从此就告毁灭。"㉔

现代社会，对合法性理论进行系统研究和阐述的是德国社会学家和哲学家韦伯。韦伯从社会学角度考察了人类历史上存在过的统治秩序，他认为统治是一定人群服从特定命令的可能性。"'统治'应该叫作在一个可能标明的人的群体里，让具体的或一切的命令得到服从的机会。因此，不是任何形式的对别人实施'权力'和'影响'的机会。这个意义上的统治（'权威'），在具体的情况下，可能建立在服从的极为不同的动机之上：从模糊的习以为常，直至纯粹目的合乎理性的考虑。任何一种真正的统治关系都包含着一种特定的最低限度的服从愿望，即从服从中获取（外在的和内在的）利益。"㉔显然，对于任何既定的统治来说，都需要有其合法性的基础，那么，合法性的基础是什么呢？"在日常生活中，习俗，除此而外，物质的即目的合乎理性的利益，主宰着统治者和行政管理班子的关系以及其他的关系。然而，习俗或利害关系，如同结合的纯粹情绪的动机或纯粹价值合乎理性的动机一样，不可能构成一个统治的可靠的基础。除了这些因素外，一般还要加上另一个因素：对合法性的信仰。"[⑳]可见，人们服从统治的基础不仅包括习俗、个人利益、休戚相关的纯粹情感或理想动机，而且更重要的是对合法性的信仰。因此，"一切经验表明，没有任何一种统治自愿地满足于仅仅以物质的动机或者仅仅以情绪的动机，或者仅仅以价值合乎理性的动机，作为其继续存在的机会。毋宁说，任何统治都企图唤起并维持对它的'合法性'的信仰"[⑳]。这也表明合法性的统治秩序包含两个方面的内容：其一是对特定外部效用的期望，也就是客观利害关系状态的影响，包括习俗和法律的影响等；其二是纯粹主观的方式，如感情、动机、价值理性和宗教等。据此，韦伯把合法性统治划分为法理、传统、魅力三种类型。法理型统治建立在相信统治者的章程所规定的制度和指令权利的合法性之上；传统型统治建立在一般的相信历来适用的传统的神圣性和由传统授命实施权威的统治者的合法性之上；魅力型统治建立在非凡的献身于一个人以及由他所默示和创立的制度的神圣性或者英雄气概，或者楷模样板之上。

韦伯的合法性理论，因其崇尚工具理性，崇尚可计算性和确定性，从而拓宽了人们的研究视野。因此，自韦伯以来，合法性这一概念开始在政治学、社会学等领域得到了普遍的认可，并成为一个关键术语。随后，利普塞特（S. M. Lipset）、阿尔蒙德（G. A. Almond）、帕森斯（T. Parsons）、艾森斯塔德（S. N. Eisenstadt）、萨奇曼（M. Suchman）及哈贝马斯（J. Habermas）等人都开展了对合法性的进一步研究。利普塞特认为："任一民主国家的稳定不仅取决于经济发展，也取决于它的政治制度的合法性与有效性。……合法性涉及该制度产生并保持现存政治机构最符合社会需要的这种信念的能力。"[㉑]阿尔蒙德指出："如果某一社会中的公民都愿意遵守当权者制定和实施的法规，而且还不仅仅是因为若不遵守就会受到惩处，而是因为他们确信遵守是应该的，那么，这个政治权威就是合法的……正是因为当公民和精英人物都相信权威的合法性时要使人们遵守法规就容易得多，所以，事实上所有的政府，甚至最野蛮、最专制的政府，都试图让公民们相信，他们应该服从政治法规，而且当权者可以合法地运用强制手段来实施这些政治法规。"[21]帕森斯认为："从价值可被理解为在行动的经验调节中发挥作用的过程和机制的角度来看，合法的过程是使价值进入行动分化子系统并进入行动产生的情境的桥梁。"[22]艾森斯塔德将合法性定义为"基于某些社会共同价值而对统治者及其活动的拥护，以及对特定统治者的认定"[23]。萨奇曼则认为："合法性是一种普遍化理解或假定，即由某个实体所进行的行动，在社会建构的规范、价值、信念和身份系统中，是有价值的、适当的假定。"[24]哈贝马斯则指出："合法性意味着，对于某种要求作为正确和公正的存在物而被认可的政治秩序来说，有着一些好的根据。一个合法的秩序应该得到承认。合法性意味着某种政治秩序被认可的价值。"[25]

通过对合法性内涵的梳理，可以看出，学者们对"合法性"概念的理解存在着一定的差异性，但差异的背后也隐藏着他们对合法性理解的"共识"，那就是合法性的内涵应包含三个要素：一是符合一定的规范标准，包括由风俗习惯、宗教传统以及共同体观念（比如主权思想、民族意识、政治传统以及意识形态）等构成的价值系统，体现的是统治的神圣性；二是符合一定的法律规定，包括由立法、司法和行政等政治程序及其规则构成的宪政制度，表明统治的权威性；三是自愿性的认同或同意，意味着民众对政治统治或权力的认同感，也可以理解为统治的民意基础，"如果将合法性视为一种特殊的资源，那么民意就是一个存储政权的'信用'银行。当民众的服从（实际上就是对政权的信任和信仰）与政权、当权者、政策或决议达成一致时，当权者就可以从民意的银行支取其政治信用（即获得合法性），而如果（当权者）能够准确判断出这种服从的结果，那就能够将'信用额度'提高到一个新的水平"[26]。民意基础与统治的有效性紧密相连。正如阿尔蒙德所言："政治合法性可以有许多不同的基础。在一个传统的社会中，合法性可能取决于统治者的世袭地位，取决于在制订和执行法律时遵守某些宗教习俗，以及取决于这些决策的范围和内容。在一个现代的民主政治体系中，当权者的合法性将取决于他们在竞争性的选举中是否获胜，取决于他们在制定法律时是否遵守规定的宪法程序。……在其他政治文化中，领导人可能依靠他们特有的魅力、智慧或意识形态向公民许诺要改善他们的生活。"[25]法国学者夸克（J. M. Coicaud）也指出，被统治者的首肯是合法性的第一个要求。因为没有人承认的权利和义务是无效的，对个人的日常交往也就没有约束力。在设法协调个人关系时，在监督纠缠不清的权力与义务时，在本着交往发生在最低限度的互惠时，法律，特别是代表了在整个社会中负责分配权力的政治法律，很大程度上要建立在个人一致的基础上。合法性的第二个需求涉及社会价值观念和社会认同。认同需要社会满意度，没有满意，就不会有认同。合法性的第三个需求是它与法律的性质和作用相关联。尽管合法性不应被简化为法律（这种倾向符合司法实证主义者对合法性的理解），人们也不能忽视法律在追求合法性过程中的重要作用。法律对于合法性重要作用的理解要靠澄清价值观与法律之间的关系来实现。[26]上述共识无疑是理解合法性的关键要素，也是合法性实际构成的主体所在。所以，《布莱克维尔政治学百科全书》对合法性概念的阐释较具有代表性，"这一概念意指某个政权、政权的代表及其'命令'在某个或某些方面是合法的。它是一种特性，这种特性不是来自正式的法律或法令，而是来自由有关规定所判定的、'下属'据以（或多或少）给予积极支持的社会认可（或认可的可能性）和'适当性'。讨论的焦点在于两个方面：第一是统治、政府或政权怎样及能否——在某一社区或社会范围内，以价值观念或建立在价值观念基础上的规范所认可的方式——有效运行；第二是这种有效性的范围、基础和来源"[27]。据此，笔者认为合法性即是社会成员基于某种价值信仰而对统治的正当性所表示的认可。它既是统治者阐述其统治权利来源的正当理由，也是被统治者自愿接受其统治的价值依据。可见，合法性既体现了共享的价值、规范及信念的内涵，也具有权力客体对权力主体认可与服从的意蕴。

第二节 校长领导权力合法性的内涵

（一）权力与校长领导权力

在认识校长领导权力的合法性之前有必要知道权力的本质是什么？"权"在中国古代除了有衡量审度的意思之外，还有制约别人能力的含义。如早期法家人物慎到在《威德》一文中认为："贤而屈于不肖者，权轻也。"后来的法家著作《管子》也指出："欲用天下之权者，必先布德诸侯。"这里的"权"已经具备了现代意义上"权力"的内涵。在西方，英语中的权力（power）一词来自法语的 pouvoir，法语的 pouvoir 又源于拉丁语的 potestas 或 potentia，意即能力。它们都是从拉丁语的动词 potere 即"能够"引申而来，意指一个人或物影响他人或他物的能力。可见，无论东方还是西方，权力的词源含义说到底都具有影响的内涵，表示一个人影响他人的能力或力量。一些学者也对权力做出了自己的解释，韦伯认为，权力是"在社会生活中，一个人即使遇到其他人的抵制，仍能有机会实现自己意愿的能力"[20]。马丁（R. Martin）指出："就其最一般意义而言，权力可以指对象，即个人或集团彼此之间施加的任何一种影响。"[21]迪韦尔热（M. Duverger）说："权力是一种规范概念，指的是一个人处于这样的地位，他有权要求其他人在一种社会关系中服从他的指示，因为集体——这种关系在其中发展——的标准和价值体系确认了这种权利，并把它赋予应该享有这种权利的人。"[22]帕森斯则指出："当根据各种义务与集体目标的关系而使这些义务合法化时，在如果遇到顽抗就理所当然会有靠消极情境制裁去强制实行（无论这种强制机构可能是什么）的地方，权力是一种保证集体组织系统中各单位履行有约束力的义务的普遍化能力。"[23]《不列颠百科全书》则把"权力"定义为："一个人或许多人的行为使另一个人或其他许多人的行为发生改变的一种关系。"[24]这些概念无疑揭示了权力关系的一般特征，即权力存在于人与人之间的支配与服从的关系中，权力关系表现为支配与服从的关系。从权力的产生来看，权力的产生是为了协调和处理各种社会公共事务而出现的一种特殊的历史现象。社会学家摩尔根根据自己长期的考察和研究发现，易洛魁人已经有了非常严密的并且具有血缘亲属关系属性的一种原始公共权力机关。该权力机关更多的是一种主持正义、公平和公道的社会组织，且主要依靠道德与道义的力量来协调社会内部的各种利益关系。从权力的表现形式来看，权力是管理和协调社会公共事务的一种重要手段和方法，在社会组织内部处理各种问题，解决各类矛盾首先应该使用的是情感的、人性的、非暴力的处理方式，因此，权力作为处理问题、协调关系的手段也应当是人性化的、非暴力的。从权力的主体来看，权力是人民大众的权力，权力来自于公众，具有"公共性"。权力公共性旨在更好地维护社会公众的共同利益，更好地服务于大众。所以，权力一方面具有影响别人能力的内涵，另一方面则是具有"亲和性"特质的处理公共事务的手段和方法。概言之，权力在一定意义上说是一种影响力，是一种具有"善"的内涵的影响力，具有亲和性、公共性及制约性等特性。

无疑，校长领导权力是校长在领导过程中对他人所产生的一种影响力。作为一种特殊的权力，校长领导权力除了具有权力的特性之外，还具有自身的独特属性，因为学校毕竟不同于社会，教育也有别于其他社会行为和活动，它是一种具有伦理道德内涵的事业。所以，笔者认为审视校长领导权力的属性，也应该从道德或伦理的角度予以分析。就伦理的视角而言，校长的领导权力主要具有两种属性，即领导权力的价值性和领导权力的工具性。所谓校长领导权力的价值性，即是指校长领导权力的行使必须以实现学校公共价值为目的，而不能为其他目的（例如个人爱好、个别人利益等）服务，也不能为行使权力而行使权力。正如罗素（B. Russell）所言："对权力的爱好，假如要它结出善果来，就必须与权力以外的某种目的有密切关系……追求其他某种目的的愿望必须强烈得使权力必须有助于实现这一目的，否则权力就不能令人满意。"而且，"光有权力以外的其他目的还不够，还要求这个目的必须在实现后能有助于满足别人的愿望"[26]。可见，校长领导权力的价值性必须以追求公共价值的实现为目的，否则，既可能带来学校教育资源的浪费，也可能导致领导权力本身的异化。而校长领导权力的工具性即是指领导权力作为一种规则所发挥的作用和功能，实际上是指校长领导权力的效率问题。对校长这一权力主体获取利益、实现其目标和意志发挥着重要作用。校长领导权力的价值性主要关注权力的终极意义，是权力内在的本质属性，它并不具有明显的功利性色彩，并通过权力的亲和性、公共性及制约性得以彰显，价值性主要探讨校长如何在学校领导过程中体现诸如正义、公平、民主、自由等价值范畴。校长领导权力的工具性则强调它的实效性、实用性，具有一定的功利性色彩，工具性解决更多的是权力的效率，即"怎么办"的问题。价值性主要表现为内生性，而工具性则表现为外在性；价值性具有善的绝对性，而工具性只具有善的相对性，至多是应然或潜在的善。显然，校长领导权力属性的核心问题是如何彰显权力的价值性问题，即如何使校长领导权力的工具性自觉地接受价值性规导并遵循价值性方向运转的问题。其中，价值性是其核心，工具性作用的发挥应该依附于价值性。

（二）校长领导权力合法性的界定

在分析了合法性及其权力、校长领导权力的内涵与属性之后，再来看看权力的合法性是什么以及如何理解校长领导权力的合法性。斯托克（G. Stoker）指出："权力要合法，……必须有三个条件：符合既定的规则；规则本身经受得起以共有的信仰为参照而进行的检验；下属——尤其是其中最重要的成员——对特定的权力关系明白表示同意。"[28]迪韦尔热认为："权力的合法性只不过是由于本集体的成员或至少是多数成员承认它为权力。如果在权力的合法性问题上出现共同同意的情况，那么这种权力就是合法的。不合法的权力则不再是一种权力，而只是一种力量。……权力合法性的唯一基础和来源是它符合本集体的价值和标准体系所规定的合法性设想，而且本集体内部一致同意这种设想。"⑳德鲁克指出："权力只有在涉及基本社会信念时才可能是合法的。'合法性'的构成乃是一个必须根据特定的社会及其特定的政治信念来回答的问题。一种权力只有在已被社会接受的道德伦理或先验的原则认为正当合理的时候才是合法的。"㉑周光辉也指出："公共权力的合法性是指公共权力客体所认可的，公共权力主体占有及使用权力的正当性。"㉒据此，可以把权力的合法性理解为权力的正当性及权力客体对权力主体的认同、支持和服从。进言之，当权力具有正当性且得到权力客体的认同、支持和服从时，权力就具有合法性；而当权力不具有正当性并且无法得到认同、支持与服从时，权力就不具有合法性了。这种认同和服从不是权力主体一厢情愿的行为，也不是仅仅依靠强制力量威胁与利诱的结果，而是权力主客体之间的双向互动所致，依赖于自觉的深层认知活动。由于校长领导权力是权力的一种重要形式，因此，可以认为校长领导权力合法性即是指校长领导权力自身具有正当性且获得了被领导者的认同、支持和服从。可见，校长领导权力合法性的内涵一方面表明领导权力的正当性，另一方面也意味着领导权力的认同性，前者是领导权力的价值层面并从属于规范性合法性，而后者则是领导权力的事实层面且从属于经验性合法性。

规范性的校长领导权力合法性是从价值规范的角度出发，把某种永恒的正义、美德作为校长领导权力合法性的考量基础。校长领导权力是否具有合法性，不依赖于被领导者对它的赞同或忠诚，只要它符合某种永恒的正义、美德，就是具有合法性的。正如谢庆奎在《政府学概论》中所指出的，"规范性政治合法性理论主要关注政治系统应该怎样被建立起来，关注政治系统是否具有合法性的价值判断问题，而不关心现实政治系统应该如何渐进调适以提升自身的合法性"㉓。所以，规范主义合法性是基于理性的视角，通过抽象思辨的方式，对校长领导权力所进行的道德伦理考察。而经验性的校长领导权力合法性则是从经验事实出发，以学校中的被领导者是否认同与支持校长领导权力的经验性事实作为考察合法性的尺度，只要下属相信或赞同这种权力是正当的、适宜的，那么，校长领导权力就具有合法性。反之，就不具有合法性。经验性合法性主要是基于感性的视角，通过对具体经验事实的感知，实现对校长领导权力的理解与认同。它强调"一种统治规则的合法性乃是根据那些隶属于该统治的人对其合法性的相信来衡量的，这是一个'相信结构、程序、行为、决定、政策的正确性和适宜性，相信官员或国家的领导人具有在道德上良好的品质，并且应该借此而得到承认'的问题"[21]。显然，校长领导权力合法性的规范主义和经验主义两个方面，实质上是基于合法性的价值与事实两个不同层面独自展开的。规范主义合法性主要关注校长领导权力的"应然性"问题，而经验主义合法性则主要关注校长领导权力的"实然性"问题。就整体而言，校长领导权力合法性既应关注"应然"的价值问题，也应关注"实然"的事实问题，也即是要达成规范性合法性和经验性合法性的结合与融合。其中校长领导权力的规范性合法性是经验性合法性的内在基础，而经验性合法性则是领导权力规范性合法性的外在表现，两者互为依存，相互作用，一方面发生变化都会引起另一方面的变化。正如罗斯金（M. G. Roskin）所言："中世纪以来，合法性的意思增加了，它不再只是指'统治的合法权利'，而且指'统治的心理权利'。"[22]

第三节　校长领导权力合法性的基础

　　由于校长领导权力的存在与有效实施是以合法性为前提的，那么这种合法性从何而来呢？即校长领导权力合法性基础是什么呢？在探讨校长领导权力合法性基础之前，首先应知道校长领导权力的来源是什么。关于校长领导权力来源的分析各家观点不一，其中美国学者弗伦奇和雷文对权力来源的研究较具有代表性，他们认为权力来源于五个方面[23]：即奖赏权力、强制权力、合法权力、参照权力及专家权力。奖赏权力（reward power）是管理者通过奖励他们所期望的行为而影响下属的能力。这种权力的影响取决于奖酬的吸引力以及一个人可以控制奖酬的确定性程度。例如，如果校长控制着教学任务的分配，那么校长在学校中就拥有奖赏教师的权力。教师或许会服从校长的要求，因为服从可以得到奖赏。当然，奖赏要与服从相联系，并且其影响意图是恰当的、合乎伦理的。强制权力（coercive power）是管理者通过惩罚不合要求的行为而影响下属的能力。强制权力的影响取决于惩罚的严厉性以及惩罚难以避免的可能性。如教师由于害怕惩罚而服从于校长，这就是强制权力。合法权力（legitimate power）是管理者仅仅因为拥有正式职位而影响下属行为的能力。下属承认管理者具有发号施令的权力，他们也有服从的义务。参照权力（referent power）是管理者以下属对管理者的喜好和认同为基础而具有的影响下属行为的能力。拥有参照权力的人是令人钦佩和值得尊敬的，是人们仿效的榜样。参照权力源于个人的超凡个性与人际技巧。例如，如果年轻教师认同校长，就会模仿经验更为丰富的校长的举止或领导风格。专家权力（expert power）是管理者以专业知识和技能为基础影响下属行为的能力。下属受到影响，是因为他们相信，管理者所掌握的信息和专业知识是相关的和有帮助的，而且是他们自己所不具备的。上述五种权力可以归纳为两类，即组织权力与个人权力。奖赏权力、强制权力与合法权力受制于组织职位，职位越高，权力的潜力越大。相反，参照权力与专家权力更多地依靠管理者诸如性格、领导风格、知识及个人能力等。简言之，某些权力更多地依靠组织控制，而另外一些权力则更多地取决于个人特征。因此，可以从三个维度来分析校长领导权力的合法性基础：即学校领导制度、组织文化及领导效能。

（一）领导制度维度

校长领导的奖赏权力、强制权力及合法权力等组织权力的获得与实施是建立在一定的领导制度基础之上的，是与制度所赋予的相应职位相联系的。这种职位的产生体现了学校组织成员对校长领导权力的服从状况，但这种服从并不能遍及学校组织的每一个成员，也不能保证这种服从的持续性和长期性。所以，这就需要由职位而产生的组织权力具有正当性的价值体现。首先，领导制度是校长领导权力法理性的来源，合法的校长领导权力来源于那些根据相关法律或法规的要求与规定，并符合这些法律法规基本精神而行使的权力。若校长领导权力的取得与行使和已确立的法规一致，就可以认为权力是合法的。而且，"法律作为合法性的基础之一，具有很大的稳定性，它本身就暗含着和社会价值相契的价值诉求。……所以，对于任何一种政治权力而言，合法律性的获得意味着登上了合法性殿堂中的王座，这不仅是可逻辑推演的理论，也是为历史证明的实践"[24]。反之，若权力的取得与法规相悖或其行使的方式与法规不符甚至超越了法规，那么权力就是非法的。比如，我国现行的校长负责制作为一种领导制度，在相关的法律法规中都有明确规定，无疑为校长获得相应的领导权力提供了法理依据。其次，领导制度是校长领导权力价值性的保障。制度本身也是价值的体现，是一种体现了最具普遍意义的、具有价值同一性并能够对组织和个人产生约束力的结晶化和客观化的价值。合法的校长领导权力无疑来自于领导制度的内在价值规定性，当校长领导权力被校长自身与附属者之间所共同信仰的结晶化、客观化的价值相一致的时候，权力就是合法的。相反，就不具有合法性。最后，领导制度也是校长领导权力机制合法化的基础。领导制度作为一种公共权威可以超越任何身份、地位或财富等方面的限制，起到广泛的约束作用。领导制度通过具有强制性质的措施将校长领导权力明确化、具体化，是既能支配权力主体又能支配权力客体的规则形式，从而实现对个体在共同基础上进行活动的约束与控制，使校长领导权力转化为一种权威，得到下属的遵从和认同，并进而保证了下属人员行动的统一性与稳定性。可见，"制度要素正是通过建立某种固化的人类行为方式，或者设定人类行为的界限，或者订立人类行为的程序和规则，实际上都是在提供给参与人以确定的信息。这种稳定的行为范式程序一方面使人能够预测到自己行为会产生什么后果，另一方面也告诉每个参与人其他当事者可能的行为，以便相应合理地安排他自己的活动和行为"[25]。

（二）组织文化维度

　　合法性的校长领导权力是得到下属认同和服从的权力。权力认同涉及权力客体对所卷入的校长领导权力关系的明示同意，只有在权力客体表示同意的公开行动这个意义上，我们才能恰当地讨论校长领导权力的"合法性"。这一合法性强调遵守共同的情景界定、参照框架，或被认可的角色模板或结构模板，是一种深层次的合法性而不是权力主体主观制造的合法性。因为这种合法性依赖于前意识的、被视为当然接受的各种理解或认知框架。显然，这种合法性是建立在一定的文化认知基础之上的。这就需要学校组织文化发挥其应有的价值作用。学校组织文化是一种包括知识、信仰、道德、法律以及作为学校组织成员所习得的其他一切能力和习惯的复合体，是一所学校实现良性发展的重要载体，也是校长领导权力得到有效认同的深层的文化意识形态。正如德森所言："组织文化指的是组织的深层结构，它根植于组织成员的价值观、信念和假设。一起共事的各种认同群体（identity group）通过社会交往建立沟通。在交往的过程中，他们共同缔造起一个象征性的世界。"[20]所以，学校组织文化有助于形成校长领导权力获得合法性的特定价值信仰体系，也常常被用来作为领导权力对内部成员进行控制的工具。一方面，学校组织文化有助于形成规范共享的文化观，艾伦（W. Allen）和克拉夫特（R. Kraft）指出："规范是普遍现象。规范是必要的、需要坚持的，但也是很容易改变的。……任何群体，只要把自身看成是一个文化实体，都可以制定自己的规范，从而形成帮助组织实现目标的积极方面，修正或摒弃组织的消极方面。"[21]所以，规范共享的文化观能够提供一种清晰的方法以帮助学校组织成员理解组织生活的文化内容，进而成为校长领导权力获得合法性的有力工具。另一方面，有助于形成共享的信念和价值信仰体系。共享的价值观规定着组织的基本特性，赋予组织以身份感，若组织成员清楚组织的独特身份，而且知道他们所坚持的标准，他们就会更乐于做出某些决策，以支持这些标准。他们也会更愿意成为组织的一部分，组织生活也因此而具有重要意义。可见，校长领导权力作为学校组织文化中的主流文化形式，可以有意识地将学校组织文化的表述尽可能地符合组织成员的自我文化意识，唤起组织成员共鸣意义上的文化自觉，从而成为激励组织成员行动的指南。同时，也可以利用组织文化所具有的潜在的约束力，强调组织成员对领导权力的理所当然地认可与服从。正如阿普尔所言："主流文化没有作为一种敌对的外部力量，强加到次要群体的文化上来。相反是通过融合、重塑、牵制次要群体的文化，让原本用自己方式来确立其意识和经验的次要群体，与社会统治集团的主流文化的价值观和意识形态相融合。这一过程既没有抹杀掉次要群体的文化，也没有从'人们'那里剥夺属于他们的'真正文化'；它们要做的是，将这些文化整合到一个特定的意识形态和文化领域中，这样可以避免任何可能过激冲动的产生。"[20]

（三）领导效能维度

领导效能是领导者在领导过程中的领导能力、领导效率与领导效益的系统综合。领导效能的高低、领导绩效的大小，不仅对领导者是至关重要的，而且对一个组织的发展也是至关重要的。校长领导若是有效的，则会给学校带来更大的社会效益和经济效益，也会得到更多下属的认同与支持；相反，若校长领导是无效的，学校发展可能会陷入恶性循环，更不可能得到下属的认同与服从，其领导权力的合法性也就不复存在了。一方面校长领导效能与学校组织成员对校长领导权威的认同程度呈正比例关系。也即是校长领导效能越高，组织成员对校长领导权威的认可与服从程度就越高，反之，则越低。校长领导权威可以分为权力性权威和非权力性权威。权力性权威是一种职权式的权威，是与校长领导的组织权力相联系的，它不会永远存在于一个人身上，而会随职务变化有所更替。被领导者对领导的外在权威在一定意义上更多地表现为消极被动的服从。非权力性权威则是一种内在权威，它是领导者自身学识、气质、性格及能力等的综合表现，是与校长领导的个人权力紧密相关的，是内在修养的外在表露。被领导者对于领导者权力性权威的服从带有被迫意味，而对领导者非权力权威的服从则是自愿行为。所以，不管组织成员对校长领导权威是被迫性的还是自愿的，只要校长领导是有效能的，是能够满足其对资源的需求的，都是能够极大地促进下属对校长领导权力的认可与服从的。因为就资源依赖理论而言，校长领导权力产生于对资源的依赖，其领导策略无不与校长试图获取资源、支配资源并试图控制组织内部其他权力行为有关。学校组织成员对领导权力的服从和认同与校长对资源的支配能力以及由此而产生的领导效能有关，校长领导效能具有外在的致使下属服从的特性，也具有一种诱导下属自愿服从的内在能量，这与长期以来人们所具有的功利主义思想和工具理性行为的动机相关。另一方面校长领导效能也是促进学校组织绩效提升的重要因素，领导效能与组织绩效之间呈正相关关系。因为就组织均衡理论来说，巴纳德（C. I. Barnard）认为，如果组织提供的诱因与组织成员的个人贡献达到平衡或者超过其个人贡献，组织就可以实现平衡，就能生存、发展；否则组织就会衰弱乃至消亡。组织绩效就是组织提供的诱因。就组织内部均衡而言，组织的存在要给予组织成员一定的诱因，包括经济诱因，也包括非经济诱因。可见，组织均衡或有效发展需要组织绩效的刺激与诱导，组织绩效越高，就越能够得到组织成员的认可与接纳。所以，校长在学校领导过程中，其领导效能不仅对教师和学生个体的成长有引领激励作用，还对学校组织及团体工作效率起到核心功能。正是在这一意义上，使得校长领导权力合法性具有了更坚实的基础。

第四节　校长领导权力合法性危机及其表现形态

校长领导权力合法与否是其能否持续有效治理学校的前提。无疑，校长领导权力获得合法性对学校的有效发展显得至关重要。正如米勒所言："任何一种人类社会的复杂形态都面临一个合法性的问题，即该秩序是否

和为什么应该获得其成员的忠诚的问题。而在现代社会，这个问题变得更
为突出也更为普遍。"㉑这里指的是统治的"合法性"的问题，由于"合
法性"是组织成员基于某种价值信仰而对统治的正当性表示的认可与服
从。相应地，合法性危机则表现为统治者的统治失去正当性和效能性以及
社会成员对其统治的不认同。所以，校长领导权力合法性危机即是指校长
领导权力不具有正当性且未获得被领导者的认同、支持和服从。从根本上
说，校长领导权力合法性危机是一种认同危机，体现了被领导者对校长领
导权力信任感的丧失、权威信仰的动摇，对其领导权力表现出强烈的离异
倾向，因而也成为校长变更或下台的重要动因。以合法性为基础，这是校
长领导权力得以有效运行的重要条件，当校长丧失其领导权威时，也就失
去了其手段的适当性和有效性，由此导致的便是领导权力合法性危机的
出现。

（一）校长领导权力合法性危机的出现

校长领导权力合法性体现了校长领导权力的正当性与认同性，为校长
领导权力的有效运行提供了可能，也是"一个好校长就是一所好学校"
的重要前提。但由于行政权力主宰着校长领导和管理的整个过程，使得校
长领导的其他权力的有效性失去了存在的空间，导致领导过程具有明显的
强制性甚至专制性，从而影响着领导与下属之间的和谐关系，带来的不是
彼此之间的相互信任，而更多的是下属对校长领导的抵制与不认同、不服
从。换言之，即是校长领导权力更多地凸显了其工具理性，而忽视了其价
值性内涵，从而使权力逐渐蜕变为"奴役"人的工具及个人攫取利益和
聚敛财富的工具，这无疑是校园内权力"恶"产生的根源，也动摇了校
长领导权力合法性的基础，甚至可能出现领导权力的合法性危机。霍伊和
米斯克尔也指出："任何管理者的大部分时间都是以'权力取向'行为为
指导的，就是说，'主要是指导开发和利用人际关系，使他人在某种程度
上愿意服从自己的意愿'。……管理者运用某种权力的方式可能会妨碍或

促进运用其他类型的权力的有效性。"[29]如表 3.1 中关于下属对权力的不同回应即是明证。

表 3.1　下属对权力的可能回应[30]

权力类型	信奉	简单服从	抵制
参照的	XXX	XX	X
专家的	XXX	XX	X
合法的	XX	XXX	X
奖赏的	XX	XXX	X
强制的	X	XX	XXX

XXX—非常可能；XX—不太可能；X—最不可能。

上表中属于组织权力的强制性权力则更多是让下属产生抵制而缺乏信奉，而属于个人权力的参照权和专家权则获得了下属的更多信奉而不是抵制。换句话说，校长若在领导过程中过于注重因职位产生的行政权力的话，则带来的是下属的不认同与不服从，即使存在认同与服从的可能，这种认同与服从也仅仅是被迫的认同与服从，因为"强制所导致的服从是一种被迫的服从，因为自愿是不需要强制的。出于被迫的服从不可能来自于对道义上的尊重，只能是来自于对强制力的畏惧。强制所以能产生服从，不是建筑在以理服人上，而是建筑在力量对比的悬殊关系上"[32]。反之，若校长在领导过程中十分重视个人综合品质的提升并以伦理道德的方式影响下属，则获得更多的是下属的信奉与服从，而这种信奉与服从是出于内在的，是一种自愿的意志表达。因此，在现实的学校教育中，行政权力主宰的领导过程在某种意义上将会对校长领导权力的合法性产生一定的影响。

一方面是校长领导的行政权力边界模糊，缺乏有效的制约。行政权力的有效行使是建立在合法律性基础之上的，但由于目前我国教育法制化程度不高及相关的政策法规也不够完善，使得校长领导权力合法性受到一定程度的影响。在笔者看来，政策法规对校长领导权力的影响至少应包括以下两个方面：一是正确界定领导权力的权限范围，以确定领导权力对于学校教育领域最低程度的干预，从而确保学校组织内个人的权利、自由不至于被膨胀的领导权力所侵犯；二是强调领导权力在具体运作上对上述权限界定的遵从，不受此种约束的领导权力容易产生寻租式的领导腐败行为，从而导致其领导权力合法性的程度下降或危机出现。这两方面的一致性会产生更高程度的领导权力合法性。显然，现实的法规政策及条例中都没有能够对教育领导权力尤其行政权力的边界及边界内的权力运行做详细划分和界定，比如，虽然我国相关的法规条例都对校长领导制度进行了规定，但都缺乏对校长领导权力的边界进行划定，致使校长领导权力超越了边界范畴，权力欲望极度膨胀，导致学校组织内部的个人权利与自由受到了极大的影响，甚至个人的相关权利也受到了侵犯。同时，由于边界不清或没有边界，使得校长领导权力也缺乏有效的监督与约束，致使校长领导权力出现了腐败行为，使得本来纯洁而神圣的"象牙之塔"内部变得更加世俗化、庸俗化。这在一定意义上，既没有体现校长领导权力的价值正当性，即权力"善"的一面，也没有体现权力的认同性。所以，孟德斯鸠（C. B. Montesquieu）在《论法的精神》中指出："一切有权力的人都容易滥用权力，这是万古不易的一条经验。有权力的人们使用权力一直到遇有界限的地方才休止。……要防止滥用权力，就必须以权力约束权力。"[20]麦克利兰（D. C. Mcclelland）也对避免权力欲的膨胀提出两条原则：一是使领导者从心理上意识到他所处的地位不是把人当作走卒，要赋予被领导者以力量，使他们感到自己是生活的主宰。二是要建立民主制度，以便于使群体能把他们认为不代表他们利益的领导人撤换。

另一方面是校长领导行政权力追求的效率中心的影响。行政集权下的校长领导追求效能的提升是理所当然的，因为领导没有效能或没有绩效则很难获得下属的认可及家长的支持，也就很难实现学校的可持续性发展。但问题在于校长在追求效能的过程中逐渐趋向于效率中心，致使效能追求单一化、片面化，似乎效能就等于效率。显然，二者是有差别的，效率仅仅是效能的一个组成部分，效能除了追求效率之外，还需要一定的效益，既有经济效益也有社会效益，也即是校长领导还应该实现其相应的社会价值。但由于认知和理解的偏差以及现实的利益驱动，使得效率中心成为校长领导的价值追求。这种效率中心的直接体现即是上文所述的考试成绩及升学率。考试成绩及升学率便成为校长及学校工作的重心。这种功利主义的价值追求，一方面是学生被分为三六九等，有"好学生"与"差学生"之分，也有所谓的"快班"与"慢班"、"好班"与"差班"之别，这在造就一小部分所谓"精英"的同时，也在生产着大批的教育失败者，因为"在这种情况下，本来是用训练有素的方法来处理广泛的学习资料，现在变成了空洞无聊的尽义务而已；本来学生的学习目的是求取最佳发展，现在却变成了虚荣心，只是为了求得他人的看重和考试的成绩；本来是渐渐进入富有内涵的整体，现在变成了仅仅是学习一些可能有用的事物而已。本来是理想的陶冶，现在却只是为了通过考试学一些很快就被遗忘的知识"。"如果变得日益严重的教育本质问题，竟被人们如此忽略，那么教育就会变得丧失根本目标而不稳定和支离破碎。它带给学生的不再是包罗万象的整体教育，而是混杂的知识。"[28]这无疑会使他们缺乏学习的激情与快乐，缺乏应有的人际认同与尊重，并缺乏对学校教育、领导与管理的认同与服从，也就使得校长领导权力的合法性受到了冲击与质疑。另一方面，教师也被区分为"好教师"与"差教师"，"优秀教师"与"一般教师"，这种划分的依据在很大程度上是与教师所教学生的考试成绩及升学率是紧密相关的，这也就在有意和无意间造成了教师之间的潜在或显在的冲突，造成人际关系紧张，致使教师之间缺乏认同感，也很难在学校中形成自我成就感及归属感，也就不可能产生对校长领导权力的更多认同与服从，进而影响着校长领导权力合法性的基础。

（二）校长领导权力合法性危机的表现形态

上述因行政权力而出现的影响因素无疑制约着校长领导权力合法性的实现，进而导致校长领导权力合法性危机的出现。就现实教育而言，校长领导权力合法性危机的表现形态主要包括领导权力合法性的"公共性危机""程序性危机"及"价值性危机"等。

1. 公共性危机

公共性是学校组织的重要特性，也是校长领导权力实施与实现的理论基石和实践根本。学校组织的公共性既具有学校公共活动公平、正义的伦理价值取向，也体现了权力主体行为合法性的内涵，既要求校长领导过程的信息公开与公众参与，也要求关注公共利益的整合与实现。作为领导权力合法性的公共性则要求公共权力主体的校长对学校公共事务的领导与管理，应执行公共意志，代表公共利益，权力的存在和活动是为了实现学校的公共目的。显然，校长领导权力的行使是在谋求学校组织共同发展的名义下进行的，如果校长领导权力行使是为学校组织内部某一部门、某一个体所把持和利用，则极易产生领导权力的狭隘与偏私，从而引发公共性危机。在现实生活中，校长领导权力合法性的公共性危机，主要表现在以下两个方面：

其一是权力"误识"产生的校长领导权力合法性的公共性危机。"误识"是布迪厄重要的社会学术语，是指"社会行动者对那些施加在他们身上的暴力，恰恰并不领会那是一种暴力，反而认可了这种暴力，我将这种现象称为误识（misrecognition）"[38]。也即是指社会行动者在符号权力的支配下，把符合某一社会群体利益的、本质上是任意的某种真理误以为是普遍真理。或者说，被统治者之被统治，它自身乃是统治者实施统治行为的一个合谋。所以，校长领导权力"误识"是一种潜在的权力偏私现象，以表面上的公平、合理掩盖事实上的不公平、不平等、不合理，现实教育中的一些校长经常把符合某一部门或某一群体的利益扩大化，认为该利益是符合学校所有人的利益需求的，而这些部门或群体之外的很多人则对此一无所知，并认为理所当然，其实他们已潜在地被"边缘化"，其公共利益也在合法性的外衣掩盖下而被侵蚀。正如阿普尔所言："权力并不总是像经济操纵和控制一样可以看到的。它常常很明显地作为帮助的形式和作为'合法性知识'的形式，此形式通过被解释为中立而为它们自己提供辩护。因而，权力是通过听其自然地再生产并使不平等的制度合法化的机构来运作的。并且所有这些事实似乎通过组成诸如教育这样的帮助性职业的知识分子的作用更加合法化。"⑳ "这样，学校就能比过去任何时候都更好地，总而言之是以一个民主思想为基础的社会里所能想象出来的唯一方式，促进业已建立的秩序的再生产。因为，它比任何时候都更成功地掩盖着它所完成的功能。"㉗

其二是权力"转型"导致的校长领导权力合法性的公共性危机。权力"转型"也即是校长把领导权力从公共权力转化为私人权力，并进而为自己赢得更多本不属于自己的物质财产和精神"财富"，是一种显在的权力偏私现象。的确，校长领导权力理应由校长本人来行使，但这种权力本身却具有很强的公共性。从权力行使的宗旨来看，是为了使更多的人接受更多的、更高质量的教育，从而为国家和社会培养更多的人才。为了达到权力行使的这一宗旨，校长必须能够控制和支配部分公共教育资源以及占有和灌输相应的教育价值，他们对这些资源和价值占有量的大小在某种程度上也反映了校长领导权力的大小。但在这一过程中，由于权力监督制度的不够健全及校长权力欲望的膨胀，校长逐渐把公权转变为私权，通过对权力所依赖的资源的控制而为自己创设更多更大的寻租空间。逐步形成媚上心理即力图使自己的权力升值，谋取更大的权力资本，以及压下主义即极力经营自己的"领地"，嫉贤妒能，压制正义。在其眼中，权力已变成其个人的私有物，应该而且必须为构筑自己的权力上升通道和维持自己的权力地位服务。这种权力的"转型"严重影响着校长领导权力公共性的实现。

2. 程序性危机

程序是什么？"程序指的是一个机构——一个人或一种制度——向若干他人分配利益（或负担）的规则或途径。"㉘ 程序具有规则与规范性。从某种程度上说，程序是一个组织或机构取得有序与有效发展的重要保障，没有程序就没有民主，也没有基本的公平与公正。所以，"一个社会的立宪政体的生存主要取决于基本规则及其实践与该地大多数人的行为习惯和思想方式相一致的程序"[⑳]。而程序性危机则是程序"失当"及程序"虚无"的综合反映。因此，校长领导权力合法性的程序性危机首先表现为因程序"失当"而产生的危机。也就是指校长领导权力产生的过程不合法。在我国现行的教育领导体制下，校长是由上级任命产生的，由于是任命制而不是选任制，这就使得很多校长有了"暗箱操作"的空间，由此产生的校长并未获得大多数师生的认同与接纳。而且大多数校长领导权力的获得则直接来源于其行政职位所赋予的行政权力，正如有研究者在《中小学校长领导权力的个案调查与比较》一文中指出的，"从对教师的问卷调查来看，A 校有 58.3% 的教师，B 校有 66.7% 教师认为校长的权威来自她的职位和权力。这个数据证明，这两个学校的校长权威主要是其职位和权力赋予的"[⑳]。显然，校长更多是以外在的行政权力去影响下属的，这种权力性的领导权威所带给下属的则是表面的服从而内心的拒斥，致使校长领导与下属遵从之间是一种"貌合神离"的体现。所以，不合法的领导权力则很难获得更多的认同与服从，也容易出现权力伦理问题。因为"权力是富有极强的诱惑力的、甚至是能令人致瘾的药物，任何人一旦接触它，即使是很显然地在一段时间或基于特定的目的，都会无可避免地发现，改变或保留行使权力的时间与目的，使其超越既定的范围，是极其容易的事情。……在教育领域，教育者很明显地受到了这种诱惑的影响"[⑳]。

其次，校长领导权力合法性的程序性危机表现为因权力行使过程中的程序"虚无"而产生的危机。即校长领导权力在行使过程中违背了学校内部相关章程、制度等规范性文件所规定的民主程序与规则，致使权力丧失应有的存在基础，有时甚至会出现行政权大于程序、个体权威大于规则的现象。一些校长滥用手中的权力，以个人好恶、利害随意取舍，随便制定或改变已被组织成员认可的规则与制度，从而使领导权力合法性面临危机。正如有教师反映，"一些有着绝对权力的校长，民主和法制观念淡薄，处处加强个人的权威和影响力，无视法律法规和制度，用个人意志治校，他们把学校当成自己的独立王国，自己成了土皇帝，教职工成为他们的臣民"[22]。这种程序的"虚无"状态，一方面使得校长更多是唯我独尊，以自我为中心，学校的各项事务往往以校长的意志转移而转移，以校长注意力的转移而转移，学校管理缺乏系统性和条理性，管理上往往是顾此失彼。另一方面是使得下属更多地学会了唯命是从，学会了被动服从，对学校很多事情缺乏应有的热情和主动性。

3. 价值性危机

校长领导权力具有价值性和工具性，价值性是领导权力的内在本质属性，校长领导权力的工具性应自觉地接受价值性规导并遵循价值性方向运转。正如霍金森所言："在最充分的意义上，行政或领导对价值的关注更胜于事实。其中心问题是价值问题。"[23]萨乔万尼也认为："实际上，校长的工作是通过加深理解、发现价值、沟通含义来使乱七八糟的情况有意义。由于实际情况是以特定的事件为特征的，对问题程式化的回答似乎不起作用。由于教师、督导、学生都把信仰、假设、价值观、选择、偏好带入课堂，客观的把'价值'从'事实'中完全分离的管理策略似乎并不能触及最重要的问题。由于学校管理过程通常是不确定和复杂的，因此'理智直觉'十分必要，可以填补已知和未知之间的空间。"[24]看来，校长领导权力的价值性内涵无疑是学校教育所真正需要的，但由于校长领导过程更多地强调控制取向的工具理性，而"控制并非爱，控制固守着人与人心灵无交流隔绝状态的距离，使人感到控制者不是出于公心，而是在使用狡计，并以被控制者个性泯灭为代价"[25]。这就很难触及人的内心情感世界及其相应的价值追求，导致学校精神缺失及领导与下属之间的不信任等价值性危机的出现。

一是精神危机。学校精神是一所学校的灵魂，它通过学校内隐的文化传统、价值观念和行为习惯等因素对学校进行影响。学校精神对学校有效发展的作用是巨大的，正如捷克教育家夸美纽斯（J. A. Comenius）所指出的，"一所学校如果完美地起到了它的作用，那就应该是一个真正锻造人的地方；在那里，学生的思想被智慧之光照亮，……感情和欲望与道德协调地结合，人们的心都充满圣洁的爱。"㉖但由于工具理性的盛行使得学校忽视甚至是忘记了学校文化价值观的培养和教育，使学校处于"文化荒漠"之中。学校打着"以人为本"的招牌而实际进行的是"以物为本"的教育和管理，看到的是类似于工厂生产"产品"一样的标准化过程，致使学校的"物质"状态发展得非常好而缺少人文的气息，而这也是学校精神缺失的核心因素。因此，学校自身已迷失了方向，教师没有了认同感和归属感，学生也失去了精神家园，在这种状态中开展教育活动，"教育将变成训练机器人，而人也变成单功能的计算之人，在仅仅维持生命力的状况中人可能会萎缩而无法看见超越之境"㉗。

二是信任危机。校长领导权力的工具理性中渗透着不自由、不民主、不平等的思想，处处体现着对下属的不尊重。"尊重这个词的实际意义就是指客观地正视对方的全部，并容纳对方独有个性的存在。还会努力地使对方能健康成长和根据自己的意图自行发展。因此，尊重绝对没有对对方实行支配、占有或奴役之意。"㉘而不尊重也就意味着有对对方实行支配、占有或奴役之意。这就表明校长领导的过程更多地体现为校长个人"一厢情愿"的意志表达，是校长个人在学校舞台上的"表演"，而缺少了下属参与的学校领导与管理过程则很难说是体现了教育管理的本质内涵，也可能使下属产生对领导及学校的不信任、不认同，甚至产生对工作的厌烦与厌倦，正如尼尔（A. S. Neil）所言："大多数教师或多或少模糊地感到他们的工作是一个无底洞。比起律师或医生，教师感到自己的工作要更多地耗损心力……因为他的工作似乎永远不会了结，永远看不到尽头。"㉙因此，对校长而言，更应该在领导过程中体现权力"善"的一面，达成彼此之间的尊重、关心与信任。迪尔也指出："学校领导应该将爱心重新带回学校。教学与学习都是十分艰巨的任务，学校和教室都要求每一个人付出自己的努力，将学校建设成为一个充满爱心和关怀的地方，只有这样，学校的文化才会更具人情味。"㉚也只有在充满人情味的学校场域中，才可能消解彼此之间出现的信任危机，进而体现学校教育的价值内涵。

无疑，校长领导权力合法性存在着不同的危机形态，每一种危机形态的出现都会给校长领导权力合法性的实现带来重要的负面影响。同时，校长领导权力的合法性危机也表明校长领导权力已无法体现其所赋有的价值和使命，无法获得下属的认同和满足其发展的需要，不管是公共性危机、程序性危机，还是价值性危机，都使得校长领导权力合法性处于"危险"的边缘，处于需要变革的关节点上。正如利普赛特所言："合法性危机是变革的转折点。"[301]同时，合法性危机也是治理理论与实践兴起的直接原因。[302]所以，校长领导权力合法性危机的出现无疑会在教育领导与管理领域中发生一场"革命"，以实现对校长领导权力合法性危机的超越。就本书研究论题而言，应该在对校长领导权力合法性危机超越的基础上进一步重建校长领导权力的合法性。利普赛特认为，合法性的重建则"必须在现代社会变革的性质中去寻找它的根源"[303]。张康之在《以德治国：对合法性的超越》一文中谈及合法性问题的建构时则指出："合法性问题的意义是与特定的历史条件联系在一起的，是由于政治的不合法性和政府的不合法性而迫使它提出了谋求合法性的要求。一旦当政治成为社会普遍利益的公共行为，当政府成为公共利益实现的执行机构时，关于合法性问题的思考还有意义的话，那就需要检讨专门从事政治活动的人、政府中的行政人员等的道德品行了。"[304]这里无疑隐含着合法性谋求的两个方面：即合法性的外部环境及其人的道德品行问题，这两个方面既是影响合法性产生危机的根源，也是消解合法性危机并实现合法性重建的根基所在。上述校长领导权力合法性危机出现的根源无疑也是人的道德品行及其学校组织环境的影响。因此，笔者认为校长领导权力合法性的重建也应该从合法性危机的根源上去寻求，也就是从校长领导的行动基础即人与环境两个方面进行，一是要实现校长领导的人文回归与重塑；二是要实现校长领导的制度变革与创新。这也使其成为后面两章所要解决的问题。

第 四 章

德性伦理：
校长领导的人文回归与重塑

　　校长领导的人文观照首先应该在官僚制的体系中突出人的主体性，需要肯定人的价值以及人的价值观的作用。因为"在官僚制体系中，……如果没有人这个参与者，官僚体系可能连一台休闲中的机器都不如"[㉟]。而且，"在学校组织中，长久以来，受到官僚体制影响，变得较形式化、无人情味，凡事讲求效率，追求经济目的，而行政人员也成了官僚者而非教育家，其思想长期受到理性—工具之宰制，故遇到伦理两难之问题，即以惯例、技术处理，使得学校问题，重复发生，也令人感到校园秩序与和谐度不够，文化与伦理尤待发扬。是故有效的行政运作，要有伦理规范，只求效率，而无伦理道德为指引，可能成为'强盗的行政'"[㊱]。所以，人的主体性及价值性的凸显，使得校长领导将不可避免地转移到学校道德事业的构建中去，正如谢文全所言："学校是一个道德机构（moral institution），除了教授知识与技能外，也要教导道德伦理。教育与学校行政人员必须遵守专业伦理规范，才配从事教育与学校行政工作，其领导也才能深得人心。"[㊲]富兰也指出："开启我们所需资源和能力的唯一钥匙是提高对学校领导的道德使命的认识。"⑱因此，本章以德性伦理作为校长领导人文救治的主要伦理依据，以实现对校长领导合法性的有效建构。

第一节　德性伦理的内涵与外延

德性伦理最早可以追溯到亚里士多德伦理学。亚里士多德认为，伦理学不像几何学，伦理学的目的应该是描述什么样的品格才是能够给人带来幸福的美德，而不是为了建立一系列法规式的道德规范。他在《尼各马可伦理学》中围绕"幸福是合乎德性的现实活动"，阐明了其丰富的德性伦理思想。对亚里士多德而言，幸福的特征是：（1）幸福不是情感的状态，而是表现在生活中的品质；（2）幸福不是快乐，但幸福的生活本身是令人快乐的，这种快乐不是肉体欲望满足之后的快乐，而是生活实践德性而生成的本身的愉悦；（3）幸福是生活自给自足的目的，生活在幸福之外没有目的；（4）幸福的生活是合于德性的，即恒久地实践德性的生活是幸福的生活。⑲进入中世纪以后，以托马斯·阿奎那为代表，继承了亚里士多德的德性伦理学思想，形成了以"信仰、希望、仁爱"为核心的基督教神学德性伦理，人的德性表现为对上帝的信仰与仁爱，这种德性伦理学一直持续到近代文艺复兴时期。由于功利主义和康德义务论的兴起，西方德性伦理逐渐失去影响而被规范伦理所取代。20 世纪 70 年代以来，以罗尔斯为代表的西方学者把伦理学从纯逻辑语言的分析路向扭转到现代性的规范伦理学轨道上来，自由平等、个人权力、行为规则、社会公正及公共秩序等逐渐成为伦理学的主题。正如罗尔斯（J. B. Rawls）所说："一旦正当和正义原则被确立，它们就可以像在别的理论中一样用来确定道德德性。德性是由一种较高层次的欲望（在这种情况里就是一种按相应的道德原则行动的欲望）调节的情感，这些情感亦即相互联系着的一组组气质和性格。"⑳以麦金太尔（A. MacIntyre）为代表的社群主义者批评了罗尔斯的伦理学立场，认为罗尔斯轻视美德并把道德规则当作伦理学全部探究任务的做法，不仅漠视了美德及其道德规则不可分割的联系，而且也误解了伦理学本身。因此，在 1981 年出版的《德性之后》这本书中，麦金太尔对启蒙运动以来所出现的一系列道德理论为道德所进行的合理性论证进行了批判性分析，认为它们都没有确立道德的合理权威，都经不起理性的驳难，因而都是失败的，要求重建德性伦理，树立德性伦理在当代社会道德生活和道德理论中的主导性地位。麦金太尔的德性伦理体现在三个方面：一是实践是德性的最初立足点，德性和实践是内在统一的，没有德性，实践就不可能维持下去，有着内在利益的任何实践和实践的卓越标准都必须把德性作为必要成分而包括进去。二是德性体现在一个人的生活整体中，德性的意义就在于在人的生长当中支持着人。"德性必定被理解为这样的品质：将不仅维持实践，使我们获得实践的内在利益，而且也将使我们能够克服我们所遭遇的伤害、危险、诱惑和涣散，从而在对相关类型的善的追求中支撑我们，并且还将把不断增长的自我认识和对善的认识充实我们。"⑪三是诉诸传统概念，认为德性的践行使相关传统得以维持，但传统又不能简单等同于德性的践行，德性和传统是相互支持的。"在这个意义上，麦金太尔把德性看成是建构传统的要素，同时，麦金太尔又把德性看成是传统所建构的（tradition-constructive）。"⑫

通过对德性伦理发展历史的系谱梳理，可以看出德性是德性伦理的核心内容，那么，德性是什么呢？在我国古代，"德"在本体论层面上是指万物的本性或生成状态，并且具有获得、占有的含义。后来，"德"的含义扩展为"内德于己，外得于人"的人伦关系，许慎在《说文解字》中指出："德者，得也，从直从心，外得于人，内德于己。""内德于己"强调的是个人修养，遵守做人规范，做到问心无愧；"外得于人"强调的是处理好自身与他人的关系。关于"性"的理解，《荀子·正名》曰"性者，天之就也"，《中庸》曰"天命之谓性"。这里的"性"是指天生而来的质性，也就是人的本性。其中，《中庸》首次将"德"与"性"合在一起，《中庸》曰："故君子尊德性而道问学，致广大而尽精微，极高明而道中庸，温故而知新，敦厚以崇礼。"这里的"尊德性"就是指要发扬自己先天的善性、道德之性。在西方，英文中的"德性"（virtue）本意是指"力量"。亚里士多德在《尼各马可伦理学》中指出："我们称那些值得称赞的品质为德性。""德性分两种：理智德性和道德德性。理智德性主要通过教导而发生和发展，所以需要经验和时间。道德德性则通过习惯养成。"⑬斯宾诺莎（B. Spinoza）指出："德性与力量，我理解为同一的东西。换言之，就人的德性而言，就是指人的本质或本性，或人所具有的可以产生一些只有根据他的本性的法则才可理解的行为的力量。"⑭康德（I. Kant）认为："德性就是力量，它是一种主宰自己、强制自己使责任化为现实的力量。"⑮摩尔则认为："在所假定的情况下，增进公共幸福应该是决定德性的培育应达到什么限度的标准。"⑯麦金泰尔认为，以往西方学者对德性的理解至少有三种不同的观点：德性是一种能使个人负起他或她的社会角色的品质（荷马）；德性是一种使个人能够接近实现人的特有目的的品质，不论这目的是自然的，还是超自然的；德性是一种在获得尘世的和天堂的成功方面的公用性品质。⑰所以，他把德性定义为："德性是一种获得性人类品质，这种德性的拥有和践行，使我们能够获得对实践而言的内在利益，缺乏这种德性，就无从获得这些利益。"⑱上述关于"德性"内涵的梳理与分析，表明德性是一种道德品质，是一种个人修养，是一种道德的力量，也是人的本质或本性。因此，在最一般的意义上说，德性就是使一个人的品德高尚并使其实践活动实现完美的优良道德品质，是人之为人的一种内在规定性，是伦理关系的内在动力。

无疑，德性是理解德性伦理的关键要素，在伦理学中也起着主要的作用。正如有学者所言："德性在伦理学中起基本的，而不是次要的或派生的作用。"⑲虽然德性伦理学家对德性内涵的阐释各有不同，但其思想都是围绕德性来展开的，即伦理学或道德哲学的基础在于德性。因此，可以把德性伦理理解为是一种关注个人道德认识和道德修养，立足于个人道德品质的提高，并以实现主体自我完善和自我发展为终极目标的内指型道德。德性伦理的实现过程，是道德伦理的主体化、个性化的过程，是一种将外在的伦理要求内化为个体自身的道德品质的过程。换言之，德性伦理是以追求个人完善为目标，以个人的德性发展为重点，并通过告之个体如何成为有德性的人而使个体达到逐步完善的过程。它具有内在自我约束性的道德力量和自我完善型的内在价值取向。德性伦理往往把"善""德性""良心"作为基本概念，认为德性是生命存在的内在本质，是一种倾心于人们整体生活的善的精神品质。正如科勒（N. R. Kollar）所指出的，"大多数当代伦理学都以规范或效果所证明的特定行为为中心。美德伦理学则以作为善的品质之结果的善的评价为中心"[⑳]。德性伦理更多地以"行为者为中心"，并强调个体与团体的互动。对于个体与团体之间如何互动的问题，龚天平认为："团体要得到个体的拥护、激发个体的潜能，就必须尊重个体正当的个性发展和利益需求。那么，如何让那些棱角分明、个性不一的个体融入一个团体并保持团体的和谐？一般情况下，个体必须遵循一定的规则，在一定道德规范的调配下生活，德性则意味着个人所具有的获得性品质。如果团体中的个体都具有了这些获得性品质，那么就可以在尊重个体个性的基础上维持团体的统一性了。"[㉑]西方学者赫斯特豪斯（R. Hursthouse）对德性伦理的内涵也做出了自己的概括：第一，德性伦理是作为一种以"行为者为中心"（agent-centered）的伦理学，而不是"以行为为中心"（act-centered）的伦理学；第二，它关心的是人"在"（being）的状态，而不是"行"（doing）的规条；第三，它强调的问题是"我应该成为何种人"，而不是"我应该做什么"；第四，它采用特定的具有美德的概念（如好、善、德），而不是义务概念（正当、责任）作为基本概念；第五，它排斥把伦理学当作一种能够提供特殊行为指导规则或原则的汇集。这样，基于行为者的德性伦理，就是从个体的内在特质、动机或个体本身所具有的独立的和基本的美德品格出发，来对人类行为做出评价（不论是美德的行为，还是义务的行为）。[㉒]

德性伦理具有以下几个方面的特征：一是德性伦理以人的整体性为逻辑原点，从人的生活实践出发，关心人存在和发展的全面性。20 世纪以来，科学的迅速发展不仅创造出了巨大的物质财富，也造就了人类生活方式、价值观甚至是道德规范的革命性变化，致使科学主义这一思想成为社会的主流思想，人们空前地崇拜科学、信奉科学甚至是迷信科学，以至于在社会很多领域都留下了科学主义理性观的印迹，这种科学主义理性观带有元素主义的特征，人的发展也在这种元素主义影响下而逐渐被肢解，"整体性的人"已经不复存在，每个人的生活被分隔成多种片段，每个片段都有自己的准则和行为模式。麦金太尔强烈地批判了这种对人自我分割的状态，他坚持认为一个人的生活都是一个整体、一个统一体，主张"一种德性不是一种使人只有在某种特定类型的场合中获得成功的品质"②。所以，"在某人的生活中的一个德性之整体，惟有作为一个整体生活，即一个能被看做也可被评价为一个整体的生活的特征才是可理解的"②。二是德性伦理以人的内在品质为核心，以行为者的实践活动为对象，关心人的自我发展和自我完善。德性伦理关注的是人的内在品质，认为人只有具有了某种内在的品质，才能成为一个有道德的人，只有有道德的人才可能产生相应的道德行为。并且，人的道德行为的发生是与一定的实践行为相联系的。所以，麦金太尔认为实践对于理解德性内涵具有重要意义，他认为实践的概念是在严格限定的意义上使用的，而不是日常生活中所说的实践。麦金太尔赋予实践以新的内涵，他说："通过任何一种连贯的、复杂的、有着社会稳定性的人类协作活动方式，在力图达到那些卓越的标准——这些标准既适合于某种特定的活动方式，也对这种活动方式具有部分决定性——的过程中，这种活动方式的内在利益就可获得。"②并且利益只能在隶属于一定实践范围内的我们与其他实践参加者的关系中才能有，没有这些德性，实践就不可能得到维持和继续。人的德性也正是在这种实践活动中得以不断发展与完善的。三是德性伦理强调德性的教化和养成，关心人存在和发展的超越性，以追求人的终极存在价值。"德性是生活者在受过教化的生活中表现与获得的，它是实现自身优秀与高尚的价值本质的品质，是一种使人善良并卓越地发挥自己的能力的品质，这种品质是生活性的，即实践性的。"并且，"德性不是先天的禀赋，而是后天的教化和实践的结果。……通过德性的教化，生活者形成美善生活（the good life）的知识和智慧，这样才会有在生活中的理性判断和选择合理性的生活行动"⑩。同时，当德性伦理作为纯粹的个人心性修养时，它并不以追求功利为目的，而旨在实现对功利与世俗的超越并寻求某种精神慰藉，以达成人对终极生存价值的追求。

第二节　德性伦理对于校长领导的影响

作为一种以"行为者为中心"的德性伦理，无疑是校长在领导过程中实现道德伦理的主体化、个性化以及将外在的伦理要求内化为个体自身的道德品质的重要伦理诉求，也是校长在领导过程中人性得以完善、德性得以升华及德行获得完美发展的重要保证。校长作为道德机构的负责人，在德性伦理的影响与作用下理应成为一个德性领导者。

（一）德性伦理视域中校长领导的德性诉求

德性伦理是一种注重行为者自身的德性或道德品质，把德性的形成看作道德生活主题的伦理范畴。德性对于校长领导而言，应该是实现校长领导的德性诉求，并进而使校长成为一名德性领导者。首先，德性是基于人的本质的规定。一般而言，德性包含着人性的提升、人的目的性、自我实现等内容，是人的一种内在的、稳定的善性品质。在肯定意义上，德性是人的一种自我完善、自我提升及自我超越，显现的是人在超越中不断实现自己生命的意义和人生的价值。在否定意义上，德性是人的一种自我约束、自我设计及自我规范，显现的是人的独特性和人的尊严。人性落实于个体形成所谓的"个人本性"，德性是人的个性结构中可以进行善恶评价的那部分心理特质，也是一种与价值相关的个性品质。德性是个体出于调整自身与他人、自身与社会关系的需要，在道德实践中逐步形成的，它是个性发展的最高层次，具有导向性、意向性及稳定性等特征。所以，"具有德性的人，既是一个自主与自由的个人，更是追求价值和德性、实现个人权利与义务的公民。他的德性品质保证他在现实的生活境遇中，理性地处理个人与他人、个人与社会组织、个人与国家的平等的权利与义务的关系"[127]。费希特（J. G. Fichte）也认为："人注定是过社会生活的；他应该过社会生活；如果他与世隔绝，离群索居，他就不是一个完整的、完善的人，而且会自相矛盾。"[128]可见，德性与人的存在是同一的，德性一旦与人相分离，其伦理意义便往往难以定位。校长作为一个生命个体，德性之于其本身而言无疑是内在的，也是其生命成长与发展实践中必须具有的内在品质，这既有利于保证校长个人在纷杂的生活实践中追求美善而实现其内在利益与价值，也有助于保证在实践的外在利益实现中追求社会的共同善。据此，可以认为校长德性的获得使校长成为一个真正意义上的社会的人。正如张康之所言："人的德性使人超越了物质的、情感的、精神的交往关系，是人最根本的实质性的社会关系的获得，人的德性使人成为真正脱离了他的自然本性以及自然本性所引发出来的各种各样的需求，从而成为真正的社会的人。"[129]

其次，德性是校长领导角色矛盾性化解的重要基础。由于校长主要是生活在学校这一公共领域之中的，校长领导活动在一定意义上说即是一种公共行政活动，所以，校长也就是从业于这一特殊领域里的公共行政人员。一方面，对于行政人员来说，校长显然是作为学校公共利益、公共秩序的维护者，他需要运用自己手中所执掌的行政权力去执行调节各种社会关系，这种行政权力执行的特殊性要求校长在处理人我关系、群己关系时必须要以他人利益、公共利益为重，这就要求校长必须拥有一种为公共利益服务甚至是牺牲的精神，切实承诺遵守和实践对他人、对学校及社会的义务，只有如此，才可能造就一种正常、有序与有效的学校公共生活，并进而实现学校公共利益与私人利益，外在利益和内在利益的有机统一。另一方面，在学校办学实践中，校长作为一个独立的个体，存在着个体自我对私人利益追求的心理，存在着个体主观价值意识"公共化"的倾向，也存在着价值判断自主性的可能，一旦他以私人化的行为方式介入到学校公共生活中去，则可能使学校到处体现出以个人权威主宰一切的现象，这既可能导致校长滥用权力和教育腐败，出现所谓领导权力合法性危机的现象，也可能带来下属尤其是学生发展的"驯顺性"，进而失去其自身的主体性。正如雅斯贝尔斯所指出的，"假如学校里游荡着权威的幽灵，对此学生也不反抗的话，那么，权威的思想将深深地印在他们稚嫩可塑的本质里，而几乎不可变更。将来这样的学生在下意识里只知道服从与固执，却不懂得怎样自由地去生活"⑪。因此，校长作为行政人员角色的二重化显然具有矛盾性，即当他在学校公共领域里时，他是为了别人，为了整个学校的公共利益；而当他以私人化的行为办学治校时，他很大程度上又是为了自己，为了实现个人利益的极大化，这一矛盾现实无疑指向了校长领导的道德化倾向，对校长本人则提出了德性要求。所以，作为领导者的校长理应在学校治理过程中实现对其德性的伦理诉求。

（二）校长成为一位德性领导者的生成机制

人在某种意义上可以说是德性与德行的综合体，因为"对于人的一切有道德的行为来说，德性是最直接、最根本的道德原动力。在现实的社会生活中，人的德性必然反映在人的行为之中，其实，也只有能够体现在人的行为中的德性才是真实的德性"⑫。据此，笔者认为德性领导者即是领导者德性与德行有机融合的结果。所以，校长要想成为一位德性领导者，也必须从校长德性及其德行两个方面进行培养与建构，前者可以理解为德性领导者生成的内隐因素，后者则可以理解为德性领导者生成的外显要求。

第一，内隐层面。校长成为德性领导者的内隐因素主要包括两个方面，一是校长要具有独立的人格。因为，人格是一个人独一无二的属性，"是他作为人而能够拥有的最辉煌的桂冠和最高的荣耀。它，是一个人最可宝贵的财产；它，构成了人的地位和身份本身；它，是一个人在信誉方面的全部财产"⑬。可见，具有独立人格是校长能够成为德性领导者的重要条件。长期以来，我国中小学校长一直生活在学校官僚体制之内，由于受到外在体制等因素的制约，使得校长很难具有独立的人格，校长成为"工具人"，成了行政制度的"附属物"，也成了权力的"奴隶"，在办学治校过程中，没有能够体现自己的办学思想和理念，也没有能够真正体现自己的身份地位和价值，使得校长不是以思想、价值去引领学校发展，而更多的是在工具理性影响下以行政集权的方式去办学治校，致使校长领导的合法性受到质疑。所以，作为领导者，只有自己拥有独立人格，才可能真正保证作为自由自觉的主体性的发挥，才可能在德性诉求中真正树立起责任信念意识，而不再囿于对权力的片面追逐，进而成为具有伦理内涵的德性领导者。二是校长要注重"自我技术"或自我教化的养成。"自我技术"是晚期福柯有关古希腊和罗马人道德实践研究中提出来的一个概念，指"允许个人运用他自己的办法或借他人之帮助对自己的躯体、灵魂、行为、存在方式施加某种影响，改变自我，以达到某种愉悦、纯洁、智慧或永恒状态"的实践。[1]也即是个人通过自我建构或道德伦理的方式成为其欲望的主体，以获得他人对自己的接纳与认同。所以，"人如果立志要'成人'或'为人'，不甘与禽兽处于同一境界，就必须用修养工夫来激发这一价值自觉能力。而修养又只有靠自我的努力才能获得，不是经典或师友的指点所能代替的，后者只有缘助的功用"[2]。中国古代就非常注重修身养性，比如《礼记·大学》中指出："古之欲明明德于天下者；先治其国；欲治其国者，先齐其家；欲齐其家者，先修其身；欲修其身者，先正其心；……心正而后身修，身修而后家齐，家齐而后国治，国治而后天下平。"这无疑体现出了自身内在品性的重要性，也即是所谓的"内圣外王"之道。显然，校长要成为德性领导者则必须重视"自我技术"或自我教化的养成，这样才可能产生有形或无形的更大的领导力，才可能获得下属的更多的接纳与认同，巩固其领导的合法性基础。

第二，外显层面。即是校长德性所表现出来的外在行为，校长成为德性领导者的外在要求表现为：首先，校长要能够确立清晰的道德领导愿景。"愿景"是指"一种愿望、理想、远景或目标"。道德领导愿景是一种符合德性价值内涵的组织发展愿景，也是组织中能够体现成员发展愿望与价值追求的愿景。正如上海中学唐盛昌校长在接受提问时所回答的，"你觉得做一个好校长，最难的是什么？"唐校长的答案是，"有大局观"。他指出，很多校长很难达到新的高度的原因正是在于缺少大局观。而所谓的大局观，指的就是能够根据学校自身的情况和社会发展的情况，抓住学校发展的主要矛盾，准确地做出判断，为学校指明前进的方向。或者说就是确立学校未来发展方向、阐述学校办学长远目标、描绘共同愿景的判断和决策能力。㉚其次，校长能够进行伦理决策。校长进行伦理决策是解决学校内部冲突，实现学校和谐有序发展的重要举措。伦理学家赖茜（L. Reithy）设计了一系列问题，对校长进行伦理决策具有重要的借鉴意义。包括：（1）你已准确地界定了这一问题了吗？（2）如果你站在替对方辩护的立场上，你将如何界定这一问题？（3）这件事最初发生的情形是怎么样的？（4）你的意图与这件事情的可能结果会有什么差异？（5）谁会从你的决策或行动中受到伤害？（6）你愿意将你的决策拿来与受到影响的一方进行讨论吗？（7）你认为从长期来看，你还会坚持你现在所持的立场吗？（8）你愿意将你的决定拿来与你的上司、同事、官员、董事会成员、朋友以及家人进行讨论吗？㉛再次，校长要能够对道德行为进行正强化。校长对道德行为的正强化有助于实现道德所具有的潜移默化的教化作用，一方面校长要能够建立相应的道德机制，以便于对学校发生的道德和不道德的行为做出回应和反馈，提升道德标准的可理解性和可执行性，进一步提高学校成员的道德意识和道德行为选择的适切性；另一方面校长要能够及时奖励道德行为，通过学校各种既定的成文或不成文的规则，对于符合道德的行为给予各种形式的奖励，要注重奖励的时机等有效性的安排，以便于使学校成员意识到道德行为的重要意义，并能够实现对道德行为选择与追求的自觉意识，从而在学校内部形成良好的道德氛围。最后，校长自身要能够成为道德的模范和典范。校长自身仅有德性而没有表现出应有的德行是不够的，同时，校长只要求别人做出应有的道德行为而自己没有表现出应有的道德榜样的价值也是不应该的。正如孔子所言：

"其身正，不令而行；其身不正，虽令不从。"所以，校长自身必须身体力行，真正起到表率带头作用。

第三节　校长作为德性领导者的价值定位

"就个体而言，'伦理地'生活使人既超越了食色等片面的天性（自然性或生物性），也扬弃了特定社会角色所赋予的单向度性，而在这一过程中，道德同时也为个体走向具体存在提供了某种前提。"[①]那么，校长作为德性领导者应该怎样伦理地生活或具有怎样的价值定位呢？关于这一问题的探讨，有些研究结论为解决这一问题提供了指导意义。比如，美国学校管理协会（AASA）制订了关于学校行政人员的伦理声明，内容包括：（1）使学生健康成为所有决策形成与行动的基础；（2）以诚实与正直来履行专业职责；（3）支持应该的程序原则，保护全体公民与所有个体的人权；（4）一直维持专业秘密；（5）执行教育部的管理政策和行政规则，追求适当的措施，来改正那些与健康的教育目标不相一致的法律、政策、规章制度，尽可能地保证没有人因为规章制度的变革而受到损害；（6）采取适当的措施克服明显的不公正和非伦理的实践；（7）避免利用职位通过政治、社会、宗教、经济或其他的影响，获得个人利益；（8）通过研究或持续的专业发展来维持这些标准和寻找改进专业效率的方法；（9）尊重所有的合同直到所有的当事人互相同意履行、让与、解散合同。[②]我国台湾地区制订的学校行政人员伦理守则包括：（1）学校行政人员应该遵守法律与道德规范；（2）学校行政人员应以学生为主体，以人文教育为依归；（3）学校行政的品质与行政人员的尊严，应建立在服务师生、支援教学，追求校务发展的卓越绩效；（4）学校行政人员应培养理性批判能力，以求不断自我反省、自我超越；（5）学校行政人员应循质疑、反省、解构与重建的步骤，培养自主与自律的批判思考能力与气质，寻求自我的创新发展；（6）学校行政人员应扮演创新、沟通与服务者的角色，并促成学习型组织的校园文化；（7）学校行政人员应将实务经验，透过理性的沟通，与学校同仁共同促进专业知能的成长；（8）学校行政人员应力行诚信原则；（9）学校行政人员负有维护社会正义责任，树立学校与社区之楷模；（10）学校行政人员应发挥人文精神，关怀社会与文化发展，展现对教育工作的热忱。⁶⁰结合上述研究成果，笔者认为，校长作为德性领导者的道德价值定位应包括以下几个方面。

（一）校长领导行为应在真正的"人的意义世界"中展开

德性领导者是以人的存在与发展作为工作重心的，离开了人的存在与发展也就缺失了应有的德性。校长作为德性领导者也应该在"人的意义世界"中开展工作，这种观点似乎又有悖于现实教育实际，难道现实教育中的校长没有生活在"人的意义世界"中吗？他们没有能够真正地认识人、理解人、关注人以及发展人吗？不过，相较于一些非德性领导者的校长而言，的确如此，他们在官僚化的取向中已经渐渐地忽视了人、忘记了人甚至是没有把人真正地当成人。所以，作为德性领导者的校长则必须要重新考虑教育中人的问题，重新审视德性伦理所赋予自身的教育领导行为，在德性内在价值的基础上实现自身教育领导行为的变革与转型，因为"德性既表征着人性发展的状况，又在广义上制约着人的发展；既规定着精神的发展方向，又影响着行为的选择。质言之，作为涵摄整个主体存在的内在人格，德性构成了人的多方面发展所以可能的条件之一；正是德性与存在的这种联系，赋予德性以正面的价值或善的品格"⑩。可见，"人的意义世界"是校长作为德性领导者永远不可避开的"世界"。

德性领导者的校长所要关注的"人的意义世界"主要包括两个层面，一是校长要首先把学校中的人真正地看作是人而不是物；二是校长在把学校中的人当成人的基础上，再引导如何做人。如果校长首先没有把人看作人的话，就不可能去引导人学会做人，因此，是人则是做人的前提。这就涉及"人是什么"的问题，《人是谁》这本书的序言告诉我们："如果从动物出发来定义人，认为人对人是豺狼，人的本质就是彼此进行无休止的斗争，或者说人没有与动物不同的共同本质，人不具有神性而只具有兽性，那么，人就会极端卑鄙，以最恶劣的手段惩治异己，人就会变得残酷无情，尔虞我诈。又如，如果从机器出发来解释人，规定'人是机器'，那么，人就会成为驯服的工具，不肯用头脑去思想。因此，提出'人是什么'比提出'人应当做什么'更有意义。"[541]赫舍尔（A. J. Heschel）则认为："我们的困难在于我们对人性知道得太少。我们知道人制造的是什么，但我们不知道人是什么，……我们的全部文明建立在对人的错误解释的基础上，难道不是这样吗？或者说，现代人的悲剧在于人是这样一个存在：他竟忘记了'人是谁'这个问题，难道不是这样吗？不能确定自身的身份，不了解人的真正存在是什么，这使人采取了错误的身份，假装出一副他不可能是的样子，不承认他的存在的基础中的东西。对人的无知不是缺乏知识，而是由于错误的知识。"[542]一篇题为《先说"是人"再说"做人"》的杂文，也表达了这一意思，该文指出，人活着首先不是以自我为主体，甚至不知道自己首先是个人，几乎是在为别人活着，很看重别人怎么看我，怎么评价我。即使强调实现自我价值，那往往也是披肝沥胆、肝脑涂地、视死如归、粉身碎骨、杀身成仁，将自己置于另一个极端，为了实现某种目的而漠视自己的生命，很少有人喊出"人是世界之轴"，"人是一个小宇宙"，"人间最高贵的事就是成为人"这样肯定自我、尊重自我、敢于大呼"我是人"的振聋发聩的声音。不错，马克思说过，人是社会关系的总和。不善于"做人"定不能与社会相融。可同时马克思也说："人是能思想的存在物。"假若一个人连自己是不是"有思想的存在物"都不知道，他又如何做得好人呢？人有没有"我是人"的理念，表现出的行为是不一样的。"是人"是"做人"的前提，一个懂得自己"是人"的人往往也会懂得别人也"是人"，他就会尊重别人的权利和选择，这是对别人最大的尊重，也是最重要的"做人"。看来，校长更应该从人的本性来认识人、教育人和发展人，因为"只要我们从人出发来思考人，即更人性一些（more humanistic），避免使用在低等生命的研究中产生的范畴，我们就能够充分认识人。"⑨

　　显然，校长在领导过程中应该充分意识到"是人"是"做人"这一前提的重要性，如果人在本质上已经失去了人之所以为人的特性的话，也就不可能会有做人的事情发生，只有首先承认自己是人并去推己及人，才会在实践工作中以人的标准和要求去做事和做人。所以，校长既不应把自己的下属看作是"经济人"，看作是仅仅给予经济利益就可以获得满足的"经济动物"，也不应该把下属看作是"政治人"，认为每个人都是为了迎合官僚制而获取政治利益的"政治动物"，应该充分认识到所谓"经济人"或"政治人"都只不过是人所具有的某一方面的属性而已，而并非是人的全部。正如马克思（K. H. Marx）所说："人的本质不是单个人所固有的抽象物，在其现实性上，它是一切社会关系的总和。"⑨可见，人是具有社会属性的真正意义上的人。校长的教育领导与管理行为只有在充分尊重人的内在本质规定性的基础上，才可能真正实现人的发展，才可能真正体现教育的内在价值，从而避免人的异化及教育的异化现象的发生。《教育——财富蕴藏其中》的报告指出教育有四个支柱：一是"学会认知"，"这种学习更多的是为了掌握认识的手段，而不是获得经过分类的系统化知识"。二是"学会做事"，即通过学习"不仅获得专业资格，而且从更广泛的意义上说，获得能够应付许多情况和集体工作的能力"。三是"学会共同生活"，即"在开展共同项目和学习管理冲突的过程中，增进对他人的了解和对相互依存问题的认识"。四是"学会生存"，即是"充分地发展自己的人格，并能以不断增强的自主性、判断力和个人责任感来行动。为此，教育不应忽视人的任何一种潜力：记忆力、推理能力、美感、体力和交往能力等"。教育就是"要让像财富一样埋藏在每个人灵魂深处的所有才能都发挥出来"。不管是学会认知、做事，还是学会共同生活与生存，其在本质上都在于使人能够真正地学会做人。学会做人固然是我们教育所追求的，也是我们校长所应充分关注的，但在追求学会做人的同时，我们一定不能忘记或忽视自己是人的前提。

（二）校长要慎用权力、以德服人，重视道德领导的作用与价值

校长慎用权力要求校长应在日常工作中对手中的公共权力做出准确的价值判断，只有校长正确地认识到自己所掌握的公共权力的性质和作用，才可能对自己进行准确的定位，也才能正确地使用公共权力并体现权力的有效性，进而实现学校公共利益的最大化。而权力的有效性主要是基于以下两个方面：（1）合法性。指的是校长在行使手中的权力时，既要符合宪法和相关法律的内在要求，又要能够取得下属的认同与接纳，具有良好的群众基础。（2）合理性。表明校长对权力的行使必须以公共利益的实现为基础，要符合学校及其利益相关者的利益，同时，也要关注权力运用的可操作性和适当性，若操作不当，也可能带来权力有效性的丧失。校长为了能够尽可能体现权力的有效性，应该在使用权力的过程中，既不要把自己抬得过高，滥用手中的权力，也不要过于低估手中的权力，使得权力没有发挥其应有的作用，进而出现权力伦理问题。正如福勒（F. Fowler）所言："如果所有人都在面对权力伦理困境的情形下拒绝行使权力，那么权力就将不复存在。或者如果所有人都这样想，那么更多的可能是那些对权力没有任何伦理忧虑的人在行使权力。这样，滥用权力的严重程度远远超过今天的实际情形……。在这意义上可以说，如果担心权力潜在的腐败可能就拒绝权力，本身就是对权力的不道德的行使。"⑱彼得·德鲁克在《管理——任务、责任、实践》一书的结论即"管理的合法性"中也指出："管理者需要有一种道德原则，并将其作为自己被人接受为合法权力的依据。他们应该把自己的权力建立在道德承诺的基础之上。而这种道德承诺，同时又可以表明组织的目的和性质。"⑲可见，校长领导权力更应该体现其伦理特性，以便于实现对权力的有效规范与约束，进而发挥权力的正价值。日本学者池田大作在其《权力的罪恶》一文中也提出了一些有价值的观点，对理解校长的公共权力及其规避具有一定的借鉴意义。文章

第四章 德性伦理：校长领导的人文回归与重塑

认为：

"在人类谋求和平与幸福的努力之中，即使能解决其他所有问题，到最后还会有一个问题无论如何不能解决，那就是权力的罪恶问题。因为形成权力罪恶的根源，就是包含在人类生命中与善性对立的恶性。深究权力，深究权力带来的罪恶，当然要涉及社会体制问题，然而追溯到底，必然追究到人性本身，追究到生命本源的解释问题。我请求，拥有权力的人们铭记这个事实，并下定决心和这种魔力进行不懈的斗争。同时有一点也很重要，要把权力用于为他人谋幸福，就要努力开发自己的聪明才智。不要用自己拥有的权力为自己谋利益，而要时时考虑为最痛苦的人服务，这不正是关键所在吗？权力这个东西确实具有反民众的作用，因此，抑制权力也是很重要的。而另一方面，也有必要使民众确立绝对不受权力左右的自尊，同时还要变革权力持有者的内心，也就是说，为克服权力的魔性，或者说人的丑恶性，就要不断地向自我挑战。以往的历史，可以说是循环往复的过程。打倒一个罪恶的体制，新的体制又会暴露出新的罪恶。新的体制要想终止产生新罪恶的恶性循环，就只有在体制所拥有的权力之上装上有积极意义的车闸。为此，必须在掌权者的内心，进而在所有人的内心，装上抑制权力的车闸。"⑩

看来，校长在行使权力的过程中更应该彰显自身的德性价值，真正达成以德服人，而不是进行权力的压制与规训。换言之，即是校长更应该把道德领导放在首位，更加关注人文价值的引领与教化。对此，美国教育管理学者萨乔万尼对道德领导的分析具有一定的借鉴价值。他认为对道德领导的理解首先要从"领导权威的来源"分析入手，不同的领导权威来源所具有的特征及其基本功能也是不同的。当今领导的首要权威则放在了科层的、心理的和技术—理性的来源上。科层权威主要强调等级制度、规则与规章、指令及角色期望等，其结果表明，教师在一定的监控之下，其作为执行既定政策的技师做出回应，这是使学校工作得以完成的最为简单、直接的方法；心理权威则认为只要可获得奖赏，教师就会按要求对校长的人格及其所提供的环境作出回应，但如果没有奖赏，教师就不会按要求去做，他们的投入是斤斤计较的；而技术—理性权威则存在于来自逻辑和科学研究证据的结构之中，要求教师服从被认定的真理，并要求教师在适当的监控之下如同技师一样做出回应，其用武之地也受到了一定的限制。可见，当领导把首要权威放在科层的、心理的和技术—理性的来源上时，则很难实现其领导绩效的最大化。在领导的权威来源上还有专业权威和道德权威。专业权威来源于教师依据共同的社会化、专业价值观、认可的实践原则以及内化了的专业精神做出的回应，它不是外在的，而是来自于教学和教师本身。重视专业权威的氛围可以不断改善教师之间的对话，也能够为他们提供宽广的发展舞台。道德权威主要来源于教师在广泛享有共同体价值、观念和理想时所产生的义务感和责任感，他们不是依靠外在的控制，而是通过教师个体自我的道德认同与内化来实现的。当管理实践以道德权威为主要来源时，领导者将清晰的、共享的价值观和信仰变成规范行为的非正式标准，从而形成一种以内化的感受和道德驱动为特征的团队精神，进而使教师的工作变成集体性的活动，他们表现的舞台也得以延展，并且更加稳固与持久。把道德权威放在首位则意味着强制与专制的消失，也意味着传统行政权力的逐渐隐退，而领导者自身的非权力性因素即学识、能力及道德品质等方面则逐渐成为关注的焦点，也逐渐成为实现领导水平提升的关键因素。所以，萨乔万尼指出，道德领导是以道德权威和专业权威作为其基础的，通过把道德权威放在首位，能够实现领导绩效的提升以及一种"参与式追随"的出现。这无疑是校长在领导过程中应给予重点关注的。

（三）校长应成为学习型领导者，并自觉提升自身领导力

在《第五项修炼》一书中，圣吉对学习型领导者的角色进行了阐述，认为领导者所专注的是更奥妙和更为重要的工作，他们是组织的设计师、愿景的仆人和组织成员的"教师"。那么，校长要成为学习型领导者应该具有怎样的角色定位呢？有研究者指出，学习型校长，在角色定位上，校

长不是"全能",不是学校的"指挥",而应该向"首席教师"和"首席学习者"转变。"首席教师"是指校长角色的定位应该源于教师,只有这样,校长才能真正理解教育的实质,才能真正了解学生成长的需要和教师发展的需要。也只有满足了这两个需要,学校才能得到根本性的发展。"首席学习者"是指校长必须善于将学校建设成为"学习型组织"。校长应该努力使教师成为自己职业发展的设计者、实施者和自我教育者。为此,校长要为教师的发展构筑可操作的平台、可施展的舞台。同时,校长还要以教师的身份与广大教师一起构建"共同远景",坦诚交流,在浓厚的学习与进取的氛围中,使职业生命力得到不断充实,精神生活得到不断丰富,心理需求得到不断满足,个体价值得到充分体现。[58]看来,学习型校长既应成为首席教师,也应成为首席学习者,这无疑对校长提出了更高的要求。

校长又该如何成长为学习型领导者呢?具体而言,应包括以下几个方面:一是实现自我超越。"自我超越"以磨炼个人才能为基础,以精神的成长为发展方向,是学习者不断厘清并加深个人发展的重要前提。自我超越的意义在于以创造的现实来面对自己的学习和工作,并在此创造的基础上,将自己融入整个集体之中。校长若能够精熟"自我超越",则更有助于其创造性地开展工作,使得自身领导行为能够更加契合教育的发展需要。二是改变心智模式,所谓心智模式,简单地说就是我们每个人理解与看待周围世界的思维模式。它是每个人在自己长期的生活、学习及工作中所形成的假设、成见,或甚至图像、印象等。我们通常不易察觉自己的心智模式[1],以及它对行为的影响。阿基里斯(C. Argyris)指出:"虽然人们的行为未必总是与他们所拥护的理论(他们所说的)一致,但他们

---

[1] 笔者认为心智模式类似于阿基里斯所说的内隐理论。阿基里斯指出,支配人们行为的理论通常有两种不同的形态,一是内隐理论(tacit theory),一是外显理论(explicit theory)。内隐理论是一种人们在行动过程中加以运用的习而不察的理论(theories-in-use),而外显理论则是一种信奉的理论(espoused theories)。外显理论可以"只说不做",可以与个人的行动之间保持距离或者脱节。而内隐理论则是人的行动的真实向导,个人的行动无论何时也摆脱不了内隐理论的影响。参阅张新平. 教育组织范式论 [M]. 南京:江苏教育出版社,2001:7.

的行为必定与其所使用的理论（他们的心智模式）一致。"㊱可见，心智模式对组织及个人行为的影响是非常深刻的。我们现实的学校领导效率之所以不高，缺少创新以及缺乏生命的活力，在一定意义上与学校领导者囿于已有的思维模式具有很大的关系，他们仍然坚持以自己过去的经验进行教育和引导，而没有因为外部环境及人的发展变化做出相应的调整，这无异于古代社会的"刻舟求剑""缘木求鱼"之再现。因此，作为领导者的校长，第一，要学会"照镜子"，能够对"镜中我"进行理性的"透视"。第二，要善于学习，并兼顾质疑与表达的交往能力。第三，要学会开放心灵，容纳别人的意见和建议。三是组织团队学习。未来社会是一个竞争与合作共存但更加关注合作的社会，而合作的基础则是有一个良好的团队，离开了团队，合作也就失去了其存在的价值。这就要求校长一方面要注意建立一个良好的校内人际关系，良好的校园文化氛围，形成有效的人际互动；另一方面要尊重并信任学生、教师，鼓励他们大胆地发表各自的意见，形成合作的有效基础。四是建立共同愿景。共同愿景是学校成员所共同持有的愿望、理想、远景或景象，是师生员工内心发出的对学校建设的一股令人深受感召的力量。校长要善于利用学校发展愿景实现对师生员工学习与工作内在动力的激发，同时，师生员工学习与工作内在动力的增强又有助于学校共同愿景的实现。五是提倡系统思考。系统思考就是要以系统的整体观念来考虑问题，不要一叶障目，只见树木不见森林。校长领导的系统思考就是要求校长在学校教育过程中，既要关注学校内部的发展需要，也要关注外部环境变化给学校带来的挑战；既要关注学校软环境的建设，也要关注学校硬件的建设；等等。

校长领导力是校长领导的一种能力或影响力，是一个综合性概念。我国香港学者郑燕祥认为校长领导力主要包括五个方面：即结构领导力、人际领导力、政治领导力、教育领导力及文化领导力，其中结构领导力表明学校领导者（如校长）经过深思熟虑，发展出明确的目标及政策，使成员为后果负责，并提供合适的技术支持，以计划、协调及实施学校的政策和工作。人际领导力是学校领导者（如校长）支持成员、助长合作、鼓励参与，提高他们的责任感和满足感，并鼓励正面的人际关系。政治领导力是学校领导者（如校长）能说服师生员工互相团结和支持，并能有效地化解他们之间的矛盾和冲突。教育领导力是学校领导者（如校长）强调并鼓励专业发展及教学改进，诊断教育问题，对学校教育事宜给予专业意见及提升。文化领导力是学校领导者（如校长）富于激情、具有魅力，并能建立影响个人或团队的使命、价值及规范的学校文化。[⑧]显然，校长领导力的提升是与校长自身的修炼紧密相关的，自我超越、改变心智模式注重校长自身及组织成员的成长；团队学习能够使校长在工作中产生更大的凝聚力和感召力，让下属凝聚共识，接受挑战；建立共同愿景则有助于校长建构学校持续变革的系统和制度；而系统思考则能使校长与下属具备变革的认知能力。可见，学习型校长的五项修炼策略无疑会对校长自身的结构领导力、人际领导力、政治领导力、教育领导力及文化领导力进行重塑与完善，从而使校长自身在领导过程中真正达到所谓"内圣外王"的领导境界，并成为一个学者型的、充满魅力的且获得下属充分认同的领导者。

当然，校长在成为学习型校长并提升自身领导力的过程中，也要注意克服以下几个障碍：（1）局限思考，即仅限于个人或局部的思考，不利于透视整体或全景；（2）专注于个别事件，专注于个别事件似乎是我们做事时的一种习惯，但它无助于在事件发生之前加以预测并做出最佳的反应，也无法学会如何创造；（3）管理团队的迷思，组织团队是由不同部门及具有专业能力的成员所组成，当面对具威胁性的复杂议题时，由于自我保护的心态或本位主义作祟，不能开诚布公且不承认自己的无能，有时为维持团队凝聚力的表象，使得团队的主要精神与目标遭到毁坏，久之，团队成员则丧失学习能力；（4）经验学习的错觉，经验固然是好的，能够在一定的时空范围内发挥重要的作用和价值，但经验毕竟有其自身的局限，它会因时、因地、因人而异，对于学校的未来发展而言，不应该固守着已有的经验，那样，只会使学校发展停滞不前，因为他所走的每一步都带有前人的印迹，不可能实现自我的创造与创新，也就不可能发现自我发展的超越之径。

（四）校长应具有"生活世界观"和多系统的变化观

　　"生活世界"这一概念是从德国社会学家哈贝马斯的交往行为理论中借用来的，"生活世界"是一个统一了文化、社会、个人三种要素的世界，它由日常语言支撑，是交往行为者始终置身于其中的境域。主体间之所以能够相互理解、沟通、交往，主要由于每个人都拥有，并且在一定程度上是共同拥有一组庞大而不明的背景资料和知识作为指引。概言之，生活世界是理解活动的"背景信念"，是日常生活实践中一个"预先解释的领域"，是一种"由文化传播和言语组织起来的解释性范式的储存库"。进行交往活动的主体始终是在生活世界的范围内相互理解的。美国学者萨乔万尼也认为可以将生活世界视为学校所在地的价值观、传统、意义和目的。在最好的情形下，生活世界决定并允许接收当地那些旨在实现一所学校自身命运的新举措。生活世界所包含的传统、仪式和准则，规定了一所学校的文化，从一所学校到另一所学校，生活世界各不相同，正是这些差异为发扬一所学校的独特品格奠定了基础。

　　生活世界的理念对校长来说，能够为其产生富有学校个性特征的、创造性的教育管理思想。因为思想的产生是来源于生活世界的，正如吴康宁所言，思想的产生来源于两个方面：第一，思想扎根于思想者所"存属的社会"。一方面，思想肯定有实践的属性，思想的作用就在于对实践的导引。另一方面，思想本身就来源于实践需求。而由于任何实践总是特定时空中的实践，所以，悬置在特定社会文化境脉之外的实践是不存在的。而且，思想的构建过程本身也是在特定的社会文化境脉中进行的。第二，思想溯源于思想者自身的体验。一个人，不管他具有多么强的"类意识"，多么深的人文情怀，他都没有办法一脚踢开自己的生活史，没有办法完全抛开他的亲历生活，没有办法彻底抹掉他的自身体验，把自己都"干掉"，然后来什么思想。这是不可能的。^⑤所以，"生活世界"观对校长进行校本管理、校本课程开发及成为教育家型校长的积极意义是不言而喻的；对学校本身的价值、信念也是非常重要的。萨乔万尼也指出，领导关涉了许多问题，但是列在首位的是我们学校的生活世界，许多公民都希望学校反映他们生活中有意义的价值观和信念。

就多系统的变化观而言，因为学校是系统中变化的教育实体，这一系统既包括学校内部系统，也包括学校外部系统。作为系统中的学校在改进过程中，只有"唯一最佳方法"吗？显然并非如此，就每一项成功改进学校的努力而言，人们都可以听到不少令人厌恶的关于失败之努力的诉说。除了校长缺乏管理和领导方面的努力之外，失败的原因之一，是以一种狭窄的视域来审视变革过程所必须包括的东西。改进学校方面不成功的努力，往往采用某种"唯一最佳方法"来处理，从而犯了把"所有的鸡蛋放在一个篮子里"的错误。因此，有些专家提倡设计一定的社会政治情境，学校在其中努力为变革提供必要的支持和动量；还有些专家强调营造有促进作用的学校气氛，以便为变革提供必需的人际支持等。确实，这些关心变革的做法都很重要，但若单独使用其中任何一种做法，则都不会成为足以改进学校的恰当模型。于是，当人们把这些关心变革的做法调和起来的时候，一种多系统的观点便开始形成。在这个视域中，变化单元并不局限于教师、学校、教学和学校教育的工作流，或者更广阔的政治和管理背景。相反，这四者都被视为需要加以关注的相互作用的变化单元。一旦得到适当的照顾，这些变化单元就是学校改进的成功之路。所以，成功的努力就取决于校长们看待问题时采取一种综合的观点。

校长应如何理解作为变化的个人、学校、工作流及政治系统呢？对这一系统的变化又应该采取何种措施呢？（1）作为变化单元的个人。当考虑教师个人作为变化单元的时候，重要的因素有教师的需要、价值观、信念和准备的水准。心智健全的个体无疑都关心变革将怎样影响他们、他们的工作以及他们与别人的关系，所有这些为人们所关心的问题校长都需要关注。（2）作为变化单元的学校。在考虑变革的时候，个人和个人行为虽然重要，但若放在团体情境内审视，就会看出他们有不同的品质和意义。校长需要考虑将学校当作一个重要的变化单元。学校拥有文化，一种文化是在规范系统中表现出来的，正是这些规范系统决定着人们的思想、信念和行为。（3）作为变化单元的工作流。工作流的焦点在于，在教师实际从事新实践期间和之后，使他们树立责任感。当教师们对自己正在做的事怀有信念的时候，变革得到了推进，而在成功地实施了变革时，对某变革的价值信念也随之增加了。（4）作为变化单元的政治系统。在对作为变化单元的个人、学校和工作流所提出的变革加以规划和提供领导方面，校长扮演了关键的角色。但当触及制度化变革时，他们就没有多少权力。所以，富兰指出，若没有一位拥护者，就不会有对某项变革的赞同，而最强有力的拥护力量，就是教育局长以及他（她）的工作人员与学校理事会相结合。[52]

第四节　走向善治：校长德性领导的有效模式

善治（good governance）是对治理与善政的超越，也是人类在不断追求"好的治理"过程中所获得的有效治理模式。正如张康之所言："人是有理想的，人的理想也反映在人类作为整体的追求之中。当人类有了社会治理的问题时，对'优良的治理'的追求一直是激励人们进行永不停息地探索的力量，推动着人类社会治理的进步，也同时推动着整个人类走向更加文明的状态。"[53]那么，善治是什么呢？所谓善治，就是使公共利益最大化的社会管理过程。[54]善治的基本要素主要包括：合法性、透明性、责任性、法治性、回应性、有效性、参与、稳定、廉洁及公正等。善治作为一种理想的管理目标追求，其本质上是一种合作管理，既具有主体多元化的权力分享与责任分担的内涵，也强调自主自治的治理网络和合作意识，既关注管理过程的公开、透明及公正，也体现了各主体的自愿参与和自觉认同，具有明显的合理性与合法性，也渗透着伦理内涵。因为"伦理远不是治理这块蛋糕上的一点樱桃，而是治理不可分割的部分。首先是因为治理要求执政者要服从公民的法律，廉洁地行使职权，否则他们以共同利益的名义实行的道德强制将失去其合理性。其次是因为治理要求达成——民主为基础的共同原则的协议，这些原则必须是合乎伦理的。"⑥因此，从理论上而言，善治属于一种内心世界和谐有序、公共利益的普遍代表性或者绩效最大化的社会状态或社会管理模式。⑦由于善治所倡导的一系列价值日益具有普遍性，已得到越来越多人的认可与接纳，并在很多领域进行了有效而深入的探索与实践。就教育管理而言，善治不同于传统的管理，管理强调教育的自上而下、科层式、专制化的一元归属及管理者的少数民主，主要采用计划、组织、监控、干预或指挥等方式推动学校教育的发展。而善治则摆脱了传统科层体制的羁绊，通过积极的权力分享、弹性化的管理方式和多元主体的自觉自愿的参与、支持与认同，力求实现学校内部变革与外部环境的联结、服务创新与实践机制的有效互动及公共意志与学校公共利益最大化的有机统一。为此，校长德性领导走向善治则应关注以下几个方面。

（一）校长领导的法治性

法治强调通过法规对国家和社会事务的管理，代表着理性、效率、文明与秩序，与"人治"相对立。法治的直接目的在于规范人的行为，维持正常的社会生活秩序，但其最终目的在于保护每一个公民的自由、平等及其他基本权利。因此，法治是善治的基本要求，没有健全的法律制度，没有对法规的充分理解与尊重，没有建立在法规基础上的社会规范与秩序，也就没有善治。所以，校长领导的法治性要求校长应该依法治校，而不是进行"人治"。校长领导的法治性主要表现为校长在遵守法规的基础上制定"法规"及执行法规。

首先，校长要结合学校实际，制定相关"法规"。校长制定"学校法规"应在遵守国家法规的基础上体现可行性、广泛性及制约性。可行性即是要求"法规"要符合学校自身实际，有清晰的愿景，有明确的奖惩措施与标准，便于操作实施。广泛性即表明"学校法规"要尽可能体现学校师生员工的公共意志，"法规"不应是校长或者校长领导集体所为，而应是全体师生员工公共意志的体现，只有体现了学校全体人员公共意志的"法规"才具有真正的合法性，才可能使师生员工感到有章可循，有"法"可依。而制约性则是指"学校法规"要体现出师生之间的相互制约，体现出干部与群众之间的相互约束，特别是教职工对学校领导的合理制约。因为"学校法规"不仅仅是校长处于方便而实现对师生的管理与约束，而更应该是对学校领导干部的责任监督与权力限制，否则这种"法规"只能是校长领导的"一厢情愿"的意志表达，不具有实质性的"法律"效力。

其次，校长要严格执法。校长为了使法规真正贯彻落实，必须保证"法规"面前人人有权利，人人都没有特权，体现法规的公平正义与人人平等，而不是在执法过程中采取"差别对待"的原则，使得法规仅仅成为约束弱势群体的基本准则。在我国现实的学校教育中，由于校长领导的法治性程度不是很高，特别是执法不严所导致的违法违纪现象还时有发生，比如，一些校长不知法却"守法"，不讲法而"执法"，致使国家教育方针政策落实不到位，片面地追求学校的升学率，损害了教育公平及平等接受教育的原则。所以，校长行使领导职责，必须在教育法规所限定的范围内进行，必须自觉履行法定义务，依照法律规范行使。

（二）校长领导的道德性

道德性是善治的重要内容，没有伦理道德的渗透，善治无异于传统的管理与控制。校长领导的道德性是校长履行领导职责的基础和前提，也是实现校长领导善治追求的关键要素。正因如此，陶行知指出："道德是做人的根本。根本一坏，纵然你有一些学问和本领，也无甚用处。否则，没有道德的人，学问和本领愈大，就能为非作恶愈大。"[⑤]罗廷光则认为："校长如不在人格、学识、能力和事业方面表现出他的领袖资格，专为左右弥缝，或玩弄手段，以求牢笼人心，结果总是弄巧反拙，非失败不可。校长对待学生，须笃守'公''诚'二字，一切晓以大义，出以同情，遇有过愆，当率直责勉，务使改过迁善而后已。"[58]美国学者萨乔万尼则长期倡导领导和管理在本质上是道德活动的观念。教育领导在实践中必须实现脑、心和手的统一，因为领导本质上是一种"道德技艺"。[59]可见，校长领导是一种渗透着伦理道德内涵的行为，与善治有着内在的统一性。

校长领导的道德性一方面要求校长要诚实守信、廉洁奉公。诚实守信具有诚恳老实、守信及无欺骗之意。校长在日常管理、待人接物及人际交往中，都应坚守诚实守信。如果校长是一个不诚信的人，那么在下属看来他就是一个不值得依靠和信任的人。试想一下，一个不能被信任的领导者，如何才能动员其下属去实现组织目标呢？一个信任度很低的领导者，又如何才能取得下属的拥护和爱戴呢？可见，一个不诚信的校长则很难建立与师生员工之间的良性关系，决策时也就很难获取真实的信息，久而久之，整个学校组织文化就会陷入窘境。所以，"诚信是校长的立身之基和'进德修业之本'，是校长理应具备的基本品质，也是校长任职不可或缺的条件之一。"[60]考斯特也认为，诚信并不仅仅意味着不能够欺骗，对领导者来说还具有以下含义：（1）不要答应你不能兑现的要求；（2）不能歪曲事实；（3）不要文过饰非；（4）不要不履行职责；（5）不要逃避责任；（6）不要接受"商业压力下的适者生存排除了我们对他人尊严和人性的尊重"这一观点。[61]而廉洁奉公则要求校长清明廉洁、奉公守法，不以权谋私，不以自己的职权寻租。清明廉洁是校长领导的基本要求，也是校长能够作为表率、唤起下属认同其权威的重要基础之一。反之，校长领导可能会失去其领导的合法性基础，进而使学校成为世俗化、庸俗化的"服务机构"。所以，校长领导只有保持廉洁，才会有群众基础，才可能在下属中树立威信。校长要做到廉洁，首先要有自律精神，自觉坚守良心的道德底线，自觉抵制各种诱惑；其次要通过公开行政信息，主动自觉地接受他律，使其他善治参与者能充分、平等地发挥监督作用。

另一方面要求校长要有合作意识和服务精神。学校组织是一个分工协作的系统，校长领导行为则具有合作的意蕴。"肩负道德使命的校长，只有通过发展他人的领导才干，才能有助于这一使命的实现。只有各级领导的齐心协力，系统才能焕然一新。"[60]由于善治本质上是一种合作管理行为，所以校长领导的善治追求若没有下属的自愿合作和对权威的自觉认同，没有他们的积极参与，则很难实现善治的要求。据此，校长也要"鼓励教师、职工及学生之间的合作性的努力，以便于促进人与人之间的相互交流，淡化竞争，形成归属感，以及提升他们相互学习的个人技能"[61]。显然，校长领导合作行为的出现，既要求校长要具有合作的心向和品质，也要求校长要能够进行有效的交流与沟通。尤其是开展有效的交流与沟通，可以消解和消除人与人之间的误解与隔阂，也容易实现信息资源的公开与共享，为开展合作奠定坚实的基础。所以，"有效的教育领导能够运用正式和非正式的交流方式以建立人际关系、伙伴关系以及强大的合作联盟"[62]。校长领导的服务意识则是领导价值的重要体现。服务是利他主义的典范，也是领导实现公共价值与使命的重要形式。校长把自己的身心投放到学校教育的公共使命之中，不仅有助于巩固其权威，也是展示其人生价值的必然选择。校长领导的服务意识要求校长必须以下属为中心，在工作中把他人利益置于首位，并通过多种方式使他人获利。这种服务式的领导有助于校长在烦琐但有意义的管理活动中，以符合伦理规范的方式引领师生实现学校教育的公共使命及各自的价值目标。

（三）校长领导的民主性

民主既是人类政治发展的目标，也是善治理论的题中之意。没有民主，善治便无从谈起。民主的发展则意味着更加宽容、开放、平等以及能够尊重个性差异等，它是与霸道、蛮横、专制、狭隘等个性品质相对立的。校长领导的民主性则意味着学校管理逐渐远离专制、强权及蛮横，意味着学校组织更加开放、平等与自由，也意味着更多人的更加自由与自愿地参与学校管理。"哪里不存在强有力的民主制度，哪里就不存在强有力的自由。"[666]所以，在民主的教育环境里，个体的自由能够得以充分地实现，而且个体也能够最大限度地参与管理，传统的机械式的、行政式的权威统治也将逐渐消解。"教育应该通过教学、实践和社会职责为我们时代的一个典型做出贡献，这个规划就是要用一种活生生的、民主的决定过程去代替那种机械的、行政式的权威统治。"[667]"这种民主不是由于官僚主义者或专家统治论者的鼓励而建立起来的，也不是由某一统治阶级所批准的。它至少将是一个真实的、具体的、实际的民主。它将是生气勃勃的、富有创造性的和继续演进的。"[668]无疑，校长领导的民主性体现了权力的合理分配，有助于避免权力的滥用，也体现了个体自我的价值与自由。

校长领导民主性的主旨在于两个方面。

第一，体现了参与主体的多元与平等。校长领导的实践系统应该是一个开放的体系，学校各利益人具有参与民主决策的权利和自由，也有对学校治理政策的不合理性提出批评和建议的资质，正如伯格利所言："领导可以是校长、教师、家长、学生以及辅助性的职工成员……只要他们有能力去影响任务的目标和策略，影响实现这些目标的任务行为的承诺，影响团队的维持与鉴定，以及影响组织文化。"[669]这种多元主体的参与是与权力的共同分享紧密相关的，而权力的分享也有助于主体意识的增强，有助于团队精神的建立，从而为完成组织目标提供动力支持。"如果校长与教师、社区和学生分享他的权力，在学校中用专长来发展一种真正的团队精神，这种努力所带来的支持会增大校长的权力。联合的力量能够为完成学校的目标提供坚实的基础。"[670]当然，参与的多元主体也是以平等为前提的，没有平等也就没有主体的真正参与，也就没有真实的民主。"平等是人们在社会上处于同等的地位，在政治、经济、文化等各方面享有同等的权利。"[671]平等为学校多元主体之间的相互尊重与合作，开展有效交流、沟通与对话提供了平台，希尔兹也指出："基于民主这一标准，我们既要邀请人们参与到学校事务中来，更要通过对话创造条件，保证人们能够真正、全面地参与。当对话缺失的时候，即使存在所谓的民主也必然是肤浅的。"[672]因此，校长与学校各利益人形成一种平等的治理主体关系，有助于健全民主制度，丰富民主形式，保障校长的领导在多数人的意志下行使公共权力。所以，"科层制、自上而下的管理和控制要让位于学校作为组织也就是所谓的'道德'共同体的观念，包括促进实践或变革领导，教师授权以及分享决策。"⑰

第二，要求领导过程的公正与机会均等。所谓公正，又称公平、正义，是一种具有永恒价值的基本理念和基本行为准则，反映出人、社会和组织相互关系的合理状态。校长领导的公正也即是要求实现领导过程的公平、正义，既要求校长能够实现对他人基本权利的尊重与维护，也要求校长能够实现对各利益人的正当利益的合理分配以及对教育秩序的合理安排，以实现各利益人之间以及学校组织与社会之间能够相互尊重、走向和谐。机会均等也是校长领导民主性的重要体现，对学生来说，即是指能够为学生提供同等的入学机会，且入学后，能够接受到公平及适性教育，使自己潜能得以有效发展；对教师而言，则要求能够公平客观地对待每一位教师，不管在个人发展、职称晋升还是评优评先等过程中，能够使每个教师都获得与其自身发展相适应的机会及结果。校长不应该在领导过程中搞一些形式上的甚至是虚假的机会均等，这样势必会影响其领导的民主、公平与正义，也很难实现校内教育的均衡发展，更谈不上校长领导的有效性了。比如我们可以借用柏纳·威廉斯的一个例子来说明这种情况。"假如在一个阶级社会中，武士是受尊敬的职业，它的收入、社会地位、权利等都是大家所羡慕的。在这个阶级社会中，只有武士阶级的孩子才准做武士，很显然的，这不是一个机会均等的社会。假如由于某种理由，这个社会做了一种改革，允许所有阶级的人都有机会做武士。但是，做武士却必须具备许多条件，身体与心智都要比一般人优秀，而在这个社会中，只有武士的家庭可以提供他们的孩子好的营养及教育，使得他们的身体及心智可以有好的发展，农民及工人的家庭无法提供这种营养及教育，因此，他们的孩子能够做武士的机会还是非常少。在这个改革之后的社会中，机会均等并非完全不存在，但这种均等只是形式上的，武士的工作只是对有能力的人才开放，而农民的孩子能够具备条件的机会比武士之子要低得多。"[63]显然，对校长而言，更应该在领导过程体现实质性的机会均等，这样才更有助于校长领导善治的达成。

（四）校长领导的有效性

有效性是善治的重要因素。管理的有效性越高，则善治的程度越高。校长领导的有效性是指校长在治理学校过程中实际业绩的综合体现。校长领导的有效与否无疑会对校长领导的合法性产生重要的影响。就现实教育而言，校长领导出现低效甚至是无效的现象则与科层领导模式有重要的关系，由于学校按照校长—主任—年级组长—教师这种严格的等级制度进行管理，这种金字塔式的等级制的管理是单向的、强制式的、非人性化的管理。它"不是把权力授予个人，而是把权力授予职务：科层制的组织形式有一种意义相当深远的成就，这一成就为科层制提供了稳定性，又为它提供了持续控制其成员的能力。有权的人不再需要一种闪光的眼睛或者一种洪亮的嗓门了，他或她只需要能够取得某种特殊权威地位的证书就行了"[64]。这种持续的控制无疑会导致下属的积极性、主动性被限制，作为主体的责任感、主体性难以形成和发挥，也难以对学校组织产生更多的归属感和认同感。所以"科层制破坏了优效组织最基本的条件：它从上而下地对学校目标、组织结构等因素提出种种要求，命令学校管理人员和教师该做哪些工作和如何去做。于是，学校没有足够的自主权发展其专长（expertise）和进行专业评定（professional judgment），也大大丧失了团队所需的灵活性"[65]。

校长领导有效性的实现要求校长一是要转变领导观念，正确认识领导者与被领导者之间的关系。长期以来，我们的校长更多地认为自己作为领导者就应该是高高在上的，而被领导者就是消极、被动的，就是接受领导者的摆布和操纵的，这无疑使组织内部产生了人与人之间的对立甚至是对抗，而不能产生合力，进而影响领导的有效性。谢尔顿则认为："我根本不认为被领导者是被动、消极的。我坚决主张被领导者不应为服务领导者而生存。在一个健康的组织中，领导者与被领导者双方都服务于一个共同的目标。从根本上说，被领导者并不是从某一领导者那里，而是从组织目标、从其自身对这一目标所做的贡献和所运用的各种技能那里获取力量和权力的。一个富有成效的被领导者对组织应是积极支持的，而不是被动、消极的。"⑤

二是要注重教育实践的理论品性。没有理论基础和品性的教育实践只能是简单的经验探索，不具有教育性和发展性，更谈不上有效性。福斯特认为："理论是很重要的，按我们的用法，它提供了一种察看方式。更为重要的是，理论愈多，管理人员看待事物的方式就愈多，就愈便于管理人员在实际行为中做出更多的选择。提供一些可供选择的理论，也就同时意味着提供了一些不同的观点及察看方式。这样做，我们就为更多的反思实践提供了可能，并为理论洞见注入实际行动开辟了道路。"⑤欧文斯也指出："如果没有运用理论知识作指南，就像是在专业教育领导艺术的迷宫里盲目摸索，希望采取恰当的策略，然而却只能边做边猜。"⑤ "正是实践理论，才整合、统一、巩固、协调和解释了领导者所作出的数百个日常决定和行动，它帮助领导客观准确地判断应该采取的恰当措施。"⑤所以，教育实践理论品性的提升是校长领导有效性提高的重要因素。

三是要处理好适当集权与合理分权的关系。集权意味着专制、独裁甚至是暴政，也体现了"君主"、长官意志，蕴含着"我说，你做""我命令，你服从"的管理意蕴。这种集权化的领导与管理难以调动下属的积极性、主动性和创造性，也就不可能实现领导的有效性。因此，校长应该关注在适当集权的基础上进行合理的分权。"如果领导者能够善待他人，将他人真正作为'既有价值又有尊严的人'，那么他们就能获得更大的影响力。当我们真心对待他人时，他人也会同样真心地对待我们。这种互惠行为可被认为是具有互动作用的授让自主权运动的基础。"⑧

四是要注重领导的策略性与艺术性的结合。校长应该明确领导是一种领导者与追随者共同参与和创造的结果，是领导者与追随者在对话基础上所实现的影响人的发展及提升绩效的行为，更是领导者用心灵去体验、用情感去感染、用行动去影响他人的过程，这些无疑是校长领导策略性及艺术性实现的基础与保障。正如鲍尔曼（B. Bolman）和迪尔（J. Deal）所言："今天的管理者要想成为明天的领导者，今天那些乏味的官僚要想成为明天对社会有意义的人，以及我们社会重新找回伦理和精神中心，那么心灵深处的感情、希望和忠诚是不可缺少的。用心灵去领导，需要用心奉献，把精神和激情带到你的生活中去，带到组织中去，寻找活力和意义的源泉。"[80]

第 五 章

制度伦理：
校长领导的制度变革与创新

德性伦理对校长领导内在品质的提升、人文精神的凝练及自我价值的实现具有积极的意义，为学校管理弘扬人性、改变"物本主义"理念及走内发型管理之路提供了理论基础和价值支撑。但德性伦理之于校长领导价值的真正实现也存在一定的局限，仅仅求助于个体的道德水准的提高来促进或维系领导效能的提升及学校教育的有效与有序发展是很困难的，因为"社会中的不公正不能像教育家和社会科学家通常所相信的那样，单靠道德与理性的劝告就能够得到解决"[⑧]。这就需要借助于外在规范的有效约束来实现，也即是进行制度的伦理设计，通过各种有组织的、强制性的方式来强化个体的道德要求，保障德性伦理价值与功能的发挥，进而为校长领导合法性的实现提供坚实的基础。因此，校长领导合法性的真正实现，既需要德性伦理的价值引领与超越，也需要制度伦理的伦理规范与影响，并在领导实践中达成二者的有机统一。本章拟对制度伦理的内涵与功能、制度伦理之于校长领导（制度）的价值意义以及作为校长领导制度伦理践行模式的现代学校制度等问题进行阐释。

第一节　制度伦理的内涵及功能

（一）制度伦理的内涵

制度伦理是社会变革、制度变迁及伦理发展过程中为克服伦理"失范"而出现的伦理现实问题，是伦理学研究中的新范畴，正是因为制度伦理是一个新的概念和范畴，所以目前关于制度伦理概念的认识与理解并不统一。概括地说，关于制度伦理内涵的理解主要包括三种不同的观点，即以"制度"为中心的制度伦理观、以"伦理"为中心的制度伦理观及"制度"与"伦理"相统一的制度伦理观。

1. 以"制度"为中心的制度伦理观

以"制度"为中心的制度伦理观强调制度伦理应是伦理道德的制度化、明文化，主张从制度方面解决社会生活中出现的伦理道德问题出发，制定、完善并执行各种符合社会伦理要求的制度规范，或者把一定的伦理原则或道德标准转化为明确、具体的道德要求和道德规范，并制定成为管理中的刚性规则制度，强制组织成员履行相应的道德义务。这种意义上的制度伦理，实际上关注的是把道德规范中那些具体的、可操作的内容上升为规则和制度，把"软"性的道德原则、道德理想、道德信念和道德目标转化成具有强制约束力的"硬"性的伦理制度，转化成以强制性力量为保障的、成文的道德约束与监督机制，最终实现伦理道德的制度化、规范化和程序化，从而更加有效地约束和规范人们的道德行为，其核心是"道德立法"。正如博登海默所言："那些被视为社会交往的最基本必要的道德正义原则，在一切社会中都被赋予了具有强大力量的强制性质。这些道德原则约束力的增强，是通过将它们转化为法律规则而实现的。"[⑧]我国有学者也指出："制度伦理就是指，作为与政治法律制度相并存的且借助于这些制度力量所形成的'道德法庭',即针对全社会个体与群体行为所采取的道德约束、监督及激励机制。"[88]伦理道德的制度化现象在历史与现实的制度实践中都有例证。如我国古代《唐律》中的"十恶不赦",规定凡"不敬""不孝""不睦""不义"者都要受到法律的严厉制裁;再如美国的《公务员道德法》,也是伦理道德制度化、法制化的集中体现等。

2. 以"伦理"为中心的制度伦理观

以"伦理"为中心的制度伦理观认为制度伦理就是制度的伦理化,强调制度的合伦理性、合道德性,它以制度的伦理评价为出发点,认为制度伦理是指制度中的伦理,主张对制度进行伦理考量与审视,强调社会管理的各种制度安排都要符合伦理原则和道德要求。它所针对和约束的对象是管理过程中的各项制度及其安排,追究的是制度的合伦理性问题。通过对制度的道德性反思与剖析来区分制度的合理性与不合理性,从而实现制度的优化选择与合理安排,并为每个组织成员的发展创设良好的环境。这种意义上的制度伦理可以从两个方面进行理解:一是制度中蕴含、体现着什么样的伦理道德原则与价值追求;二是人们依据什么样的价值标准或道德准则,对于制度的正当、合理与否进行评判。前者意味着一定的制度都蕴含着相应的道德观念和道德意识,以道德性为其基础。正如富勒在《法律的道德性》中所指出的,一个真正的制度包含着自己的道德性,即内在道德或程序自然法,一旦国家所实行的制度都没能蕴含道德性质,就会导致一个根本不宜称为制度的东西。[89]后者则意味着一个社会的任何制度选择与设计都应体现正义、公平等伦理价值,也是一个社会文明进步的重要标志。我国有些学者也持有这种"伦理中心论"的观点,比如方军认为:"从概念上分析,制度伦理不外乎两种:制度的伦理——对制度的正当、合理与否的伦理评价和制度中的伦理——制度本身蕴含着一定的伦理追求、道德原则和价值判断。"[90]万俊人也指出:"所谓制度伦理,主要是指以社会基本制度、结构和秩序的伦理维度为中心主题的社会性伦理文化、伦理规范和公民道德体系,如制度正义、社会公平、社会信用体系、公民道德自律等等。"⑱ 显然，以"伦理"为中心的制度伦理则主要强调伦理在制度中的价值与意义。

3. "制度"与"伦理"相统一的制度伦理观

"制度"与"伦理"相统一的制度伦理观认为，制度伦理就是伦理制度化和制度伦理化的双向互动的统一，它以制度与伦理的内在同一性为依据，主张制度伦理既是制度的伦理也是伦理的制度。换言之，制度伦理可以理解为存在于社会基本结构和基本制度中的伦理要求和实现伦理道德的一系列制度化安排的辩证统一。在制度与伦理的双向互动中，要求制度本身应该合乎道德要求，同时实现这些道德要求也需要一系列的规范化、制度化和法律化的措施。因此，制度伦理建设包括对制度的道德内涵及道德合理性问题的解决以及道德的制度化、法律化两方面的内容。这种观点认为不管是以"制度"为中心的制度伦理观，还是以"伦理"为中心的制度伦理观都存在一定的片面性，都没有能够全面地体现制度伦理的内涵与外延，在制度伦理建设与完善的过程中更需要两者的结合，而不是仅仅在两者中间择其一。正如龚天平所言："制度伦理是人们从制度系统中汲取的道德观念和伦理意识与人们把一定社会伦理原则和道德要求提升、规定为制度，即制度伦理化和伦理制度化两个方面双向互动的有机统一。"⑱ 所以，一方面制度安排要符合人类文明的伦理精神、伦理内涵及其基本的道德要求；另一方面要把文明社会最基本的伦理原则和道德要求整合、升华为制度内容，并使其规范化、制度化。

综上所述，制度伦理的三种观点分别有其各自的含义与特性，也都有其各自研究的理论境域和道德建设的实践指向。以"制度"为中心的制度伦理观把制度化作为加强伦理道德建设的一种手段、一种工具，在当前社会转型时期，在伦理原则与道德规范自觉遵守还需要借助外在强制力量的情况下，这种实践指向还是有非常积极意义的；而以"伦理"为中心的制度伦理观则把伦理原则和道德要求作为评价制度合理性和合道德性的重要尺度，强调制度设计要符合伦理原则和伦理精神，这对提高人们对制度的认可与接纳程度，对制度建设中如何获得道德力量、如何发挥制度的有效性及如何实现制度与人之间的和谐统一则显得至关重要；"制度"与"伦理"相统一的制度伦理观则既强调制度建设的伦理性内涵，也重视道德建设的制度化要求，具有很强的包容性。鉴于本书研究的实际建构需要，笔者更倾向于在研究中强调第二种观点，即以"伦理"为中心的制度伦理观[1]，据此，可以把制度伦理理解为制度所赖以建立和存在的伦理基础，或者是制度中所蕴含的伦理价值、道德原则以及对制度所做的伦理评价。简言之，制度伦理就是"制度中的伦理"和"制度的伦理性"的综合。

（二）制度伦理的功能

作为以伦理为基础并渗透着伦理内涵的制度伦理则具有规范引导道德内置的功能及激励道德自觉的功能等。

一方面是制度伦理具有规范引导道德内置的功能。"要保证社会道德意识的普遍养成和社会道德规范的共同遵守，必须在道德教化的基础上强化制度的规约，使社会公众内心形成的道德'意义世界'在向道德自觉的行为转化过程中得到制度的伦理支持。"⑧制度伦理无疑有助于促进个体道德"意义世界"的形成，并内化为个体道德自觉，进而在道德实践中承担起相应的道德责任。要借助于制度规范的明确性，提升个体对社会基本道德规范的认识、理解和遵守，明确个体应当履行的道德责任。由于存在于个体头脑中的善恶观念、道德意识等都是笼统的、抽象的，但个体自我的道德生活确是具体的、实在的，观念形态的道德意识必须转化为实践中的道德行为才有意义，若没有明确的行为指引，这种转化就很难实现，个体的道

---

〔1〕 笔者认为，在本书研究中校长领导合法性需要建构的不是制度甚至不是制度化的问题，因为即使是把伦理原则、道德规范整合、内化、升华为制度，并使之制度化、规范化，但它也还是侧重于制度甚至制度化影响的层面，对本来就已经很多了的学校场域中的制度甚至是制度化的教育而言，其所能发挥的积极的影响力远不如制度中的伦理或制度的伦理性所产生的效果，后者更有助于改善甚至改变学校场域中不够合理的制度影响，甚至可能实现对制度化所带来的"铁的牢笼"的制度超越。

德自觉就很难形成。所以，这就需要通过各种具体的制度规范把抽象的道德意识、道德原则转化为行动的指南，这也是制度伦理所负有的重要功能。要借助于制度规范的稳定性，强化个体遵守道德规范行为的自觉性，在践履道德行为的过程中养成良好的道德习惯。一个人的道德自觉性越高，其内在的道德责任感和义务感就越强，所能够表现出来的道德行为习惯也就越明显。但这种道德自觉性的形成是建立在制度伦理影响的基础之上的。因为制度一经形成和颁布就具有稳定的执行效力，这种制度规范的稳定性可以使制度所规定的内容成为个体反复践履道德原则的行为规范。正因如此，使得制度所要求的道德原则、道德行为方式也就潜移默化地成为个体道德生活中的思维习惯和行为习惯。可见，制度伦理对个体生活中的普遍道德内涵及道德原则的内置作用是非常明显的，也是非常重要的。

另一方面是制度伦理具有激励道德自觉的功能。道德自觉作为一种无形的、非程序化的道德精神力量，作为个体自我内心世界的一种思想活动，通常深藏于每个个体的思维品性及自我意向之中，内化为人的感情、信念及意志品质。道德自觉不仅是认识上的问题，而且也包括对自己的行为活动的价值觉悟。在对行为的道德价值选择上，要有明确的价值目标、正确的善恶判断，能够准确区分什么是"是非对错"，什么是"美丑善恶"，明确什么是"应该做的"，什么是"不应该做的"，并在此基础上形成自己的道德理想与信念；在道德实践活动中使自己的理智、感情和意志符合社会所倡导的道德原则和道德规范，并能够形成从道德"他律"向道德"自律"的转变。但在个体进行正确的价值选择以及从道德"他律"向道德"自律"的转变的过程中，个体行为意志的形成是受内外环境的各种因素所制约的，道德品质的增进在更大程度上是奖惩机制和制度约束的结果，而奖惩和约束机制正是制度伦理对个体道德影响的重要方式。换言之，制度伦理通过正向激励与负向激励使得个体自我道德的不断内化，并在内化的过程中逐渐走向道德自觉。正如李仁武所指出的，"一方面要发挥制度伦理的正激励功能。通过制度伦理内置于制度规范的基本道德判断或核心价值观，来培育社会成员的道德共识，增强社会公共道德责任，凝聚社会道德合力，提高道德行为预期，使整个社会基于制度的共同遵守而形成普遍的道德自觉"。"另一方面，要发挥制度伦理的负激励功能。通过制度执行的权威性、强制性和惩戒性来约束人们的社会行为，制裁各种道德违规者、投机者和逃避者，以促进'法律面前人人平等'的制度公平和社会基本道德要求的共同维系，确保整个社会的道德遵守得到制度力量的整合，从而在社会生活过程中防止和克服各种源于'集体无意识'的道德流失。"㊾

第二节　制度伦理对于校长领导的价值意义

由于制度伦理内含着制度中所蕴含并体现出的一定的伦理道德原则与价值追求以及人们依据相应的价值标准或道德准则对制度进行正当、合理与否的价值评判，所以，制度伦理对于校长领导的价值意义也可以从两个方面来理解和阐释，即一是校长领导的制度设计应遵循的伦理原则是什么；二是校长领导的制度正当、合理与否的价值评判标准有哪些。

（一）校长领导的制度设计的伦理原则

校长领导的制度范畴是多样化的，既包括宏观的学校外部的相关制度，也包括微观的学校内部的相关制度；既有核心制度，也有外围制度[1]。这些多样化的校长领导的制度范畴在制度伦理的意义上应遵循以

[1]　褚宏启认为，作为微观层面的学校制度又可以分为核心制度和外围制度两个层面。教师的教和学生的学是学校制度最应该关注的问题，其他的制度都是为其服务的。具体包括教学管理制度、校本教研制度、学生评价制度和教师评价制度以及与校本管理相关的学校内部管理制度等。而产权制度、投入制度、办学体制、后勤制度、社区参与制度等，都属于学校制度的外围制度，它们都是为核心制度服务的。核心制度的运行和发展需要外围制度作保障。外围制度必须服从教育内在的需要，而不是反过来。参阅褚宏启.我们需要什么样的现代学校制度[J].教育研究，2004（12）：36.

第五章　制度伦理：校长领导的制度变革与创新

下伦理原则。

1. 合乎人道的原则

人道，就广义来说，人道是视人本身为最高价值而善待一切人、爱一切人、把任何人都当人看待的行为。就狭义而言，人道乃是视人本身的完善为最高价值而使人成为可能成为的完善的人的行为，也即是视人的自我实现为最高价值而使人自我实现的行为。简言之，人道便是使人实现自己潜能的行为，使人自我实现的行为，使人成其为人的行为。"人道与非人道之广义、狭义的定义表明：一方面，'把人当人看（即视人本身为最高价值而把任何人都首先当作人来善待）'是衡量一切行为是否人道的广义的、浅层的、初级的总原则。反之，凡是'把人不当人看（无视人本身为最高价值而残忍待人）'的行为，都是广义的、浅层的、初级的非人道行为。另一方面，'使人成为人（即视人本身的自我实现为最高价值从而使人自我实现而成为可能成为的最有价值的人）'则是衡量一切行为是否人道的狭义的、深层的、高级的总原则。"[①]而"制度伦理的人道原则，是指社会制度的安排必须符合人的存在和发展需要，满足人际交往的道义要求，同时制度的执行能够起到维护人的尊严、捍卫人的权利、体现人的价值、促进人的幸福等道德促进作用，对人性的解放具有积极意义。这其中包括两个方面的要求：其一是指制度规范本身要具有人性关怀所必需的道德精神和道德内涵，其二是指制度运行的过程要体现对人性关怀的道义要求和伦理责任"[②]。所以，校长领导制度设计的人道原则也就表现为校长领导的相关制度在变革、创新及完善建设的过程中，要始终坚持以人为本，把关心人、维护人的尊严和权利以及人的价值的实现作为目的，不断促进作为制度规范的道德他律与作为人的内在精神价值的道德自律相统一，使外在于人的制度规范、制度安排成为人走向自我解放、自我价值实现的伦理导向。对于校长领导制度设计人道原则的贯彻实施要注意以下两个方面。

首先，要使制度规范本身隐含着人性价值。学校制度本身的人道则是学校制度价值有效发挥的重要前提，而学校制度价值内涵的实现程度也是判断制度本身是否人道的重要尺度。学校制度若没有或很少体现人性的内涵，也必然会给学校教育带来种种负面影响，正如哈格里夫斯（A. Hargreaves）所批判的，"我们的学校既没有为年轻人在知识经济中更好地工作做好准备，也没有为他们在强大的市民社会中更好地生活打下基础。有太多的学校不是在促进经济创新和社会团结，而是日益陷入毫无人性的标准化规章制度与日常烦琐事务的沼泽泥潭当中"[⑨③]。所以，学校制度必须要体现出人性的价值内涵才能更好地适应学校教育的发展以及人的内在发展要求。法国教育家卢梭则指出人性的制度是："它知道如何才能够最好地使人改变他的天性，如何才能够剥夺他的绝对的存在，而给他以相对的存在，并且把'我'转移到共同体中去，以便使各个人不再把自己看作一个独立的人，而只看作共同体的一部分。"[⑨④]

其次，制度运行的过程也要体现对人性关怀的道义精神。学校制度的执行尤其是核心制度的执行要体现人文关怀，比如，在学生发展与教师成长的评价机制上，学校领导者要能够主动与学校利益相关者之间建立紧密的联结，通过联结，教师、家长以及学生能够发现他们的生活是有益的、实实在在的、有价值的，在此基础上，校长应更加注重人与人之间信息的交流与交往，如互相交流什么是重要的，什么是应当优先考虑的，互相之间的责任义务是什么，师生之间的最大困惑是什么，如何更好地实现学校教育的和谐发展，等等。这种联结实现了人与人之间的彼此尊重与信任，实现了人与人之间的平等交流与对话。无疑，制度设计合乎人道的原则有助于改变过去领导者把管理对象作为"非人"甚至是"目中无人"的现象，从而在领导过程中真正体现"人之为人"的内涵及"使人成人"的价值。

2. 维护正义的原则

正义是人类社会具有永恒意义的基本价值追求和基本行为准则。在一定意义上说，人类对正义的追寻过程就是人类社会由落后到发达、由不合理到合理以及从不完善到完善的无限发展的过程。而制度正义则是社会治理具有合法性、正当性的重要价值基础，或者说，正义原则是社会制度的首要价值，也是制度伦理建设的最重要、最核心的价值观。在制度伦理建设过程中，制度合理性与正义原则的遵守是统一的，也就是说，制度设计与安排必须是正义的，它才是合理的；反之，若制度设计及安排是合理的，那么它就必须是正义的。所以，正义原则的作用主要表现在两个方面：一方面是为人类发展的行动行为提供准则，为建立起正义的社会关系确立方向和参照系。另一方面则是评价现有的人类行为、人类关系的根本依据。如果社会中没有明确的正义原则，那么人的行为及其相互关系就会失去根本的尺度，从而陷于混乱和盲目。人的行为与人的关系的正义与不正义，以及它们为什么是正义或不正义的，这些问题若不用正义原则去加以衡量与评价，就不可能得到合理的答案。基于这一理解，现实有效的正义原则意味着：人所追求的全部价值，如权力和权利、独立与交往、平等与自由、竞争与合作、差别与公平、利益与创造等，都应当在理想与现实相统一的基础上予以实现；人对一切价值的追求，都应当有利于人的创造性的发挥，有利于人性的发展与完善，有利于每个个人的全面发展与幸福生活。这既是衡量社会正义的基本尺度，也是现实社会的制度安排应当满足的正义要求。[88]因此，作为校长领导制度设计的正义原则的实现则需要注意以下两个方面：即校长领导制度设计与安排的程序正义和实质正义。

什么是程序正义？程序正义即形式的公正，是公平地制定并执行普遍的规则，其一是要求程序的制定符合正义的要求，充分反映和合理分割人们的利益。其二是程序的执行，要坚持规则使用无特权，同类人使用同样的规则，违反规则者应受到同样的惩罚。程序正义具有程序的独立性、民主性、制约性及公开性等特征。因此，校长领导的制度设计的程序正义也应该体现程序正义的基本特性，一是校长领导的制度产生程序要具有相对的独立性，程序独立性是程序正义的首要保障，没有程序的独立，没有对程序独立的思维与意识，没有对程序独立的制度设计与安排，就不可能有所谓的正义可言。即使产生了一定的领导制度，它也只能依附于相应的行政机构，难以对抗其他行政机构和人员的法外干涉，更不可能发挥其应有的作用与价值。二是校长领导的制度运行的程序具有民主性，也就是校长领导的相关制度在运行过程中要体现大多数人的意志，方便大多数人的行为，体现和保障大多数人权益在实体上的实现等。三是校长领导的制度运行的程序制约性，程序的目的和功能之一即是制约制度所赋予的权力的运行。因此，程序正义要求校长在行使权力时不应当是专制独裁式的，而更应该在程序规定的时限、时序、原则的范畴内来进行，以便于实现对领导权力的制约，防止主观臆断和权力偏私现象的发生。四是校长领导的制度运行的程序公开性，也就是校长行使领导权力的过程应当是公开的，对于参与其中的人来说必须是透明的。公开、透明的程序可以发挥当事人和社会舆论的监督作用，防止以权谋私和权力寻租现象的发生，从而促进不同主体之间的相互信任，进而达成"重叠共识"（或合意）。当然，校长领导制度的程序正义只是实现了权力行使过程的公平，但仅有过程公平还不能满足领导合法性的需要，还必须体现结果的平等即实质正义。实质正义则是注重结果的实质性平等。这就要求校长领导的制度在运行过程中要符合大多数人的利益、需要和愿望，应当体现下属的价值追求，只有这样，领导的相关制度才可能被看作实际上合理的东西，才具有真正的合法性与正当性，并进而获得下属的赞同、支持和服从。因此，校长领导的制度设计与制度安排必须同时满足程序正义与实质正义两条原则，这两条原则是校长领导获得合法性的基础，也有助于提高校长领导权力运行的有效性，避免合法性危机的发生。

3. 制度自由的原则

自由是什么呢？《现代汉语词典（第4版）》中对自由的解释："①在法律规定的范围内，随自己意志活动的权利。②哲学上把人认识了事物发展的规律性，自觉地运用到实践中去，叫作自由。③不受拘束；不受限制。"㉘概言之，自由是人们在私人和公共生活领域中所体现出来的自觉、自为、自主的一种权利或状态。自由体现了作为主体的人所具有的基本特性，是人能够从事社会活动的权利。而人一旦没有了自由或放弃了自由，则失去了人的基本特性，正如卢梭所言："放弃自己的自由，就是放弃自己做人的资格，就是放弃人类的权利，甚至就是放弃自己的义务。"⑰柏林（I. Berlin）指出："自由这个词的积极意义来自于个人希望能够做自己的主人。我希望我的生命及决定是依靠我自己，而不是依靠任何外在的力量；我希望成为自己的工具，而不是别人的意志行为所支配的；我希望自己是一个主体，而不是一个对象；我希望我是由自己的理性及有意识的目的所推动的，而不是被外来的原因所影响的。"⑱卢森堡（R. Luxemburg）也指出："没有自由的意见交锋，任何公共机构的生命就要逐渐灭绝，就成为没有灵魂的生活，只有官僚仍是其中唯一的活动因素。"⑲而制度自由则是自由概念不断拓展的产物，就是指由客观化的实体通过各种规章制度对公民的自主性、独立性的权利的赋予及保障。制度自由的原则意味着制度作为一种工具对人的存在和发展所具有的功能与价值。而这种价值的实现则表现为：第一，作为自由活动的游戏规则，制度推倒了一切外在地、僵死地限制人们活动范围的"城墙"，打破了一切身份等级和地域限制的束缚，为个人智慧、才能、力量充分自由地发挥创造了自由的空间。第二，作为抽象、明确、平等的规则，制度为自由主体提供了有效的预期机制，增强了自由行动者之间的互动、交往和合作。第三，作为清晰明确的公共规则，制度通过对人们自由空间的界定，使逻辑上抽象的自由可能性变为人们行动上可以力争的权利和机会。第四，作为把形式主义当成基本制度正义的规则体系，制度是一种实现社会公平的机制，它确立了现代社会制度的法治原则；而法治原则的确立从根本上改变了人与人之间的依附关系，既为每一人赢得了作为主体的尊严感，又为一切人的自由全面发展创造了条件。⑳

就校长领导的制度自由而言，需要打破过去那种科层式、官僚化的管理制度，并建立一种富有人性内涵的、自由的制度。正如何兆武在《上学记》一书中所指出的，"我以为，一个所谓好的体制应该是最大限度地允许人的自由。没有求知的自由，没有思想的自由，没有个性的发展，就没有个人的创造力，而个人的独创能力实际才是真正的第一生产力。如果大家都只会念经、背经，开口都说一样的话，那是不可能出任何成果的。当然，绝对的自由是不可能的，自己想干什么就干什么，那会侵犯到别人，但是在这个范围之内，个人的自由越大越好"[④]。所以，校长领导的制度自由原则的贯彻，一方面是要赋予制度以明确的边界范畴。我们知道，制度可以通过一系列规则为人的活动提供必要的条件和一定的保障，它告诉人们能够做什么和可以做什么，不能做什么和禁止做什么。它既包括权利和义务的明晰，也包括活动空间和范围的确定。也即是说，作为校长领导的相关制度只有明确地界定了制度的边界范畴，明确了自由主体之间、个人与社会之间的界线，才可能为实现个人权利的有效运用和才能的充分发挥而开辟自由的空间。另一方面是要明确制度设计与安排的政策法规基础。因为制度自由地发挥不是无限制的，它需要建立在一定政策法规基础之上，背离了一定政策法规精神的制度不仅是不自由的，甚至可能因其违规与违法而遭到禁止和唾弃。正如孟德斯鸠所言："在一个国家里，也就是说，在一个有法律的社会里，自由仅仅是：一个人能够做他应该做的事情，而不被强迫去做他不应该做的事情。……自由是做法律所许可的一切事情的权利；如果一个公民能够做法律所禁止的事情，他就不再有自由了，因为其他的人也同样会有这个权利。"[④]罗素也指出："我们所要追求的自由不是压制别人的权利，而是在不妨碍他人的前提下按照我们自己选择的方式进行生活和思考的权利。"[④]因此，具有政策法规基础的制度设计对教育自由的实现而言无疑是必要的也是必需的。

（二）校长领导的制度正当性的评价标准

对校长领导制度的伦理评价意在于找寻一个好的制度，找寻一个具有正当性、合理性的制度。那么，什么样的制度才是好的制度或者是具有正当性、合理性的制度呢？好的或者具有正当性、合理性的制度的评价标准是什么呢？英国历史学家阿克顿（L. Actom）讲了一个《分粥制度》的故事或许能够对我们理解什么是好的制度以及好制度的标准是什么具有启发意义。

有 7 个人组成的小团体，其中每个人都是平凡而且平等的，但不免自私自利。他们想通过制定制度来解决每天的吃饭问题——要分食一锅粥，但并没有称量用具。大家试验了不同的方法。

方法一：指定一个人负责分粥事宜。很快大家就发现，这个人为自己分的粥最多。于是又换了一个人，结果总是主持分粥的人碗里的粥最多最好。阿克顿勋爵作的结论是："权力会导致腐败；绝对的权力导致绝对的腐败。"

方法二：大家轮流主持分粥，每人一天。虽然看起来平等了，但是每个人在一周中只有一天吃得饱而且有剩余，其余 6 天都饥饿难挨。这一制度虽然平等，但并不公正，并且还造成了资源的浪费。

方法三：大家选举一个信得过的人主持分粥。开始这位品德尚属上乘的人还能公平分粥，但不久他开始为自己和溜须拍马的人多分。这一制度安排表明没有监督机制，仅仅依靠个人的德性是有漏洞的，不可靠的。

方法四：选举一个分粥委员会和一个监督委员会，形成监督和制约。公平基本上做到了，可是由于监督委员会常常提出种种议案，而分粥委员会又据理力争，等分粥完毕时，粥早就凉了。这一制度安排表明，制度还必须是有效率的，最好的制度应该是低成本而又有效的制度。

方法五：每个人轮流值日分粥，但是分粥的那个人要最后一个领粥。令人奇怪的是，在这个制度下，7 只碗里的粥每次都是一样多。每个主持分粥的人都认识到，如果 7 只碗里的粥不相同，他确定无疑将享用那份最少的。这一制度安排之后，7 人小组就未再为分粥而尝试新的制度，这说明这一制度安排在他们看来就是最好的制度，因为既有效率又保证了公正。[④]

这个故事告诉我们，好的制度是非常有意义的，同时表明，影响好的制度设计和安排的因素也是多样化的，既需要有平等、公正，也需要有效率，仅有平等而没有公正肯定不是好的制度，有了平等与公正而没有效率也不是好的制度，但有了效率而缺乏平等与公正也难以成为好的制度。所以，制度设计和安排无疑是一个复杂而又充满智慧的过程，也是一个多因素综合凝练的过程，而这些要素也成为考察和审视制度好与不好、正当与不正当的重要尺度。结合学校教育管理自身的特点，笔者认为，校长领导的制度正当性的评价标准也即是好的学校制度的标准应该包括以下几个方面。

　　一是人的全面自由发展程度。人的全面自由发展是相对于人的片面不自由发展而言的，长期以来，我们的教育制度非但没有实现人的全面自由的发展，反而逐渐背离了这一发展目标和价值追求，带来的反而是对人的身心的摧残。正如一位到日本考察了一年教育的教师回来后所说："我教了十五年书，摧残了学生十五年。"其实教师知道这是摧残，可还得在现行制度要求下用自己的双手，用受过多年教育的大脑，亲自去"摧残"学生。可见，人的片面不自由的发展则是异化的教育及其制度规训的结果。所以，作为一种好的、正当的学校制度则必须实现对异化的教育及其制度的超越与扬弃，才可能带来人的全面自由的发展。人的全面而自由发展既是人的德智体美等方面全面发展的结果，也是人的理性自由、个性解放及道德境界提升的体现。正如爱因斯坦（A. Einstein）所指出的，"只教给人一种专门知识、技术是不够的，专门知识和技术虽然使人成为有用的机器，但不能给他以一个和谐的人格，最要紧的是人要藉着教育得到对于事物及人生价值的了解与感觉，人必须对从属于道德性质的美和善有亲切的感觉，对于人类的各种动机、各种期望、各种痛苦有了解，才能和别的个人和社会有合适的关系"[①]。所以，人的全面自由发展"意味着人以一种全面的方式、作为一个完整的人占有自己的全面的本质；意味着在社会实践的基础上人的自然因素、社会因素和精神（心理）因素都得到充分的发展；意味着人的体力发展与智力发展的统一、物质需求与精神需求的统一"[②]。显然，全面自由发展的人则是一个自主、自为的人，而自主与自为则意味着他能够进行独立的思维并能够根据自己的思维创造性地做出决定和行动，正如卢克斯（S. Lukes）所言："如果一个人对于他所承受的压力和规范能够进行自觉的批判性评价，能够通过独立的和理性的反思形成自己的目标并作出实际的决定，那么，一个人（在社会意义上）就是自主的。"^⑩而且"应该使每个人……能够形成一种独立自主的、富有批判精神的思想意识，以及培养自己的判断能力，以便由自己确定在人生的各种不同的情况下他认为应该做的事情"^⑩。由于人总是在一定的社会制度中生活和发展的，"他们不是自然状态中孤立的个人……是一种机构的成员，在这个机构里他们来来去去；是一种制度里的公民"^⑩。因此，"制度的建立与选择、变革与创新是否与人的发展的根本目的——人本身全面而自由的发展——相一致或相符合，就成为制度伦理存在的目的和意义，也是衡量制度是否合理的根本尺度。人的自由、和谐和全面发展是制度合理的根本标志"^⑩。

二是公共意志与公共利益的体现与满足程度。制度的建立与发展过程中公共意志及公共利益的体现与满足程度无疑也是衡量制度好与不好、正当与不正当的重要尺度。一方面，校长领导的制度建立要体现公共意志。学校任何一项制度的建立都是要为实现学校的有效发展及个人的和谐发展服务的，它的建立应该有广泛的群众基础，要能够体现大多数人的主观意愿，而不应该是校长或者是以校长为首的少数学校领导者的意志表达。因为学校是一个育人的场域，需要体现每个人的积极性、主动性和创造性，需要每一个人去主动地行使作为一个公民所具有的基本权利，也需要每一个人去主动地行使作为一个"教育人"所赋予的基本权利，这就需要制度的建立要体现民意，而没有民意表达与体现的组织与集体则更多地会成为一个不自由的集体，甚至可能会成为一个专制、"暴力"的机构，其出台的制度规范也不可能得到普遍的认同与接纳。所以，只有体现公共意志的学校制度，才可能是一个好的制度，才可能使学校成为一个自由的集体，也才可能产生自由的理智与服从。因为"自由的集体乃是这样的集体，在这个集体中，所有的强制都是全体成员一致同意服从的。这样，该集体虽有强制，但每个人对它的服从，乃是在服从自己的意志，因而也就是自由的。……社会也是如此。如果一个社会的所有强制都是符合该社会全体成员一致同意或认可的行为规范，那么每个人对该社会强制的服从，同时也是在服从自己的意志，因而也就是自由的"⑪。另一方面，制度的执行与表达要以公共利益的实现为根本的价值取向。公共利益即是公众的利益，是相对私人利益而言的。公共利益具有公共性、正当性及公平性的特点。无疑，作为体现公共意志的校长领导制度也要体现公共性、正当性及公平性，否则，校长领导制度在执行过程中可能会转变为实现个人利益的工具，并且使得学校内部充满着不公正、不平等，进而出现因利益纷争而带来的敌视、仇恨甚至是打击报复等现象，使得本应和谐的校园变得极为混乱与无序。所以，"人们创建制度的目的，从价值关系的角度看，就在于在当时历史条件下争取最大限度地展示和发挥主体的本质力量，最大限度地改造和利用客体，以求得主客体价值关系的最优化，从而最大限度地满足社会主体的物质文化生活需要。因此，社会大多数人的利益的满足就必然成为衡量制度合理性、道德性的一个重要标志"⑫。

　　三是效率与效益的提升与协调程度。正如《分粥制度》这一故事所告诉我们的，制度没有效率肯定不是好的制度。制度效率可以分为制度安排的效率以及制度结构的效率，前者主要取决于以下因素：一是从制度规定本身来说，是否具有"普适性"；二是从制度安排与制度结构中其他制度安排的关系来看，它与其他相关制度安排实现其功能的完善程度有关；三是从动态的角度看，它与生产过程的技术性质有关。后者主要取决于各种制度的耦合协调程度。⑬制度效率有助于使学校内部结构设计与安排更为合理，运行更为顺畅、便捷与高效。但也要防止出现因片面理解而做出的一些不好的制度安排，比如有些学校为了提升所谓的工作效率，在制度安排上片面强化物质激励，导致教师经常是按照物质利益的多少和相关程度采取相应行动，对自身有利可图的事就多干，而无利可图的事就尽量少做或干脆不做。这些情况必然带来教师责任意识的淡漠，从而轻视甚至漠视学生实际多方面的发展需求。如果学校的制度仅重视效率因素、功利目标，而忽略制度的价值效益问题，不仅不利于学校的有效发展，也不利于人的身心和谐发展，甚至可能使校园里到处充斥和弥漫着功利主义的气息。正如池田大作所指出的，"这种风气带来了两个弊病，一个是学问成了政治和经济的工具，失掉了本来应有的主动性，因而也失去了尊严性。另一个是以为惟有实利的知识和技术才有价值，所以做这种学问的人都成了知识和技术的奴隶。由此产生的结果是人类尊严的丧失"[⑭]。当然，好的制度除了需要提升效率外，还需要制度效益的提高与协调，制度效益既包括制度产生的直接效益，也包括制度所产生的间接效益。就学校制度而言，其直接效益即是指制度所产生的育人价值、管理价值及其促使学校实现可持续发展的价值等；而间接效益即是指制度所带来的社会价值，也即是学校制度在其直接效益作用的基础上所发生的对社会的有效影响力。比如，有些学校为了进一步加强民主管理、完善内部管理体制而建立了校务委员会制度，校务委员会由学校领导、教师、学生、家长、社区代表、专家等人员组成，他们负有对学校工作提出建议、进行协调和审议的责任。校务委员会制度赢得了家长的广泛理解和积极参与；密切了学校和家长、社会的联系；促进了学校决策的科学性和可行性；解决了学校教育管理的热点难点问题；拓展了学校校务公开范围，提升了教育支持度；也为学校赢得了和谐的发展环境。[⑮]

四是教育公正的实现程度。教育公正是社会公正的一个子系统，是社会公正在教育领域的延伸和体现，旨在借助于合理的教育制度，通过对教育资源的合理分配，为每个人提供与其自身发展相适宜的教育，包括教育起点的公正、教育过程的公正以及教育结果的公正。具体而言，第一是在起点上，要求教育对象在入学机会及求学条件上遵循无差别原则，所有儿童都拥有接受教育的平等权利。正如《中华人民共和国教育法》第九条所规定的，"中华人民共和国公民有受教育的权利和义务。公民不分民族、种族、性别、职业、财产状况、宗教信仰等，依法享有平等的受教育机会"。《义务教育法》第四条也规定："凡具有中华人民共和国国籍的适龄儿童、少年，不分性别、民族、种族、家庭财产状况、宗教信仰等，依法享有平等接受义务教育的权利，并履行接受义务教育的义务。"第二是在过程中，要求在平等接受教育的基础上体现因材施教的理念。这里的平等既包括人人所享有的基本权利的完全平等，也包括人人所享有的非基本权利的比例平等[1]。因此，在教育过程中也需要对基本权利平等及非基本权利平等进行区别对待，否则，可能带来的则是更多更大的不平等。正如奥谢（M. V. O'shea）所指出的，"在一个民主社会中，阻止一个在智力或性格与体力上属于强者的人取得凭天赋能力所能取得的成绩，其不公正、不民主和犯罪的程度正如阻碍一个弱者在与同伴竞争时最大限度地发挥其能力一样"⑯。第三是在结果方面，要能够使每个学生都能有效利用均等的教育机会并取得学业上的成功，学有所得、学有所用。美国教育家曼（H. Mann）指出："教育是实现人类平等的伟大的工具，它的作用比任何其他人类发明都要大得多。"⑰因此，教育若能在起点、过程以及教育结果等方面真正地达到公正与平等，无疑会对教育公平以及社会公平的深化与实现具有重要意义。这也意味着"教育公正是社会公平、正义的重要基础，是教育制度建设的基本依据和首要价值"⑱。可见，教育公正之于教育制度的价值是不言而喻的，教育制度的发展与完善无疑需要渗透教育公正的内涵，教育发展越公正、公平，则意味着教育制度越完善。这一关系也符合罗尔斯关于正义之于社会制度价值关系的表述，他指出："正

---

[1] 王海明认为，所谓基本权利，亦即是人权，是人们生存和发展的起码的、最低的、必要的权利，是满足人们政治、经济、思想等方面的起码的、最低的、最基本的需要的权利；反之，非基本权利则是非人权权利，是人们生存和发展的比较高级的权利，是满足人们政治、经济、思想等方面的比较高级需要的权利。每个人不仅应该享有基本权利，而且应该完全平等地享有基本权利。因为虽然人的才能有大小、品德有高低、贡献有多少，但在缔结、创建社会这一最基本最重要的贡献和因其所蒙受的损失上却完全相同——因为每个人并不是在成为总统或平民、文豪或文盲之后才来缔结、创建社会的，而是一生下来就自然地、不可选择地参加了社会的缔结、创建。总而言之，每个人因其最基本的贡献完全平等——每个人一生下来便都同样是缔结、创建社会的一个股东——而应完全平等地享有基本权利。而非基本权利比例平等则是说谁的贡献较大，谁便应该享有较大的非基本权利；谁的贡献较小，谁便应该享有较小的非基本权利；每个人因其贡献不平等而应该享有相应不平等的非基本权利。这样，人们所享有的权利虽是不平等的，但每个人所享有的权利的大小比例与每个人所做出的贡献的大小比例却是完全平等的。参阅王海明. 公正、平等、人道——社会治理的道德原则体系 [M]. 北京：北京大学出版社，2000：65-71.

义是社会制度的首要价值，正像真理是思想体系的首要价值一样。一种理论，无论它多么精致和简洁，只要它不真实，就必须加以拒绝或修正；同样，某些法律和制度，不管它们如何有效率和有条理，只要它们不正义，就必须加以改造或废除。"⑲

无疑，校长领导的制度正当性的评价标准应是人的全面自由发展、公共意志与公共利益的体现与满足、效率与效益的提升与协调以及教育公正的实现等因素共同作用的结果，其中，人的全面自由发展的实现是根本，而公共意志与公共利益的体现与满足程度、效率与效益的提升与协调程度以及教育公正的实现程度等，都是为人的全面自由发展这一目标服务的，离开了人的全面自由的发展，教育就失去了其应有的价值与意义，其他要素不管发挥程度如何都没有存在的必要了。反之，制度越是能够体现公共意志并满足大多数人的公共利益、越是能够实现效率与效益的提升与协调、越是能够实现教育起点与过程及结果的公正与平等，就越有利于实现人的全面自由的发展，也就更可能成为一个好的或正当的学校制度。

第三节　现代学校制度〔1〕：校长领导制度伦理革新的模式

现代学校制度的提出和建立与现行的学校制度所存在的种种难以改进

---

〔1〕 褚宏启在《我们需要什么样的现代学校制度》一文中指出，如果我们还想让教育成为实现理想社会的推进器，如果我们还尊崇民主、平等、博爱等（被一些"后现代人"所诟病的）价值理想，如果我们还认同人的价值，如果我们不被暂时的、外围的教育问题（教育投入问题）遮住耳目，如果我们还有一个更高更远的教育追求，如果我们还想保持教育的主体性，还想让教育有一个高贵的品质，我们就需要一个人道主义的、具有人文精神的、真正的现代学校制度。在这种制度下，我们更关注学生的发展和他们的生活质量，更关注教师的发展和他们的生存状况，更关注教育对矫正社会弊病、引导社会进步的意义。参阅褚宏启. 我们需要什么样的现代学校制度 [J]. 教育研究，2004（12）：36. 他在另一篇文章《建设现代学校制度：校长应注意什么？》中则认为，"现代学校制度"这个概念可以被通俗地理解为"一个好的、关于学校的规则体系"。参阅褚宏启. 建设现代学校制度：校长应注意什么？[J]. 中小学管理，2005（6）：5. 鉴于此，笔者认为现代学校制度即是校长领导制度伦理革新的有效模式。

和超越的问题紧密相关。而"现行的学校制度所支撑的，基本上是农业时代、前工业时代、传统的工业化时代的教育，基本上是'大批量生产、标准化'的教育。制度障碍已经成为我国现代学校建设与发展较大的障碍之一"[⑳]。因此，"建立现代学校制度是对我国现行学校制度的改造，是革除影响发展的体制弊端、全面推进教育改革与发展的制度创新，代表了教育制度建设的方向"[㉑]。

（一）现代学校制度是一种好的学校制度

现代学校制度是什么呢？应该如何理解和认识现代学校制度呢？现代学校制度真的是一种好的学校制度吗？

刘莘在"基础教育阶段现代学校制度的理论与实践研究"课题的理论研讨会上指出，现代学校制度不是"无本之木"，对传统的学校制度不能全部否定，应该吸纳其中一些优秀的制度为"现代"所用。应该从梳理各种关系的角度来考虑现代学校制度的建设问题。需要从以下几个方面着手来梳理各种关系：即学校自身存在的目的；学校制度涉及学校与政府的关系、学校与教师的关系、学校与学生的关系、教师与学生的关系、学校与家长的关系，以及社会与学校的关系。学校不仅应该具有公益性的特征，还应具有伦理性的特征。伦理性表明该事物的存在是正当的，可以为社会提供有益的东西。学校是一个教育人、培养人的场所，其伦理性特征要求学校不仅仅是一个灌输知识、传授学问的场所，而且要求学校是一个全面培养人的道德修养、文化品位的场所。因此，在给现代学校制度定位时，也应该强调其伦理性的价值取向。[㉒]

褚宏启在《我们需要什么样的现代学校制度》一文中指出，现代学校制度是一种教育制度而不是经济制度；其主导价值追求是社会公平而不是经济效率；其立足点是教育，是学生的充分发展，而不是利润。因此，现代学校制度的衡量标准所应该关注的，不是产权归属、产权明晰等经济学标准问题，而是教育标准问题，即"什么样的教育才是好的教育"这样的问题。教育的本质不是财产流转，而是思想的流转。学校是"交流思想的场所"（a marketplace of ideas）。当然，现代学校制度的建立并不只是一个学校内部管理体制的完善问题，还涉及学校与教育行政部门的关系、与社会（社区）的关系等，前者应该被重点关注。⑫

张新平等在《现代学校制度的认识偏差与重新定位》一文中指出，近年来对现代学校制度的研究所出现的偏差集中表现在两方面：一是在现代学校制度的方向定位上存在着失误和偏差。认为他们更多的是考虑对企业制度的借鉴，将有关企业的理论、方法和规则移植到现代学校教育中来，"股份制"和"公司化"则成了构建现代学校制度的一种"理想"和重要的方略。二是在现代学校制度的目的定位上存在着失误和偏差。有研究者将现代学校制度理解为就是要重新配置政府和学校之间的权力关系，通过调整权力关系以拓展学校办学经费的来源。鉴于对现代学校制度理解和认识的偏差，文章认为应该把现代学校制度定位在四个方面：即现代学校制度首先应是从学校尤其是公立的中小学出发，以学校利益相关者为服务对象，努力维护并不断拓展利益相关者（特别是学生）利益的教育制度；其次现代学校制度应是确保效率和质量的制度；再次现代学校制度应是一个公开、民主的制度；最后现代学校制度应是一个充满伦理关怀的制度。⑬

李继星在《基础教育阶段现代学校制度简论》一文中指出，现代学校制度是向知识社会过渡、与知识社会和知识社会以后的社会相适应的学校制度；是以新型的政、校关系为基础的学校制度；是以现代教育观[1]为指导的学校制度；是学校依法自主、民主管理为主的学校制度；是能够促进学生、教职工、学校、学校所在社区的协调和可持续发展的学校制度。据此认为，现代学校制度指的是能够适应向知识社会转轨及知识社会形成以后的社会发展需要，以新型的政、校关系为基础，以现代教育观为

[1] 文章指出，基础教育阶段现代教育观的核心是：教育是公平的，教育是有质量的，教育是"以人为本""以育人为中心"的，教育是民主的，教育过程是师生相长的过程。参阅李继星. 基础教育阶段现代学校制度简论 [J]. 江苏教育，2009（9）：32-33.

指导，学校依法自主、民主管理，能够促进学生、教职工、学校、学校所在社区的协调和可持续发展的一套完整的制度体系。[42]

潘希武在《基于学校属性的现代学校制度设计》一文中认为，学校性质是决定现代学校制度构建的基本要素。法人治理结构并不是现代学校制度构建的目标追求。因为法人治理结构的核心是界定学校与政府、学校与社会、学校内部间关系，使得各种关系之间的权利与义务更加明确，而这三对关系间的权利与义务的界定依赖于对学校性质的认识。学校不同于企业，学校与政府间的权限划分不可能做到所有者与经营者的完全分离。同时，学校有没有独立的民事法人地位并不是学校教育教学发展的前提性的决定要素，或者说，现代学校制度的核心问题并不在于法人地位，而在于学校性质。而学校性质主要包括三个方面：即学校是一种公共组织，应体现公共性；学校是一种专业性组织，应体现专业性而非行政权力的特性；学校既是民事法律关系主体，也是行政法律关系主体。由于学校性质呈现多元化的特点，因此，现代学校制度应该是一个包容多元性质的结构。[42]

上述诸位学者对现代学校制度的分析表明，现代学校制度是教育的制度，是以学校教育中的人获得充分发展为立足点的，而非简单的"企业制度"或"市场制度"，也不是"法律制度"或"政治制度"；现代学校制度是具有伦理价值取向的制度；现代学校制度是既关注效率也关注效益的制度；现代学校制度是渗透着教育公平、民主及教育质量卓越的制度；现代学校制度不仅仅是某一项具体的制度，而是一套完整的制度规则体系；等等。概言之，现代学校制度是一种建立在新型政、校关系以及教育发展与人的身心和谐发展的基础上，关注政府与学校、学校与家庭、社区的有机统一，渗透着教育质量与效率、公平与民主的和谐发展并具有伦理价值取向的一套制度规则体系。可见，现代学校制度无疑是一种值得研究与探索的好的学校制度，是制度伦理价值在学校教育中的深化与革新，也是制度伦理之于校长领导制度创新的重要理论支撑。

（二）现代学校制度：校长领导价值实现的制度保证

"基础教育阶段现代学校制度的理论与实践研究"总课题组指出，现代学校制度在现代教育观指导下，能够敦促并保障学校大力推进素质教育，促进学生的充分、全面、多元、终身发展和允许有差异地发展（最优发展）；能够大力促进校长和教职工的专业化发展，有力地推动学校的人力资源开发工作；能够有力地推动现代学校文化的形成，有力地推动"传统型学校"向"学习型学校"发展；能够推动和保障学校形成清晰的学校产权；能够保障学校依法民主、自主管理，形成校本管理的机制和民主治校的制度基础；能够具体、明确地规范政府应承担的义务教育阶段的责任特别是经济责任，构建起针对政府的完善的、可操作的问责机制和其"不作为"的追究机制；能够逐步地、有序地允许家长、学生自主择校；能够引导学校积极地参与社区文化建设，推动社区可持续发展。可见，现代学校制度对于学校的有效发展及人的自我价值的实现具有积极的意义，也是校长领导价值实现的重要制度保证。

1. 现代学校制度使校长在办学治校的过程中享有充分的办学自主权

由于政府与学校之间在过去一直处于一种依附关系的状态，这就表明学校在管理的过程中更多是一种外控式的管理，学校在这种管理之下变成了一个被动接受上级指令的角色。作为一个被动地执行上级教育行政命令的教育实体，它是不可能实现自身良性发展的，因为，被动地执行命令意味着学校必须遵循"循规蹈矩"的原则和"不敢越雷池半步"的心理，这则是限制学校有效发展的最大瓶颈。而现代学校制度建立的前提就是要改变长期以来政府与学校之间的依附关系，转变政府的教育行政职能，把权力逐渐下放，落实学校的办学自主权。权力下放就意味着教育决策权的重新分配，要求教育行政机构改变传统的对学校实行全过程、全方位控制的方法，转而通过立法、拨款、中介组织、政策引导、督导、信息服务等各种间接手段对学校进行宏观调控，以保证政府目标的实现和学校公正、公平及合理有效地运用得到的权力。学校也由过去更多地依赖教育行政机构走向独立与自主，从过去教育行政机构的行政附属物转变为真正意义上的教育实体，由原来单一的执行机构转变为决策与执行集中于一体的机构，享有了更多的办学自主权，且校长自主管理的积极性也得到了充分的发挥。当然，现代学校制度重新调整政府与学校之间关系的目的并不是要追求学校从政府完全独立出来，不需要政府的参与，这是不可能的，正如褚宏启在谈及发展中国家制度变革中政府的作用时所言："政府是制度的主要供给者。……我们需要一个强有力的政府来推进建立一个民族的、大众的（民主的）、具有现代教育精神的现代学校制度。这种制度应该体现'新发展观'，以人的发展为本，体现教育均衡发展、教育公平的要求。"㉛所以，政府与学校关系调整的目的在于寻求学校与政府之间权力关系的最佳匹配，实现管理的"法制化、程序化、民主化"㉜。在校长获得充分办学自主权的同时，也并不意味着校长权力的无限放大并进而走向最大化，而是要走向专业化。因为，"放权给学校的目的在于加强学校教育教学活动的专业性，从而更好地促进学生的发展"㉝。这种专业发展无疑是遵循学校办学基本规律的需要，也是满足学生身心和谐发展的需要。

2. 现代学校制度使校长在办学治校的过程中增强了资源开发意识

校长领导学校发展的过程也是对学校各种资源优化组合、合理配置的过程，是开发、利用教育资源以获取管理效率与效益的过程。由于受传统领导观念及办学模式的影响，这种所谓的资源优化组合以及提升管理的效率与效益等问题都被搁置了，校长所遵循的是"等靠要"的管理思维，完全依赖于上级教育行政部门，根本没有顾及对社会、社区及家庭等办学资源的关注，也没有能够对学校内部有限的资源进行合理开发与利用，再加上缺乏有效的监督与评价机制，致使学校在资源利用上充斥着低效、无效甚至是浪费等现象，既没有赢得外部的支持，也没有获得内部的认同。而现代学校制度则是建立在理顺学校与政府、社会及家庭关系的基础之上，并注重资源的有效利用及实现效率与效益提升的一种学校制度。所以，在现代学校制度的影响下，学校为了实现可持续发展则意味着校长在领导过程中必须关注对教育资源的合理开发与利用。一方面，校长要充分开发与利用学校外部的各种教育资源，既要准确理解与消化政府出台的各项政策、法规等文件，争取获取更多的教育资源，也要通过建立社会有效途径，获得更多的民间资本，还要与社区、家庭等建立有效的联系，赢得家长的支持与信赖。另一方面，校长也要实现对学校内部有限资源的合理开发与利用，在学校内部所有的资源中，人是最重要的资源，因为，学校的一切工作，从根本上说，都是围绕着"人"这个中心来运行的。它的目标是培养合乎社会需要的人，它的发动和操作要以人为中介，最终结果的好坏也要以人的质量高低来表现。所以，实现对人力资源的开发与利用无疑是校长解决校内资源配置的最关键的问题。而且人力资源也是一种能动性的而不是被动的弹性资源，并处在发起、操纵和控制其他资源的位置之上，在各种资源中占据主导地位。人力资源又是一种可能自身增值的资源，只要人力资源配置、使用得当，在一定程度上就可以创造出价值，而且其自身也能增值。不管是学校外部的教育资源，还是学校内部的教育资源，都需要校长在办学治校过程中认真开发与利用，这是现代学校制度所赋予校长的一种使命，也是校长在办学治校过程中对各利益相关者所要承担的一种责任与义务。

3. 现代学校制度使校长在办学治校的过程中恢复了"本原角色"

在传统的科层管理制度下，校长自身的角色出现了"角色游离""角色距离"及"角色变异"等现象，这些现象的出现使得校长的很多领导行为更多是非本意所为。校长若不能在自己的领导岗位上充分体现自身的价值，挖掘自身的潜能，贯彻自己的教育理念与信念，事实上已经使校长的办学走向了"自我背叛"，这显然有悖于教育发展的基本规律，也有悖于"校长是一个学校的灵魂"[①]的信念。而现代学校制度则是一种要求去官僚化、集权化的学校制度，正如一位校长在"21世纪校长论坛"上阐述"现代学校制度"时所指出的，"我认为那是一种民主制度，这种制度更关注人生幸福，因为他可以让人感觉自由带来的幸福，这种制度让人相互尊重，体现人与人的平等，这种制度很宽容，而且鼓励人们实现个人价值，这种制度使权利与义务对等，而且更关注弱势群体的权益而限制强者权力，（权力是对权益的占有和使用）。……现代学校制度有两个追求：一是由权威治校向依法治校进步再向教师治校进步；二是由金字塔形向扁平化进步。"看来，现代学校制度有助于实现校长自身的角色从"失位"走向"复位"，使得校长的角色不只是上级指示的传达者和贯彻者，而是多样化角色的集中体现，校长既是学校目标的开启者与领导者，也是人力资源的开发者和协调者，同时又是学校组织文化和教育理念的塑造者。美国学者萨乔万尼在《道德领导：抵及学校改善的核心》书中谈及约翰逊校长时也指出："校长不只是一个角色，……为了使学校成为更为成功的场所，他去做任何需要做的事。人们可以发现，如果需要的话，他会在自助餐厅里擦桌子。他是别人的一个伟大榜样。校长之于约翰逊绝对是一种使命，是他的生活，而且不只是他的部分生活。……他总是尽力去强调意识和意义。学校中该做的工作都做了，并不是因为人们总是以特定的方式去做这些工作，而是因为这些工作是有目的的。目的被植入了学校每天的生活之中。正如一位学校顾问所解释的：'在约翰逊先生这里，事情的沟通比较公开化。我们得到了工作为何被完成的解释。在政策的背后没有什么神秘的东西，如果工作进行得不那么有效，我们会努力去寻找更好的方法。工作带有了更多的意义，我们的哲学甚至比去年的更为积极。'对于约翰逊来说，领导不是一种权利，而是一种责任。"⑥约翰逊所做的可能就是他作为校长角色的本意所为，正是这样，使得他多了一种职能，多了一份责任，多了一种使命，也给学校中的其他人员树立了榜样，这种榜样不是行政权力的"化身"，也不是专制规训的"面孔"，而更多地体现了校长为学校发展所赋有的责任与使命，与师生交往交流中的公平、民主与和谐等，这无疑是现代学校发展所追求的，也是真正实现学校价值的重要条件。

（三）现代学校制度的实践探索

现代学校制度作为一种理想的制度设计，需要接受实践的检验，因为理论既来源于实践、高于实践，又需要回到实践中去，而实践也需要接受理论的指导，并能够不断完善和促进理论的更新，二者需要有机地结合。盖茨尔斯（Getzels）也指出："就理论化的规定及其普遍性而言，理论和实践都应视为专业人员行为中有内在关联的两个方面。我们可能并不喜欢日常事务，但却无法回避它。理论与实践是能也确实是同存一炉的。它们都是研究过程和理智追求的重要方面，它们在不断地重新定义着对方。"[63] 就目前我国现代学校制度理论的实践探索而言，很多地方都进行了有益的尝试，比如有"洋浦模式""青羊模式"及"锡山模式"[1] 等，现就现代学校制度在实践中的几种模式做出简析，以便于更好地认识和理解现代学校制度的价值与意义。

1. 现代学校制度的"洋浦模式"[64]

"洋浦模式"是海南洋浦教育体制改革的总结与提升，也是现代学校制度实践的基本模式之一。"洋浦模式"的提法分为广义与狭义。广义的"洋浦模式"包括三个既相对完整又相互关联的组成部分："财政为主，各界相助"办学投资体制模式；"主办制+辅助系统"教育行政体制模式；"三制一包四自主"学校管理体制模式。所谓相对完整，是说它们各自自成体系，可以相对独立地存在，而且独立存在时本身又是一种独特的模式。所谓相互关联，是说它们又是相互联系的，而且只有当它们形成一个整体时，才能最大限度地发挥各自的功能。狭义的"洋浦模式"，主要指"三制一包四自主"学校管理体制模式，"三制"即"定期评估考核制"

---

[1] 在"洋浦模式""青羊模式"及"锡山模式"这三种模式的说法中，"洋浦模式"是文献中已经存在的说法，而"青羊模式""锡山模式"则是笔者根据这两个地区所开展的现代学校制度的实践探索以及为了表达的方便而给予命名的。

"校长负责制"及"教职员聘任制";"一包"即"工资总额包干";"四自主"即在遵循有关管理规章的前提下,"学校内部机构设置和人员聘用自主,经费使用自主,内部分配自主,日常教育教学管理自主"。"洋浦模式"在实践中取得了几个关键性的突破,主要包括:一是"洋浦模式"初步构建起新型的政校关系,确保了学校广泛而充分的自主权;二是"洋浦模式"初步构建起制度化的拨款机制,兼顾了教育的公平与效率;三是"洋浦模式"初步构建起良好的素质教育导向机制,促进了学生、教师、学校的全面、协调和可持续发展;四是"洋浦模式"基本框架简洁明了,易于操作,便于推广,为现代学校制度建设提供了一种简约的模式。当然,"洋浦模式"也还存在一些不足的地方,还需要进一步地在现代学校制度理念指导下不断地发展和完善。

2. 现代学校制度的"青羊模式"

"青羊模式"是四川省成都市青羊区在全区开展的现代学校制度实践探索的基本模式。2003 年 11 月,成都市青羊区被确定为教育部和中央教科所"全国现代学校制度理论与实践研究"八个实验区之一,开展建立新型政校关系,推进学校民主管理等方面的研究工作。青羊区从 2004 年开始,尝试让学校的事务由"学校民主管理委员会"(以下简称"民管会")来进行决策和监督。民管会是由教职工、家长、社会人士、高中学生、教育行政机构的代表为主组成的,对学校事务进行民主决策、民主管理、民主监督和咨询的学校最高一级的自治性组织。"民管会"所承担的一项重要职权,是直接推选学校校长,并报请教育行政部门核准后聘任;同样,对不合格的校长,"民管会"有一票否决的权力——只要有三分之二的民管会成员认为校长在职期间不称职,那么校长将被"民管会"弹劾。在校长选聘和"下岗"的过程中,评价工作主要由外部聘请的教育专家担任,"民管会"履行程序监督的职权,以保证程序公正。"民管会"的创新之处在于:第一,学校民主管理会委员产生的民主性和多样性;第二,"民管会"权利和义务的明确性;第三,"民管会"的议事制度具有民主性和程序的公正性。"民管会"的实施也取得了比较理想的改革成果：第一，初步构建了新型政校关系，一定程度上限制了政府对学校微观管理的直接干预，扩大了学校的办学自主权。第二，该制度下，校长不再由教育局任命，不再由教育局评价，改变了过去校长只对"上"负责，而不对学生和教师负责的局面，使校长认识到，自己的权力和威信必须建立在为学生、教师、社区和家长的利益服务的基础上。第三，"民管会"的建立使得学校与政府的角色发生变化，政府逐渐成为基础教育的协调和推进者而非决策者，在推进学校民主决策，优化学校管理结构，促进学校自主发展方面起到了积极作用。第四，推进了学校、家庭和社区的合作，方便学校吸纳和听取各群体的意见，奠定了学校民主化进程的基石。第五，多项措施和规章制度的出台，促进了学校管理的规范性，完善了学校的管理制度。

3. 现代学校制度的"锡山模式"[43]

"锡山模式"是江苏省无锡市锡山区在全区开展的中小学理事会制度的实践与探索，也是现代学校制度建设的基本模式之一。自 2008 年以来，无锡市锡山区率先开展了这一探索，并已有相当数量的公办中小学成立了学校理事会。理事会代表构成具有广泛性，一般可由政府教育部门（政府出资人）代表、学校代表、所在社区（含镇、村）代表、家长代表、高中学生代表以及社会知名人士等组成。理事会一般可内设三个部门，即议事部、监事部和协调部，既各有所专，又统一协调。理事会的基本功能包括：一是评议和监督。对学校的教育教学质量、学校形象及教师的师德、业务水平乃至校长的工作予以评价，参与学校发展规划、年度工作计划、重大发展目标、重大改革项目、基本建设等重大事项的讨论，并对学校办学行为和学校管理团队的执行能力发挥监督作用。二是咨询和建议。提供社区（社会）对教育的需求信息，提出完善学校管理和学生教育的建设性意见，反映学校服务对象的意见和建议。三是宣传和协调。宣传学校的发展规划和重大决策，协调学校、家庭、社区（社会）之间关系，调动各方面的积极性，利用各种资源为学校发展和学生培养服务。当前学校理事会制度还需要在以下几个方面加以完善：首先要依托中小学理事会制度，形成"一主两翼"的学校管理架构，即以"校长负责制"为中心，教代会侧重于协调学校内部关系，理事会侧重协调学校内外部各种关系，切实完善依法、科学、民主、高效的学校运作机制；其次要依托中小学理事会制度，推进学校与所在社区双向互动开放，学校主动服务社区，社区参与学校管理，学生家长支持并监督学校办学，形成学校、社区与家庭"三位一体"的办学体制；最后是依托中小学理事会制度，完善科学合理的学校评价机制等。理事会制度作为我国中小学现代学校制度建设的一种模式选择，建立以理事会为架构的分权制衡、公开透明、决策、执行、监督相互促进、相互制约的现代学校治理结构，是推进教育现代化建设由物质层面的不断优化向制度层面全面提升的一种制度选择，既是必要的，也是可行的。

结 语

在伦理寻求中实现超越与创造

　　萨乔万尼指出："在任何学校，校长在很多方面是最重要、最有影响力的人……正是由于他的领导，才确立了学校的风气、学习氛围、专业化水准、教师的精神面貌以及对于学生可能成为或不可能成为什么样的人的关心程度……如果一所学校是一个有活力的、创新的、以儿童为中心的场所，如果它拥有教学优异的声誉，如果学生已将他们的能力最大限度地表现出来，那么，几乎总是可以指出，校长的领导是成功的关键。"[①]校长领导之于学校的有效发展及人的成长的价值是不言而喻的。但官僚化的实践取向无疑使校长领导行为具有了控制与规训的内涵，个体被束缚在层层的控制体系之下，学校中的每个人都更多的是庞大机器的一小部分。为了使机器能够顺利运转及不被干扰，每个人便只能成为机器上的一个齿轮，使得人处于一种不自由的学校场域中，且学校中自由的理念也经常存在被误解或误用的现象，个体便成了被管理和操纵的一分子。"在这种系统中，人的口味被标准化，易受他人影响。他们的要求能够预期，虽然他们认为自己是自由的、独立的，但却更愿从事他人已安排好的活动，更愿去适应这部社会大机器，而不会与之形成冲突。

他们能够在没有领袖时仍顺从地继续做事。……为了很好地适应此种社会，现代人便被迫形成一种幻想：每件事都是合乎自己心意的，即便受到了精巧的控制也行。这种满意显然不是来自他们真正在自觉中的反省。"⑮不难想象，这样的场域，这样的教育，这样的生活，在校长所能影响的领域并随着这一领域的迅速扩张，将使每个个体对自我价值实现的感受能力"消失殆尽"，并且伴随这一过程的将是"普遍平庸"的出现。

作为"普遍平庸"的个体身处其中而又很难觉察[1]，更难以实现自我超越。其实"个体的平庸"不是教育的本意，"普遍平庸"也不是校长领导的价值追求，这就需要实现学校场域中校长领导行为的超越与创造。超越意味着对传统的扬弃。对校长而言，既不要迷信传统的制度体系，要相信制度是人的制度，缺乏人性内涵的制度只会使领导行为走向异化；也不要固守既定的规章典范，要积极构建体现人的价值与尊严的、具有深刻教育内涵的规章体系，要能够以一种发现的眼光审视学校中的每一个个

---

[1] 对此，美国学者伯格在《与社会学同游：人文主义的视角》一书中通过对社会与人的阐释，也清楚地表达了这一内涵。他指出，社会外在于我们，包围我们，涵盖我们生活的一切方面。我们生活在社会中，定位于社会体系的某些具体成分。我们的定位几乎预先决定和界定了我们所做的一切：从语言到礼仪，从宗教信仰到自杀的可能性。在社会定位上，社会不考虑我们的愿望。我们从精神上对社会规定和禁令的反抗会于事无补，而且常常是徒劳无益的。社会是客观和外在的事实，特别以压制的形式面对我们。社会制度形塑我们的行为，甚至塑造我们的期望。社会制度给我们赏赐，也就是让我们承担任务。如果我们跨越雷池，针对我们的社会控制机制和压制手段几乎是无穷尽的。在我们生存的每一刻，社会的制裁都足以孤立我们，嘲笑我们，剥夺我们的生计和自由，其终极手段是剥夺我们的生命。……最后，我们的社会定位不仅存在于空间里，而且存在于时间里。我们的社会是一个历史实体，在时间上超越了任何个人的生命历程。社会走在我们身前，存在于我们身后。我们出生之前，社会依然存在，我们去世之后它将继续存在。我们的生命只不过是漫长岁月里社会宏伟征途中短暂的插曲而已。总之，社会是我们身陷囹圄的历史囚笼。参阅彼得·伯格. 与社会学同游：人文主义的视角 [M]. 何道宽，译. 北京：北京大学出版社，2008：100.

体；更不要盲目地以"权威"[1] 自居，以"权威"自居既可能带来"专制独裁"，也可能导致所谓的"英雄崇拜"，这都隐含着对人的控制与规训，难以实现校长领导的"参与式追随"。看来，超越则需要校长具有开拓创新意识和气魄，只有如此，才可能体现校长作为真正的教育领导者甚至是教育家型校长的意义与价值。陶行知则指出："我们常见的教育家有三种：一种是政客的教育家，他只会运动，把持，说官话；一种是书生的教育家，他只会读书，教书，做文章；一种是经验的教育家，他只会盲行，盲动，闷起头来，办……办……办。第一种不必说了，第二第三种也都不是最高尚的，依我看来，今日的教育家，必定要在下列两种要素当中得了一种，方才可以算为第一流的人物。一是敢探未发明的新理；二是敢入未开化的边疆。敢探未发明的新理，即是创造精神，敢入未开化的边疆，即是开辟精神。创造时，目光要深；开辟时，目光要远。总起来说，创造开辟都要有胆量。在教育界有胆量创造的人即是创造的教育家，有胆量开辟的人即是开辟的教育家，都是第一流的人物。"⑧这无疑也是今天的校长领导行为所要体现的，更是教育家校长所要真正具有的素质。

威尔森（R. Wilson）等人认为："人就是推动改进的关键……换句话说，找寻学校的完美，其实不过是要从中找寻人性的完美。要一两下花招，搞些微末的课程改革并不能带来什么成绩。要学校有真正的进步，一定要检讨及改善组织一些基本元素，例如约束员工的工作规范、管理方法、职员的办事能力和课室的规划等。"⑨看来，校长领导行为的超越离不开对人性完美的寻找，对人及人性的找寻与探究自然要涉及伦理的范畴，

---

[1] 弗洛姆在谈及影响学校中的人的自由时，认为需要分析"外显权威"（overt authority）和"匿名权威"（anonymous authority）等要素。前者是直接而未加掩饰的，具有此种权威的人往往会直截了当地对处于从属地位的人说："你得怎样去做，否则便会受处罚。"后者则是隐藏的，具有此种权威的人往往会装出没有权威存在的样子，让你觉得似乎可以依照个人意愿行事。在这里，对不听话者的处罚不再是体罚，而是让其父母脸上无光，甚至更糟，即让你自己感到自己"无法适应"，或者是一个不合群的人。简单地说，生理上的强制即外显权威，心理上的控制即匿名权威。参阅尼尔. 夏山学校：养育子女的最佳方法 [M]. 周德，译. 北京：京华出版社，2002：序言 1-2. 这里，权威则意味着强制与控制，很难体现人的真正自由。

所以，一方面通过德性伦理，以实现校长领导的自我超越和价值实现，另一方面借助于制度伦理，以达成制度规范与人的和谐统一，二者相互促进，相互影响。德性伦理尤其是个体伦理规范水准的好坏，直接影响着制度伦理的实现与否。特别是个体心性伦理的达成，对于制度伦理的实现有着重要作用。在麦金太尔看来，制度无论如何周全、正当，如果人们不具备良好的美德，也不可能对人的行为发生什么作用，"只有那些具有正义德性的人才有可能知道怎样运用法律"[440]。同时，制度伦理也能够更好地形成对人的行为的规范和约束，从而更好地体现人的道德伦理特性。可见，校长领导的德性伦理与制度伦理已经涵盖了人、人性、伦理、制度及它们之间关系的有机协调等要素。这既符合教育发展的基本规律及其价值要求，也体现了校长领导所应该具有的伦理性及其责任性，尤其是体现出了校长领导与自身职位要求之间的道德准则及其责任感。正如巴纳德所言："从一个方面来讲，如果具有必要的能力，但缺乏适度复杂的道德准则和高度的责任感，就会造成不首尾一贯而随便应付的混乱状况，通常被叫作'不胜任'。从另一方面来讲，如果具有所需要的道德准则和责任感，但没有相应的能力，就会形成致命的优柔寡断或感情用事的和冲动的决策，结果是人格的崩溃和责任感的彻底破坏。职位高低的重要区别在于，职位越高则道德准则越复杂，就越要求具有更高的承担责任的能力，即处理随着职位而来的道德准则冲突的能力。"[441]而且，"随着职位的上升，道德的复杂性和责任能力的必要性增大，特别是作为主要管理者，道德的创造性，即管理理念的创造能力就变得极为重要。如果管理者自身没有很高的伦理性，并具有受其支配的责任能力的话，那么解决道德间的对立，创造道德性准则就是不可能的"[442]。

在德鲁克看来，"如果想继续成为（应该继续成为）自主机构的管理者，就必须承认自己属于公众的，就必须承认组织的道德责任，就必须承认使个人的优点尽可能发挥积极作用并取得成就的责任"[443]。这对校长领导而言则意味着要在伦理寻求中彰显学校组织的道德性及其所应承担的道德责任，以避免学校组织在发展过程中发生所谓的目标替换或转移。因为在官僚化取向的领导行为中，学校组织过于关注对规则的遵守，出现了手段与目的的颠倒现象。"遵守规则原本被认为是一种手段，然而它却变成了自己的一个目的。这时就出现了目标转移这一经常出现的过程，为此，手段的价值就成了最终的价值。另外，所谓纪律就会被简单地解释为，无论状态如何都应遵守的规则，从而纪律就不会视为是为达到特定目的而制定的对策，并且在生活于官僚制中的人们的生活规划中，纪律就成为直接的价值。当原来的目标发生转移，发力点发生上述变化时，纪律就会成为呆板的清规戒律，从而缺乏迅速的应变能力。正是照章办事这种挑不出毛病的状态下，导致形式主义，甚至是礼仪主义滋生。如果这种倾向得到强化，那么对于遵守规则的关心就会上升至第一位，从而阻碍组织目标的完成。"[44] "如果是这样的话，就是忽视了组织的道德性性质。为了使组织长期地持续存在并维持其统一性，一方面，需要信念的因素，而另一面，在持续存在的过程中，组织需要具备作为道德性制度的性质。"所以，"组织道德的创造才真正是克服利害关系或者带有动机的离心力的精神。如果没有这一最高层次上的领导能力，哪怕是在短时间内，也克服不了组织固有的困难"[45]。当然，"组织道德的创造，是依赖于这样的自觉认识到的个人责任的。换言之，创造出的组织道德如果不是与领导能力的个人信念相一致的东西，那么就不可能广泛地渗透于组织之内"[46]。

学校组织道德性及其责任感的彰显与体现无疑是校长领导教育性价值实现的保障，为校长领导教育意识的形成、教育思维的拓展及教育理念的树立提供了坚实的基础。但校长领导的伦理寻求也需要校长具有"幽暗意识"[1]，幽暗意识认为人所省思的对象，包括人自己，他的人性、他的局限性、人自身的种种内部条件、他本身可能拥有的破坏性等，这些东

---

〔1〕 张灏在接受《南方都市报》(2008)采访时指出"幽暗意识"有狭广两意，狭义是指我们需要正视与警觉人世间的种种阴暗面；广义是指根据这种正视与警觉去认识与反思人性在知识上与道德上的限制。他同时指出，他的"幽暗意识"的重点是由狭义朝着广义发展，并认为中国近现代的政治走上悲剧循环的道路，与中国知识分子缺乏认识人的德性与知性上的局限很有关系，因为缺乏这种认识，中国人常常被理想主义冲昏了头，走过了头，钻进了牛角尖。

西更加值得警惕和防范。而且幽暗意识也强调要结合自己本身的因素来看待问题及危机，认为出自内部的问题更加严重。许多看起来是外部的灾难、威胁，其实可能来自内部的某些方面，应看到人性中的坠落、陷溺及懈怠等因素是无法避免的，也是难以完全克服的，对它们需要有充分的认识。因此，幽暗意识概念的提出者张灏则称："人最大的敌人是人自己。"其实，校长领导的幽暗意识也是校长在领导过程中所具有的一种深刻的道德意识，要求校长要从自身做起，从身边的小事做起，既具有追求自我完美发展的道德意识，也具有勇于担当学校教育事业发展的道德责任与使命。正如陶行知所言："做一个学校校长，谈何容易！说得小些，他关系千百人的学业前途；说得大些，他关系国家与学术之兴衰。这种事业之责任不值得一整个的人去担负吗？" "国家把整个的学校都交给你，要你用整个心去做整个的校长。为个人计，要这样才可以发展专业精神，增进职务的效率。为学校计，与其做大人名流的附属机关，不如做一个学者的专心事业。……总之，为国家教育计，为个人精力计，一个人只可能担任一个学校校长。整个的学校应当有整个的校长，不应当有命分式的校长。"[447]吴家莹也指出："每位校长，无论目前在位或即将上任，应抽出点空闲时间，来正视自己的办学，在深层动机点上是出于为己之名利谋多呢？还是为学校长远发展之谋多呢？这种从内心正视自己角色抱负的切入点，将会使每位校长获得更多机会和更大的源自内在的动力，并使自己身份得到确立，成为每一位充满荣耀的真正的校长。"[448]

概言之，校长领导在伦理寻求中实现超越与创造的本质在于让校长的领导行为更多地体现人性的光芒，发挥人性的力量，使学校教育真正展现"爱"的意蕴与价值，真正体现"教育不过是人对人主体间灵肉交流并启迪其自由天性生成活动"[449]的内涵。下面这篇《校长向我道歉》的文章在一定意义上也反映了上述的部分观点，有助于更好地认识和理解校长领导的伦理寻求过程。

不知为什么，我在学校完全是另一个样子，老是捣蛋。以前我很笨，但从不做坏事。现在呢，我是个留级生，不但很笨，还是个流氓。我们班主任安娜就是这样说我的。

以前别人骂我时问："你不害臊吗？"我埋下头说："害臊……"可现在我会嬉皮笑脸地回答："不！"我知道为人应该善良，但是在学校不可能善良，何况也不要求我这么做，只要求我听话……

班主任安娜走进教室，满脸不高兴的样子。我们站起来，身体挺得笔直。

"坐下！"安娜命令，"现在你们写作文。"

"今天的作文我不打分，因为这是《少先队真理报》的征文，题目是'如果我是一位教师'。"

"天哪，要是出错怎么办！"

"错误由我来检查、改正。"

"如果我不想当老师呢？"我坐在座位上问，"那怎么办？"

"安德烈，谁也不会请你去当老师的！"老师生气地说，"你完全可以不写！"

但我还是随心所欲地写了，可能出了很多错。管它的！

我在作文中写道：学校不该像现在这个样子，而应完全相反。比如是这样：我来到学校，所有的老师看见我都很高兴！"你好，亲爱的安德烈！"他们一副满脸堆笑的样子。

"你们好！"我一边走自己的路，一边严肃地说，"叫校长到我这儿来！两天没看见他啦，是不是又跑出去玩了？"

"他在开会。"老师们替他辩解。

"我马上就会弄清楚他到底上哪儿去了！"我威胁道。

校长跑来，一副惶恐不安的样子，眼睛看着地面。

"是你叫我吗，安德烈？"

"对，跟我到教室去！"我生气地点点头。我走进教室，他胆怯地在门口站住了。

"你瞧瞧，我为什么叫你来……你瞧，教师们又不遵守纪律了，在课堂上搞得很不像话。"

"又犯老毛病啦?"校长叹了一口气。

"你想想! 昨天地理老师尤利雅管彼得叫'糊涂虫',难道你们的教学法就是这样?"

校长难过地把双手一摊:

"唉,安德烈,我给她说过无数次了。我简直拿她没办法! 不过,你也要体谅她。她家中出了一件很不愉快的事……"

"算了……"我长叹一声,"与其在此哭丧着脸,不如好好钻研一下教育学。重要的是要做一个善良的人,要爱学生……"

"是的,爱学生。"他唯唯诺诺地答道,在我的示意下退了出去。

第二天是星期天。老远,我看见校长从学校出来,一边走,一边查看房子的门牌号码……当校长敲了敲我家的小篱笆门,走进院子时,我吓得急忙躲到桌子下面。一定是来告状的。幸好我家没大人……

"安德烈!"校长在外面喊道,"如果你在家,就让我进来。"

"我读了你的作文! 你听见了吗?"等了一会儿,他又喊道。

我没回答。有什么好谈的? 他找的不是我,是我妈妈,是来告状的。

"安德烈!"他突然伤心地说,"我同意你的一些意见……你听见了没有……"

"反正我不开门!"我吼了一声。

"我自己以前也想过,"他轻轻地说,好像在自言自语,"是的,我的工作应该做得更好一些……孩子们跟我在一块儿才会觉得有意思,很平常……我们互相理解……我做过努力,但不完全成功……你懂吗?"

"关我什么事?"我在窗帘后面叹了一口气。

"就是关你的事!"他回答,"爱学生……叫别人怎么爱你? 你谁也不需要。你活着,读你自己的书,别的一切对你都无所谓。你从旁边观察别人，嘲笑别人的弱点……跟你在一块儿心里都发冷……"

"不错，"他突然说，"你在学校表现不好，这我也有责任，应该向你道歉。我也想过，我们学校应该是全体学生的第二个家……"

他坐在门口的台阶上，忧郁地抽着烟，不再像一个威严的校长，而只是一个普普通通的人。我打开门，走到台阶上，他往旁边挪了挪，我挨着他坐了下来。㉓

安德烈既是不幸的，又是幸运的，不幸的是他在学校中没有能够获得充分的尊重，没有获得应有的关心与关爱，幸运的是他通过自己的努力，获得了校长的充分理解与尊重，并可能对校长的领导行为产生重要的影响，进而使校长成为一个伦理型的校长，成为一个好的校长。一个伦理型的或好的校长对人的发展意义是重大的，正如特雷西·基德尔曾在其所著《在学童中间》中用充满诗意的语言所描绘的，"老师和其他学校领导通常不知道自己曾经改变了一个孩子的人生道路，就算这种变化十分富有戏剧性，他们一定不会觉察。但是对于孩子们来说，一切都不一样了。他们曾经认为自己愚笨顽劣，就应该无人理睬，应该受到鞭打和蹂躏。但是一个好老师和（好领导）让他们改变了所有这些看法。遇到一位好的老师和（好的领导），孩子至少能感觉到'她真的认为我还不错，也许我真的不错'。好的老师和好学校领导在孩子们的生活中设置了小小的路标，并在岁月流逝中不知不觉地改变了数百人的人生道路。人们知道世界上存在各种各样恶意的阴谋之网，但是很少有人会想到还有一种用纯真和爱编织起来的网，目的是彰显人性的力量，启发人性中善良的一面，而编织这种网的人永远都不知道自己实际上做了一件非常好的事情。"㉔

无疑，校长领导伦理具有重要的理论研究与实践推广价值，但校长领导伦理自身也还存在一些问题，正如诺斯豪斯对领导伦理的批评时所指出的，虽然领导伦理的研究有很多优点，但是也存在一些问题。第一，这一领域的研究尚处在起步阶段，因此缺乏已有研究成果的有力支持，还没有系统化、具体化。第二，这一领域的大部分文章是由为数不多的几位学者撰写的。他们写的文章中过多地掺杂关于领导伦理本质的个人观点，且领导伦理的相关理论缺少传统的经验主义的支持。而对于有关人类行为的理论而言，经验主义的支持是不可或缺的。[632]对校长领导伦理而言，这些问题也或多或少地存在着，需要在以后的研究中加以解决。同时，在现有的学校制度下要想实现校长领导的转型并使校长成为伦理型校长或教育家型校长也存在着一定的困难，因为"优秀教育实践的发展和推广总是受到太多障碍的阻挠：知识的差距、力量薄弱、形形色色的规则和规定、小集团利益等（我想补充的还有杂乱的、目标不明确的政府政策本身）"[633]。虽然如此，但我国教育改革的步伐依然坚定，学校变革的探索也在不断地推进，德性伦理与制度伦理也已成为校长领导的重要理论基础，且校长自身的主体意识在逐步增强，也都有要成为教育家型校长的意愿和价值追求。这些无疑都为校长领导伦理转型的实践探索提供了重要的保证。正如古德莱德所言："尽管困难重重，我仍然保持乐观的态度，或许这是因为在我看来，悲观失望与作为一名教育家是自相矛盾、不能同时并存的。不管我们在这个称作学校的地方有过什么样的个人经历，当我们认真考虑教育的时候，脑海里都会呈现出迷人的可能性，可能会有学校教育，还有前人几乎没有尝试过的可能的生活方式。"[634]假如真的如此的话，那么"学校以及教育将面临重大的变化，这一点是肯定无疑的了……它们将会如何迅速到来，我们当然不知道，但是我们能够以很大的概率来预测变化将首先在哪儿发生，哪儿将受到最大的冲击"[635]。对此，我们充满期待！

结语　在伦理寻求中实现超越与创造

引 用 文 献

① 萨乔万尼. 校长学：一种反思性实践观 [M]. 张虹，译. 上海：上海教育出版社，2004：117.

② 谢尔顿. 领导是什么：美国各界精英对 21 世纪领导的卓见 [M]. 王伯言，译. 上海：上海人民出版社，2000：90.

③ 吴志宏. 教育行政学 [M]. 北京：人民教育出版社，2000：151.

④ 富兰. 学校领导的道德使命 [M]. 中央教育科学研究所，加拿大多伦多国际学院组织翻译. 北京：教育科学出版社，2005：21.

⑤ 根据 2015 年全国教育事业发展统计公报统计 http：//www. moe. edu. cn/srcsite/A03/s180/moe_ 633/201607/t20160706_ 270976. html.

⑥ 华勒斯坦，等. 学科·知识·权力 [M]. 刘健芝，等译. 北京：生活·读书·新知三联书店，1999：96.

⑦ 同⑥77.

⑧ 同③141.

⑨ 德鲁克. 新现实 [M]. 张星岩，等译. 上海：上海三联书店，1991：204.

⑩ Joan Poliner Shapiro & Jacqueline A. Steflkovich. Ethical Leadership and Decision Making in Education：Applying Theorctical Perspectives to Complex Dilemmas [M]. New Jersey：Lawrence Erlbaum Associates，Inc.，Publishers，2005：4.

⑪ 同④1.

⑫ 同④48.

⑬ Paul T. Begley & Olof Johansson. The Ethical Dimensions of Schoo1 Leadership [M]. Boston：Kluwer Academic Publishers，2003：91.

⑭ Patrick Duignan. Educational Leadership：Key Challenges and Ethical Tensions [M]. New

York：Cambridge University Press，2007：20.

⑮ 厄本恩，等. 校长论：有效学校的创新型领导 ［M］. 第 4 版. 黄崴，等译. 重庆：重庆大学出版社，2004：15.

⑯ 霍金森. 领导哲学 ［M］. 刘林平，等译. 昆明：云南人民出版社，1987：3-4.

⑰ 张新平. 教育管理学导论 ［M］. 上海：上海教育出版社，2006：259.

⑱ Colin，W. Evers and Gabriele Lakomski. Knowing educational administhtion：Contempory methodological controversies in educational administration research ［M］. Oxford：Pergamon Press，1991：9.

⑲ 同⑰ 211.

⑳ 张新平. 教育组织范式论 ［M］. 南京：江苏教育出版社，2001：150-152.

㉑ 张新平，蒋和勇. 教育管理学的困境与方法转型 ［J］. 湖北大学成人教育学院学报，2004（1）：16.

㉒ 同⑯ 16.

㉓ 同⑯ 27.

㉔ 同⑰ 225-226.

㉕ 同⑯ 3.

㉖ Hodgkinson. Educational Leadership：The Moral Art ［M］. Albany，NY：Suny Press，1991：27.

㉗ 萨乔万尼. 道德领导：抵及学校改善的核心 ［M］. 冯大鸣，译. 上海：上海教育出版社，2002：5.

㉘ 同①Ⅷ.

㉙ 蔡怡. 萨乔万尼道德领导思想研究 ［D］. 上海：华东师范大学博士学位论文，2006：51.

㉚ 同④序言 3.

㉛ 同④序言 4.

㉜ 同⑬ xvi.

㉝ 同⑩ x.

㉞ 同⑭ 1.

㉟ 同⑭ 2.

㊱ Richard Bellingham, Ed. D. Ethical Leadership: Rebuilding Trust in Corporations [M]. Massachusetts: HRD Press Inc, 2003: 35-36.

㊲ Beck. Ethics for Educational Leaders [M]. Boston: Allyn & Bacon, 2004: viii.

㊳ 同㉗ 主编问答录 II.

㊴ 杨德银. 职业中学校长应有的管理道德 [J]. 教育与职业, 1989 (8): 31-33.

㊵ 刘祥斌. 谈谈校长的基本德性 [J]. 中小学管理, 1991 (3): 22-23.

㊶ 曹阳根. 务实、廉洁、宽容、磊落: 浅谈校长的管理道德 [J]. 学校管理, 1999 (4): 46.

㊷ 张新平. 论校长德性 [J]. 中小学管理, 2007 (7): 7-10.

㊸ 鲁滨. 谈中学校长的职业道德 [J]. 教育与职业, 1990 (10): 32-33.

㊹ 郑天坤, 陈大超. 社会转型时期中小学校长职业道德失范现象分析 [J]. 内蒙古师范大学学报 (教育科学版), 2006 (2): 108-111.

㊺ 陈大超, 高扬. 试析中小学校长职业道德"不作为" [J]. 现代校长, 2006 (12): 4-6.

㊻ 李军. 萨乔万尼论学校道德 [J]. 外国教育研究, 2003 (10).

㊼ 同㉙ 51.

㊽ 从春侠. 萨乔万尼道德领导理论述评 [J]. 国家教育行政学院学报, 2009 (4).

㊾ 杨旺杰. 校长的道德领导: 基于浦口区行知小学的个案研究 [D]. 南京: 南京师范大学硕士学位论文, 2004.

㊿ 徐萍. 校长和他的学校: 校长道德领导研究 [D]. 北京: 北京师范大学博士学位论文, 2007.

51 马焕灵, 孙晓莹. 萨乔万尼学校道德领导理论之中国适应性批判 [J]. 湖南第一师范学报, 2006 (3): 16-19.

52 邱旭光. 道德领导践行条件及其文化屏障检视 [J]. 外国教育研究, 2009 (4): 58-62.

53 黄锦樟. 中国文化与学校道德领导 [J]. 中国德育, 2007 (6): 8-11.

54 陈学军. 学校道德领导的意旨、反思与践行 [J]. 教育发展研究, 2009 (12): 5-10.

55 江来登. 中学校长权力伦理建设论 [J]. 湖南社会科学, 2005 (4): 160-162.

(56) 陈大超，郑天坤. 以公正伦理为本位的校长职业道德转型［J］. 当代教育论坛，2007（2）：75-76.

(57) 孙飞. 论校长专业精神的提升和专业伦理的完善［J］. 当代教育科学，2007（7）：54-55.

(58) 韩少华. 专业伦理：校长专业发展的应然内涵［J］. 现代远距离教育，2008（3）：26-28.

(59) 牛利华. 基础教育中病理性分班的校长责任：基于校长专业伦理的视角［J］. 济南大学学报（社会科学版），2009（2）：73-76.

(60) 刘妍. 校长决策的伦理分析［D］. 北京：首都师范大学硕士学位论文，2007.

(61) 郅庭瑾. 成为伦理型的校长［J］. 教育发展研究，2007（7-8）：16-20.

(62) 亚里士多德. 亚里士多德选集·伦理学卷［M］. 苗力田，编. 北京：中国人民大学出版社，1999：30.

(63) 王海明. 新伦理学［M］. 北京：商务印书馆，2002：104.

(64) Lawrence C. Becker. Encyclopedia of Ethics［M］. Volume I, New York: Garland Publishing, Inc. 1992: 329.

(65) 辞海编辑委员会. 辞海（中）［M］. 上海：上海辞书出版社，1990：2775.

(66) 黑格尔. 法哲学原理［M］. 范扬，等译. 北京：商务印书馆，1961：42-43.

(67) 凯勒曼. 领导学：多学科的视角［M］. 林颖，等译. 上海：格致出版社，2008：导言 I.

(68) 尤克尔. 组织领导学［M］. 陶文昭，译. 北京：中国人民大学出版社，2004：3.

(69) 同(68) 3-8.

(70) 伯恩斯. 领导论［M］. 常健，等译. 北京：中国人民大学出版社，2006：13.

(71) 达夫特. 领导学：原理与实践［M］. 第 3 版. 杨斌，译. 北京：电子工业出版社，2008：3.

(72) 诺思豪斯. 领导学：理论与实践［M］. 吴荣先，等译. 南京：江苏教育出版社，2002：2.

(73) 欧文斯. 教育组织行为学［M］. 第 7 版. 窦卫霖，等译. 上海：华东师范大学出版社，2001：314.

(74) 霍伊，米斯克尔. 教育管理学：理论·研究·实践［M］. 第 7 版. 范国睿，译. 北京：教育科学出版社，2007：364.

⑦⑤ 刘建军. 领导学原理：科学与艺术 [M]. 第 3 版. 上海：复旦大学出版社，2007：6.

⑦⑥ 孙耀君. 西方管理学名著提要 [M]. 南昌：江西人民出版社，2001：364-375.

⑦⑦ 同⑥⑧ 34.

⑦⑧ 同⑦⑤ 19.

⑦⑨ 同⑦③ 328.

⑧⓪ 林志颂，德特. 领导学 [M]. 顾朋兰，等译. 北京：中国人民大学出版社，2007：15.

⑧① 同⑦⑤ 27.

⑧② 戴木才. 论管理和伦理结合的内在基础 [J]. 中国社会科学，2002（3）：27.

⑧③ 顾文涛，韩玉启，吴正刚. 领导的伦理性质与伦理的领导性质 [J]. 社会科学，2005（4）：90.

⑧④ 圣吉. 第五项修炼：学习型组织的艺术与实务 [M]. 郭进隆，译. 上海：上海三联书店，1998：199.

⑧⑤ 王振林. 西方道德哲学的寻根理路 [J]. 人文杂志，2002（3）：38.

⑧⑥ 同③ 94.

⑧⑦ 陈向明. 质的研究方法与社会科学研究 [M]. 北京：教育科学出版社，2000：5.

⑧⑧ 维尔斯曼. 教育研究方法导论 [M]. 袁振国，等译. 北京：教育科学出版社，1997：24.

⑧⑨ 张新平. 实地研究：教育管理研究的第三条道路 [J]. 教育理论与实践，2005（3）：15.

⑨⓪ 风笑天. 社会学研究方法 [M]. 北京：中国人民大学出版社，2001：7.

⑨① 雷恩. 管理思想的演变 [M]. 赵睿，等译. 北京：中国社会科学出版社，2000：3.

⑨② 汉森. 教育管理与组织行为 [M]. 第五版. 冯大鸣，译. 上海：上海教育出版社，2005：3.

⑨③ 斯沃茨. 文化与权力：布尔迪厄的社会学 [M]. 陶东风，译. 上海：上海译文出版社，2006：161.

⑨④ 同⑦④ 1.

○95 同○74 6.

○96 黄崴. 20世纪西方教育管理理论及其模式的发展 [J]. 华东师范大学学报（教育科学版），2001（1）：19.

○97 希尔兹，等. 学会对话：校长和教师的行动指南 [M]. 文彬，译. 北京：教育科学出版社，2009：29.

○98 同○92 30.

○99 同○92 30.

○100 迪戈蕾. 学校教育 [M]. 韩晓燕，译. 沈阳：辽海出版社，2000：14.

○101 范国睿. 学校管理的理论与实务 [M]. 上海：华东师范大学出版社，2003：16.

○102 黄崴. 教育管理学：概念与原理 [M]. 广州：广东高等教育出版社，2002：117.

○103 丁煌. 西方行政学说史 [M]. 武汉：武汉大学出版社，1999：73.

○104 同○102 118-119.

○105 同○92 23.

○106 陈孝彬. 外国教育管理史 [M]. 北京：人民教育出版社，1996：287-288.

○107 杜威. 民主主义与教育 [M]. 王承绪，译. 北京：人民教育出版社，2001：97.

○108 同○96 23.

○109 彭虹斌. 教育管理学的文化路向 [M]. 北京：教育科学出版社，2009：16-17.

○110 同○20 148.

○111 同○102 139.

○112 孙绵涛，罗建河. 西方当代教育管理理论流派 [M]. 重庆：重庆大学出版社，2008：28-29.

○113 冯大鸣. 美、英、澳教育管理前沿图景 [M]. 北京：教育科学出版社，2004：23.

○114 同○20 243-244.

○115 同○102 143.

○116 同○20 314.

○117 同○20 314.

○118 同○20 315.

○119 同○96 26.

○120 同○97 23.

㉑ 同⑦ 329.

㉒ 同⑩ 291.

㉓ 同㊾ 44.

㉔ 中央教育科学研究所比较教育研究室. 简明国际教育百科全书·教育管理 [M]. 北京：教育科学出版社，1992：71.

㉕ 同⑬ 28-29.

㉖ 同㊾ 33.

㉗ 杜威. 人的问题 [M]. 傅统先，等译. 上海：上海人民出版社，1965：49.

㉘ 同㊾ 24.

㉙ 同㊾ 37.

㉚ 同⑮ 5.

㉛ 同⑭ 234-237.

㉜ 鲍威尔，迪马吉奥. 组织分析的新制度主义 [M]. 姚伟，译. 上海：上海人民出版社，2008：133-134.

㉝ 坎贝尔. 制度变迁与全球化 [M]. 姚伟，译. 上海：上海人民出版社，2010：1.

㉞ 同⑭ 245-246.

㉟ 同⑭ 245-246.

㊱ 同㊿ 382.

㊲ 斯科特. 制度与组织：思想观念与物质利益 [M]. 姚伟，等译. 北京：中国人民大学出版社，2010：59.

㊳ 同㊲ 60.

㊴ 同㊲ 64.

㊵ 同㊲ 65.

㊶ 同㉜ 76.

㊷ 同⑭ 251.

㊸ 李晓红，周文. 论制度的性质 [J]. 云南财经大学学报，2009（2）：32-34.

㊹ 同㊸ 32-34.

㊺ 周雪光. 组织社会学十讲 [M]. 北京：社会科学文献出版社，2003：76-77.

㊻ 同⑭ 250.

⑭⑦ 同⑬ 56.

⑭⑧ 库姆斯. 世界教育危机 ［M］. 赵宝恒，等译. 北京：人民教育出版社，2000：3.

⑭⑨ 同⑭⑧ 3.

⑮⓪ 同⑭⑧ 4.

⑮① 同⑬ 273.

⑮② ⑨② 385.

⑮③ 同⑨② 387.

⑮④ 筑波大学教育学研究会. 现代教育学基础 ［M］. 钟启泉，译. 上海：上海教育出版社，1986：230.

⑮⑤ 宋增伟. 制度公正与人的全面发展 ［M］. 北京：人民出版社，2008：50.

⑮⑥ 同⑬ 159-160.

⑮⑦ 同⑬ 159-160.

⑮⑧ 同⑨② 388.

⑮⑨ 同⑬⑦ 87.

⑯⓪ 同⑬⑦ 88.

⑯① 霍尔. 超越文化 ［M］. 韩海深，译. 重庆：重庆出版社，1990：16-17.

⑯② 同⑯① 16-17.

⑯③ 福柯. 规训与惩罚 ［M］. 刘北成，等译. 北京：生活·读书·新知三联书店，2003：162.

⑯④ 同⑯③ 162.

⑯⑤ 同⑯③ 166-167.

⑯⑥ 阿普尔. 官方知识：保守时代的民主教育 ［M］. 曲囡囡，等译. 上海：华东师范大学出版社，2004：51.

⑯⑦ 博尔诺夫. 教育人类学 ［M］. 李其龙，译. 上海：华东师范大学出版社，1999：103-104.

⑯⑧ 扬. 知识与控制：教育社会学新探 ［M］. 谢维和，等译. 上海：华东师范大学出版社，2002：117.

⑯⑨ 伯格. 与社会学同游：人文主义的视角 ［M］. 何道宽，译. 北京：北京大学出版社，2008：133-134.

⑰ 阿普尔，等. 教科书政治学［M］. 侯定凯，译. 上海：华东师范大学出版社，2005：134.

⑰ 布尔迪厄. 言语意味着什么：语言交换的经济［M］. 褚思真，等译. 北京：商务印书馆，2005：24.

⑰ 同⑮ 序 1.

⑰ 邓小平. 邓小平文选［M］. 第二卷. 北京：人民出版社，1994：333.

⑭ 同⑫ 46.

⑰ 同⑰ 131-132.

⑰ 同⑫ 91.

⑰ 杨亮才，杨育民. 论制度化机制及其缺陷的价值补偿［J］. 学术交流，2003（3）：101.

⑱ 王海传. 人的发展的制度安排［M］. 武汉：华中师范大学出版社，2007：60-61.

⑲ 胡晓燕. 社会转型的制度化阐释及其治理反思［J］. 探索，2009（5）：137.

⑱ 冯磊. 被制度化的人生［J］. 视野，2010（7）：3.

⑱ 同⑰ 28.

⑱ 同⑫ 195.

⑱ 陈桂生."制度化教育"评议［J］. 上海教育科研，2000（2）：9-10.

⑱ 同⑱ 9-10.

⑱ 布什. 当代西方教育管理模式［M］. 强海燕，译. 南京：南京师范大学出版社，1998：53-54.

⑱ 同⑱ 54-55.

⑱ 同⑱ 54-55.

⑱ 同⑱ 54-55.

⑱ 里茨尔. 社会的麦当劳化：对变化中的当代社会生活特征的研究［M］. 顾建光，译. 上海：上海译文出版社，1999：36.

⑲ 张康之. 论伦理精神［M］南京：江苏人民出版社，2010：23.

⑲ 金生鈜. 个人自主性与公民的德性教育［J］. 教育研究与实验，2001（1）：9.

⑲ 弗洛姆. 健全的社会［M］. 孙恺祥，译. 贵阳：贵州人民出版社，1994：69.

⑲ 同⑭ 208-209.

⑭ 同③62.

⑮ 叶澜. "新基础教育"论：关于当代中国学校变革的探究与认识［M］. 北京：教育科学出版社，2006：332.

⑯ 同⑮ 330-331.

⑰ 蔡怡. 道德领导：新型的教育领导者［M］. 北京：教育科学出版社，2009：46.

⑱ 佐藤庆幸. 官僚制社会学［M］. 朴玉，等译. 北京：生活·读书·新知三联书店，2009：130.

⑲ 同⑱ 17.

⑳ 同⑦ 262.

㉑ 同④22-23.

㉒ 戈丹. 何谓治理［M］. 钟震宇，译. 北京：社会科学文献出版社，2010：75.

㉓ 殷爱荪，周川. 校长与教育家［M］. 福州：福建教育出版社，2004：111.

㉔ 叶文梓. 教育制度改革的时代命题：让个人站起来［M］. 教育发展研究，2005（12）：40.

㉕ 同⑰ 51.

㉖ 古德莱德. 一个称作学校的地方［M］. 苏智欣，等译. 上海：华东师范大学出版社，2006：257-258.

㉗ 同㉖ 257-258.

㉘ 布迪厄. 实践感［M］. 蒋梓骅，译. 南京：译林出版社，2003：37-38.

㉙ 朱国华. 权力的文化逻辑［M］. 上海：上海三联书店，2004：133-134.

㉚ 杨善华. 当代西方社会学理论［M］. 北京：北京大学出版社，1999：279.

㉛ 布迪厄，华康德. 实践与反思：反思社会学导引［M］. 李猛，等译. 北京：中央编译出版社，2004：133-134.

㉜ 包亚明. 文化资本与社会炼金术［M］. 上海：上海人民出版社，1997：189.

㉝ 同㉙ 173.

㉞ 顾明远. 教育大辞典［M］. 增订合卷本. 上海：上海教育出版社，1998：1822.

㉟ 联合国教科文组织国际教育发展委员会. 学会生存：教育世界的今天和明天［M］. 华东师范大学比较教育研究所，译. 北京：教育科学出版社，1996：15.

㊱ 布尔迪厄. 科学的社会用途：写给科学场的临床社会学［M］. 刘成富，等译. 南

京：南京大学出版社，2005：17.

㉗ 同㉑ 162.

㉘ 同⑬ 121

㉙ 同⑭ 153.

⑳ 阿克顿. 自由与权力 [M]. 侯健，等译. 北京：商务印书馆，2001：342.

㉑ 同⑱ 65-66.

㉒ 博杜安，泰勒. 创造积极的学校文化：校长和教师怎样一起解决问题 [M]. 肖川，
等译. 北京：中国轻工业出版社，2008：75.

㉓ 同⑯ 114-115.

㉔ 戈夫曼. 日常生活中的自我呈现 [M]. 冯钢，译. 北京：北京大学出版社，2008：
19-21.

㉕ 冯大鸣. 沟通与分享：中西教育管理领衔学者世纪汇谈 [M]. 上海：上海教育出
版社，2002：90.

㉖ 李继星，徐美贞，李荣芝. 全国中小学校长队伍状况问卷调查报告 [J]. 教育理论
与实践，2006（3）：62.

㉗ 同⑯ 151.

㉘ 同⑯ 150.

㉙ 吴家莹. 跟蔡元培学当校长 [M]. 北京：首都师范大学出版社，2010：18.

㉚ 同㉕ 186.

㉛ 张康之. 寻找公共行政的伦理视角 [M]. 北京：中国人民大学出版社，2002：88.

㉜ 同⑭ 206.

㉝ 同⑭ 206.

㉞ 亚里士多德. 政治学 [M]. 吴寿彭，译. 北京：商务印书馆，1965：89.

㉟ 同㉞ 213.

㊱ 阿奎那. 阿奎那政治著作选 [M]. 马清槐，译. 北京：商务印书馆，1963：140.

㊲ 同㊱ 146.

㊳ 赫尔德. 民主的模式 [M]. 燕继荣，等译. 北京：中央编译出版社，1998：58-60.

㊴ 米勒，等. 布莱克维尔政治学百科全书 [M]. 邓正来，译. 北京：中国政法大学出
版社，1992：704.

㉔⓪ 郝宇青. 论合法性理论之流变 [J]. 华东师范大学学报（哲学社会科学版），2007（5）：70.

㉔① 同㉓⑨ 704.

㉔② 卢梭著. 社会契约论 [M]. 修订本. 何兆武，译. 北京：商务印书馆，2003：3.

㉔③ 同㉔② 4.

㉔④ 同㉔② 9-10.

㉔⑤ 同㉔② 9-10.

㉔⑥ 同㉔② 31-32.

㉔⑦ 韦伯. 经济与社会 [M]. 林荣远，译. 北京：商务印书馆，1997：238-239.

㉔⑧ 同㉔⑦ 238-239.

㉔⑨ 同㉔⑦ 239.

㉕⓪ 利普塞特. 政治人：政治的社会基础 [M]. 刘钢敏，等译. 北京：商务印书馆，1993：53.

㉕① 阿尔蒙德，等. 比较政治学：体系、过程和政策 [M]. 曹沛霖，等译. 上海：上海译文出版社，1987：35-36.

㉕② 帕森斯. 现代社会的结构与过程 [M]. 梁向阳，译. 北京：光明日报出版社，1988：145.

㉕③ 时和兴. 关系、限度、制度：政治发展进程中的国家与社会 [M]. 北京：北京大学出版社，1996：201.

㉕④ 同㉓⑦ 68.

㉕⑤ 哈贝马斯. 交往与社会进化 [M]. 张博树，译. 重庆：重庆出版社，1989：184.

㉕⑥ 王海洲. 合法性的争夺：政治记忆的多重刻写 [M]. 南京：江苏人民出版社，2008：18-19.

㉕⑦ 阿尔蒙德，等. 比较政治学：体系、过程和政策 [M]. 曹沛霖，等译. 上海：上海译文出版社，1987：36.

㉕⑧ 夸克. 合法性与政治 [M]. 佟心平，等译. 北京：中央编译出版社，2002：2.

㉕⑨ 同㉓⑨ 410.

㉖⓪ 同⑦④ 197.

㉖① 马丁. 权力社会学 [M]. 丰子义，等译. 北京：生活·读书·新知三联书店，

1992：80.

㉒ 迪韦尔热. 政治社会学：政治学要素［M］. 杨祖功，等译. 北京：华夏出版社，1987：113-114.

㉓ 同㉑ 85-86.

㉔ 周光辉. 论公共权力的合法性［M］. 长春：吉林出版集团有限责任公司，2007：14.

㉕ 罗素. 权力论［M］. 吴友三，译. 北京：商务印书馆，1991：188.

㉖ 俞可平. 治理与善治［M］. 北京：社会科学出版社，2000：38.

㉗ 同㉒ 116-117.

㉘ 德鲁克. 工业人的未来［M］. 黄志强，译. 上海：上海人民出版社，2002：26-27.

㉙ 同㉔ 38.

㉚ 谢庆奎. 政府学概论［M］. 北京：中国社会科学出版社，2005：138.

㉛ 同㉕ 206.

㉜ 罗斯金. 政治学［M］. 第6版. 林震，等译. 北京：华夏出版社，2002：5.

㉝ 同㉔ 202-204.

㉞ 同㉖ 10-11.

㉟ 同㉔ 43.

㊱ 安东纳斯基，等. 领导力的本质［M］. 柏学翥，等译. 上海：上海人民出版社，2007：324.

㊲ 同㉔ 161.

㊳ 同㉚ 12.

㊴ 同㉝ 408.

㊵ 同㉔ 204.

㊶ 同㉔ 205.

㊷ 同㉔ 20.

㊸ 孟德斯鸠. 论法的精神［M］. 张雁深，译. 北京：商务印书馆，1959：184.

㊹ 雅斯贝尔斯. 什么是教育［M］. 邹进，译. 北京：生活·读书·新知三联书店，1991：45.

㊺ 同㉑ 222.

(286) 阿普尔. 意识形态与课程［M］. 黄忠敬，译. 上海：华东师范大学出版社，2001：162-163.
(287) 布尔迪约，帕斯隆. 再生产：一种教育系统理论的要点［M］. 邢克超，译. 北京：商务印书馆，2002：180.
(288) 米勒. 社会正义原则［M］. 应奇，译. 南京：江苏人民出版社，2005：138.
(289) Joseph Meeker. The Comedy of Survival Studies in Literary Ecology［M］. New York：Charles Scribner's Sons，1974：3-4.
(290) 林存华. 中小学校长领导权力的个案调查与比较［J］. 上海教育科研，2000（5）：27.
(291) 福勒. 教育政策学导论［M］. 第 2 版. 许庆豫，译. 南京：江苏教育出版社，2007：43.
(292) 张允公. 校长负责制容易造成绝对权力［J］. 教学与管理，2004（11）：52.
(293) 同㉖ 90.
(294) 同(197) 53-54.
(295) 同(284) 5.
(296) 劳伦斯. 现代教育的起源和发展［M］. 纪晓林，译. 北京：北京语言学院出版社，1992：76.
(297) 同(284) 36.
(298) 弗洛姆. 爱的艺术［M］. 萨如菲，译. 北京：西苑出版社，2003：39.
(299) 郑金洲. 若干教育隐喻探源［J］. 教育发展研究，1997（9）：8.
(300) 迪尔. 校长在塑造学校文化中的角色［M］. 王亦兵，译. 北京：中国青年出版社，2006：185.
(301) 同(250) 53.
(302) 曹任何. 合法性危机：治理兴起的原因分析［J］. 理论与改革，2006（2）：23.
(303) 同(250) 53.
(304) 张康之. 以德治国：对合法性的超越［J］. 首都师范大学学报（社会科学版），2002（2）：6.
(305) 同(231) 94.
(306) 范炽文. 教育行政研究：批判取向［M］. 台北：五南图书出版股份有限公司，

2008：118.

③⑦ 谢文全. 教育行政学 [M]. 台北：高等教育文化事业有限公司，2004：551.

③⑧ 同④86.

③⑨ 金生鈜. 德性与教化：从苏格拉底到尼采：西方道德教育哲学思想研究 [M]. 长沙：湖南大学出版社，2003：74-75.

③⑩ 罗尔斯. 正义论 [M]. 何怀宏，等译. 北京：中国社会科学出版社，1988：190.

③⑪ 麦金太尔. 德性之后 [M]. 龚群，等译. 北京：中国社会科学出版社，1995：277.

③⑫ 伍志燕. 德性：为何，何为：麦金太尔的德性之思 [J]. 贵州师范大学学报（社会科学版），2008（6）：40.

③⑬ 亚里士多德. 尼各马可伦理学 [M]. 廖申白，译. 北京：商务印书馆，2003：34-35.

③⑭ 斯宾诺莎. 伦理学 [M]. 第2版. 贺麟，译. 北京：商务印书馆，1983：171.

③⑮ 胡祎赟，吕耀怀. 从制度伦理视阈审视德性伦理之意义 [J]. 甘肃联合大学学报（社会科学版），2010（10）：9.

③⑯ 摩尔. 伦理学原理 [M]. 长河，译. 上海：上海人民出版社，2003：114.

③⑰ 同③⑪ 234.

③⑱ 同③⑪ 241.

③⑲ 杨豹. 当代西方德性伦理的思想特色 [J]. 道德与文明，2009（3）：22.

③⑳ 龚天平. 德性伦理与企业伦理 [J]. 武汉大学学报（人文科学版），2009（4）：469.

㉑ 同③⑳ 470.

㉒ 王国银. 德性伦理研究 [M]. 长春：吉林人民出版社，2006：14.

㉓ 同③⑪ 258.

㉔ 同③⑪ 258.

㉕ 同③⑪ 237.

㉖ 同③⑨ 76.

㉗ 同③⑨ 309.

㉘ 陈根法. 德性论 [M]. 上海：上海人民出版社，2004：212.

㉙ 同⑩⑨ 264.

(330) 同(284) 56.

(331) 同(190) 254.

(332) 斯迈尔斯. 人生的真谛［M］. 刘曙光，译. 北京：北京图书馆出版社，2001：3.

(333) 李春成. 行政人的德性与实践［M］. 上海：复旦大学出版社，2003：324.

(334) 余英时. 中国思想传统的现代诠释［M］. 南京：江苏人民出版社，1995：37.

(335) 同(61) 18.

(336) 万君宝，袁红林. 管理伦理［M］. 上海：上海财经大学出版社，2005：375.

(337) 杨国荣. 伦理与存在：道德哲学研究［M］. 上海：上海人民出版社，2002：33.

(338) Felicity Haynes. The Ethical School［M］. London：Routledge，1998：41-42.

(339) 蔡进雄. 教育行政伦理［M］. 台北：心理出版社股份有限公司，2008：36.

(340) 同(337) 142.

(341) 赫舍尔. 人是谁［M］. 隗仁莲，译. 贵阳：贵州人民出版社，1994：序4-5.

(342) 同(341) 5.

(343) 同(341) 3.

(344) 中共中央马克思恩格斯列宁斯大林著作编译局. 马克思恩格斯选集［M］. 第2版第1卷. 北京：人民出版社，1995：60.

(345) 同(291) 43.

(346) 德鲁克. 管理：使命、责任、实务（责任篇）［M］. 王永贵，译. 北京：机械工业出版社，2009：211.

(347) 池田大作. 权力的罪恶［J］. 领导文萃，1997（9）：24-25.

(348) 李奕. “学习型学校”与“学习型校长”［J］. 信息技术教育，2005（4）：14.

(349) 同(84) 201.

(350) 孙锦明. 中学校长领导力研究［D］. 上海：华东师范大学博士学位论文，2009：55.

(351) 吴康宁. 关于“思想”的若干问题：一种社会学分析［J］. 教育理论与实践，2005（12）：6.

(352) 同①392.

(353) 同(190) 98.

(354) 俞可平. 全球治理引论［J］. 马克思主义与现实，2002（1）：23.

(355) 同(322) 279.

(356) 靳永翥. 从“良政”走向“善治”：一种社会理论的检视［J］. 西南民族大学学报（人文社会科学版），2010（2）：236.

(357) 陶行知. 陶行知全集［M］. 第三卷. 长沙：湖南教育出版社，1985：471.

(358) 罗廷光. 教育行政（上册）［M］. 福州：福建教育出版社，2008：245.

(359) 同⑭ 16.

(360) 同㊷ 9.

(361) 同(75) 59.

(362) 同④前言 3.

(363) Joan Poliner Shapiro & Jacqueline A. Steflkovich. Ethical Leadership and Decision Making in Education：Applying Theorctical Perspectives to Complex Dilemmas［M］. New Jersey：Lawrence Erlbaum Associates，Inc.，Publishers，2005：18.

(364) 同⑭ 31.

(365) 同(220) 369.

(366) 同(215) 190.

(367) 同(215)110.

(368) 同⑬ 129-130.

(369) 德雷克，罗. 校长学［M］. 刘润刚，等译. 南京：江苏教育出版社，2008：105.

(370) 王海明. 公正、平等、人道：社会治理的道德原则体系［M］. 北京：北京大学出版社，2000：64.

(371) 同(97) 101.

(372) 同⑬ 129-130.

(373) 石元康. 罗尔斯［M］. 桂林：广西师范大学出版社，2004：52.

(374) 康永久. 教育制度的生成与变革：新制度教育学论纲［M］. 北京：教育科学出版社，2003：338-339.

(375) 丘伯，默. 政治、市场和学校［M］. 蒋衡，等译. 北京：教育科学出版社，2003：193.

(376) 同②264-265.

(377) 同⑳ 21.

㊲⑧ 同㊷③ 42.

㊲⑨ 同㊷③ 45.

㊳⓪ 同② 329.

㊳① 坎宁安，科尔代罗. 教育管理：基于问题的方法 [M]. 赵中建，等译. 南京：江苏教育出版社，2002：182.

㊳② 尼布尔. 道德的人与不道德的社会 [M]. 蒋庆，等译. 贵阳：贵州人民出版社，1998：6-7.

㊳③ 郭广银，杨明. 应用伦理的热点探索 [M]. 南京：江苏人民出版社，2004：111-112.

㊳④ 刘怀玉. "制度伦理学" 研究的近况 [J]. 哲学动态，1998（5）：14.

㊳⑤ 同㊳③ 111-112.

㊳⑥ 方军. 制度伦理与制度创新 [J]. 中国社会科学，1997（3）：56.

㊳⑦ 万俊人. 制度伦理与当代伦理学范式的转移：从知识社会学的视角看 [J]. 浙江学刊，2002（4）：13.

㊳⑧ 龚天平. 论制度伦理的内涵及其意义 [J]. 宁夏大学学报（哲学社会科学版），1999（3）：24.

㊳⑨ 李仁武. 制度伦理研究：探寻公共道德理性的生成路径 [M]. 北京：人民出版社，2009：170.

㊴⓪ 同㊳⑨ 175.

㊴① 同㊲⓪ 133-134.

㊴② 同㊳⑨ 236-237.

㊴③ 哈格里夫斯. 知识社会中的教学 [M]. 熊建辉，等译. 上海：华东师范大学出版社，2007：2.

㊴④ 卢梭. 爱弥尔 [M]. 李平沤，译. 北京：人民教育出版社，1985：6.

㊴⑤ 同㊳⑨ 251.

㊴⑥ 中国社会科学院语言研究所词典编辑室. 现代汉语词典 [M]. 北京：商务印书馆，2003：1669.

㊴⑦ 卢梭. 社会契约论 [M]. 修订本. 何兆武，译. 北京：商务印书馆，2003：12.

㊴⑧ 石元康. 当代西方自由主义理论 [M]. 上海：上海三联书店，2000：11.

㊛ 萧国亮. 公司随想 [J]. 读书，2011 (2)：14-15.

⑩ 邹吉忠. 论现代制度的自由价值及其实现机制 [J]. 现代哲学，2000 (4)：24-26.

⑪ 何兆武口述，文靖撰写. 上学记 [M]. 第 2 版. 北京：生活·读书·新知三联书店，2008：97-98.

⑫ 同㉝ 183.

⑬ 李江源，王蜜. 教育自由：教育制度建设的价值维度 [J]. 教育理论与实践，2010 (1)：21.

⑭ 倪愫襄. 制度伦理研究 [M]. 北京：人民出版社，2008：引言 4-5.

⑮ 刁培萼. 教育文化学 [M]. 南京：江苏教育出版社，1992：74.

⑯ 同㊾ 151.

⑰ 卢克斯. 个人主义 [M]. 阎克文，译. 南京：江苏人民出版社，2001：49.

⑱ 国际 21 世纪教育委员会向联合国教科文组织提交的报告. 教育：财富蕴藏其中 [M]. 联合国教科文组织总部中文科，译. 北京：教育科学出版社，1996：85.

⑲ 康芒斯. 制度经济学（上册）[M]. 于树生，译. 北京：商务印书馆，1962：93.

⑩ 同㊝ 154.

⑪ 同㊿ 152.

⑫ 罗箭华. 论制度伦理的标志 [J]. 柳州师专学报，2001 (3)：111.

⑬ 袁庆明. 论制度的效率及其决定 [M]. 江苏社会科学，2002 (4)：35.

⑭ 汤因比，池田大作. 展望 21 世纪：汤因比与池田大作对话录 [M]. 荀春生，等译. 北京：国际文化出版公司，1997：59.

⑮ 仲玲. 走出围墙办教育：南京市中小学试行校务委员会制度 [J]. 生活教育，2010 (2)：10.

⑯ 布鲁贝克. 高等教育哲学 [M]. 第 3 版. 王承绪，等译. 杭州：浙江教育出版社，2001：73. I

⑰ 同⑯ 71.

⑱ 李江源. 教育公正：教育制度建设的首要价值 [J]. 教育科学论坛，2010 (10)：1.

⑲ 同㊿ 3.

⑳ 李继星. 基础教育阶段现代学校制度简论 [J]. 江苏教育，2009 (9)：32-33.

㉑ "基础教育阶段现代学校制度的理论与实践研究" 总课题组. 关于现代学校制度的含义、特征、体系的初步认识 [J]. 人民教育，2004（17）编者按.

㉒ 马怀德，褚宏启，劳凯声，等. 现代学校制度建设七人谈 [J]. 人民教育，2004（17）：10.

㉓ 褚宏启. 我们需要什么样的现代学校制度 [J]. 教育研究，2004（12）：35-36.

㉔ 张新平，李金杰. 现代学校制度的认识偏差与重新定位 [J]. 教育研究与实验，2006（2）：1-5.

㉕ 同㉑ 33.

㉖ 潘希武. 基于学校属性的现代学校制度设计 [J]. 基础教育，2010（2）：39.

㉗ 同㉑ 3-5.

㉘ 同㉒ 8.

㉙ 杨骞，张建坤. 在是与不是间探寻现代学校制度 [N]. 中国教育报，2006-4-18（5）.

㉚ 同㉓ 37.

㉛ 陶行知. 中国教育改造 [M]. 北京：东方出版社，1996：37.

㉜ 同㉗ 8-9.

㉝ 张新平. 关于教育管理理论、实践及其关系的思考 [J]. 高等教育研究，2002（6）：91-92.

㉞ 陈夫义. "洋浦模式" 与现代学校制度 [J]. 上海教育科研，2006（4）：20-22.

㉟ 殷建义，冯健. 理事会：现代学校制度创新的一种模式选择 [J]. 江苏教育，2009（9）：36-37.

㊱ 同① 117.

㊲ 尼尔. 夏山学校：养育子女的最佳方法 [M]. 周德，译. 北京：京华出版社，2002：序言 3.

㊳ 同㉛ 18-19.

㊴ 同⑥ 145.

㊵ 同㉛ 192.

㊶ 巴纳德. 经理人员的职能 [M]. 孙耀君，等译. 北京：中国社会科学出版社，1997：216.

⑭⑫ 饭野春树. 巴纳德组织理论研究 [M]. 王利平，等译. 北京：生活·读书·新知三联书店，2004：67.

⑭⑬ 同㉞ 213.

⑭⑭ 同⑱ 177-178.

⑭⑮ 同⑭⑫ 89-90.

⑭⑯ 同⑭⑫ 93.

⑭⑰ 同㊳ 49-50.

⑭⑱ 同㉙ 7.

⑭⑲ 同㉘ 3.

⑮⑩ 索洛姆科. 校长向我道歉 [J]. 朱兵，译. 第二课堂（中学版），2004（3）：19-20.

⑮① 同㉚ 186-187.

⑮② 同⑫ 173.

⑮③ 富兰. 变革的力量：透视教育改革 [M]. 中央教育科学研究所，加拿大多伦多国际学院，译. 北京：教育科学出版社，2000：261.

⑮④ 同⑳ 388.

⑮⑤ 同⑨198.

后　记

　　开展校长领导转型研究是在我硕士论文《班级控制》研究主题基础上的进一步拓展，学校中有控制、压制与规训，但更需要民主、对话及伦理。在当前教育改革深化发展的背景下，在推进教育管办评分离的进程中，校长领导转型一直在路上。本书是在我的博士学位论文基础上修改而成，整个创作过程像是经历了一场艰难的长途跋涉。既有选题时的迷茫与阵痛，也有阅读时的疑惑与困惑，更有研究过程中的困难与压力。这一过程饱含着老师的智慧与心血、领导的关心与关怀、朋友的激励与帮助、家人的鼓励与付出以及自己的坚持与努力。书稿的完成，更多的是感谢！

　　首先，非常感谢我的导师张新平教授。能够成为张教授的弟子是我的幸事，老师的为人、为学都是我学习的楷模，从师而学，获益匪浅。在我眼里，张老师非常温和、儒雅，温和中蕴含着严格，儒雅中渗透着智慧；严格中有殷切的期望，智慧中有睿智的引领；期望中有耐心的等待，引领中有精心的指导；等待中有更多的宽容与理解，指导中有更多的启发与创新。在我心中，老师就是一位可遇不可求的人生导师与学术尊者。老师的人品、学术，值得我一生去学习、去追随。老师所倡导的关注实践、多读经典、扎实问学、学会做人的思想，对我读书、研究、做事及做人都产生了重要的影响。老师的提携、引领与鞭策，使我步入了学术研究的殿堂，迈入了人生之路的新起点。感谢老师的知遇、栽培之恩。

　　其次，感谢吴康宁教授。吴老师的博学、智慧与理性具有大师风范，其启发式、辩论式的教学或学术交流总能给人以更多的启迪、更深的思考

后
记

和更高的认识。感谢张乐天教授。张老师的谦虚、严谨和博学总是给人以学无止境之感。感谢叶忠教授。叶老师敏锐的学术思维、独到的见解给我以深刻的影响。感谢程晋宽教授、胡建华教授、顾建军教授、杨启亮教授、王建华教授，感谢华东师范大学郅庭瑾教授、南京大学操太圣教授，他们或在我论文开题、或在论文答辩会上提出了非常深刻有价值的意见建议，对我学术思维的训练及学术视野的开阔具有积极意义。

再次，感谢我的同门陈学军博士、刘建博士、姚继军博士、喻小琴博士、王珏博士、吴长宏博士、陈红燕博士、王桃英博士、华娟硕士、牟翠荣硕士、解银萍硕士、宋静硕士、郑菲菲硕士、侯莹莹硕士、齐玉秀硕士等，我们作为学术共同体，共同参加师门每月一次的学术沙龙，感谢各位同门无私地分享学术观点及真诚地交流思想，让我有一个值得期待并获得思想智慧的精神家园。感谢我的同学彭华安博士、何杰博士、胡金木博士、严从根博士、孙启进博士、赵翠兰博士、张桂博士、张更立博士、余承海博士、杨日飞博士、于晓晶博士、马多秀博士、史晖博士、王祥博士、孟献华博士、华希颖博士、张晓辉博士、孙玲博士、吴亮奎博士、丁婧博士、申灵灵博士，感谢你们在言语或行动上给予的鼓励与帮助。

我还要感谢我的领导，感谢我原单位淮北师范大学副校长李福华教授，李老师的人格品质、学术风范给我以潜移默化的影响，砥砺我不断前行。感谢淮北师范大学教育学院王家云教授、鲁峰教授，他们既是我的老师，也是我的领导，在学习、生活和工作上给予了莫大的帮助，这种亦师亦友的关心、关怀和帮助我一直铭记。感谢我现单位中国教育科学研究院基础教育研究所陈如平所长，陈所长的学术功底、人格魅力、实践智慧都令我景仰，其提携后生、关心下属的领导行为更是令我感动！感谢陈所长把本书纳入其主编的"教育管理新概念丛书"中出版。

特别感谢我的父母、岳父母，他们都生活在农村，也没有读过多少书，却一直在背后默默地为我付出。感谢我的妻子向小英女士，在我读书求学期间，她承担起了家庭所有的重担，为我提供了最坚实的保障。没有家人的无私奉献和支持，我也很难能够顺利完成学业。

最后感谢教育科学出版社的大力支持，感谢责任编辑孙袁华老师为本书的出版贡献了许多心力和智慧！

徐金海

2016 年 12 月于北京